"安徽红色历史记忆丛书"编委会

主 编

陆发春

编 委

（按姓氏笔画排序）

朱贵平　张启兵　郝欣富　徐　京

唐国富　唐　莉　黄文治

安徽红色历史记忆丛书

红色合肥

丛书主编 陆发春

沈松林 编著

时代出版传媒股份有限公司
安徽教育出版社

图书在版编目（CIP）数据

红色合肥/沈松林编著.—合肥:安徽教育出版社,2021.4
(安徽红色历史记忆丛书/陆发春主编)
ISBN 978-7-5336-9018-2

Ⅰ.①红… Ⅱ.①沈… Ⅲ.①革命史—合肥 Ⅳ.①K295.41

中国版本图书馆CIP数据核字(2019)第208099号

红色合肥
HONGSE HEFEI

出 版 人：费世平
总 策 划：郑　可　费世平
项目统筹：姚　莉　王宗琦
质量总监：姚　莉
策划编辑：王宗琦
责任编辑：文　乾　姜　好
装帧设计：吴亢宗
责任印制：李松伦

出版发行：时代出版传媒股份有限公司　安徽教育出版社
地　　址：合肥市经开区繁华大道西路398号　邮编:230601
网　　址：http://www.ahep.com.cn
营销电话：(0551)63683012,63683013
排　　版：安徽时代华印出版服务有限责任公司
印　　刷：安徽联众印刷有限公司

开　　本：710×1010　1/16
印　　张：21.25
字　　数：210千字
版　　次：2021年4月第1版　2021年4月第1次印刷
定　　价：75.00元

(如发现印装质量问题,影响阅读,请与本社营销部联系调换)

总　序

2016年7月1日,习近平总书记在庆祝中国共产党成立95周年大会上的讲话中指出:"我们党已经走过了95年的历程,但我们要永远保持建党时中国共产党人的奋斗精神,永远保持对人民的赤子之心。一切向前走,都不能忘记走过的路;走得再远、走到再光辉的未来,也不能忘记走过的过去,不能忘记为什么出发。面向未来,面对挑战,全党同志一定要不忘初心、继续前进。"中国共产党一贯重视对党史国史的学习和研究,从这些历史中,可以看到中国共产党人的初心和使命,可以获得面对各种挑战所应具备的经验与勇气。

"安徽红色历史记忆丛书"在原有的安徽革命历史研究基础上,充分利用近现代历史文献、档案资料,真实全面地反映了安徽革命斗争历程。丛书试图构建一个红色文化研究平台,连点成线,系统地对安徽省内各地红色文化予以陈述。丛书选取安徽省最有红色革命历史传统的十个县市,即合肥、宿州、六安、黄山、寿县、定远、金寨、无为、泾县、岳西,对1912至1949年间这些地区的红色革命历史予以梳理叙述。为避免与以往出版的同类型书籍同质化,本丛书在体例上采取专题叙事方式,即每本书均以专题方式,突出该地区重大主题的红色革命历史。各专题之间,有一定逻辑关系,按照事件的先后关系,分章叙事论述。丛书强调权威性、学术性和社会大众性有机结合,希望能够打造既有学术含量,又有文宣效果,能够深入人心的系列图书。

一、安徽红色文化的富矿,有待深入挖掘。

安徽是新民主主义革命时期的重大事件发生地、重要历史人物出生地和革命家活动地,是闻名国内外的红色文化资源大省,因此,研究和保护、开发和利用好红色文化资源,打造和传播好具有安徽特色的红色文化,既有重要的文旅经济价值,也有深远的社会意义和历史意义。

安徽红色历史文化除具备中国革命共通特征之外,另有几个主要特点:

首先,安徽是马克思主义思想传播较早,地方党组织组建较早的省域。有先进思想武装的革命组织是革命事业发展的发动机。1921年10月,当时的省城安庆即成立了安徽社会主义青年团组织,1923年安庆成立中共安庆基层支部,寿县乡村小甸集成立中共特别支部。这样一个特点与皖籍出身的中共早期创建者有着紧密关联。我们从《红色岳西》《红色合肥》等卷帙对王步文、蔡晓舟等早期接受新文化思潮的安徽人物的叙述中,可以了解马克思主义思想在安徽传播的概况。

其次,安徽是贯彻八七会议精神,较早进行土地革命,用武装暴动方式发动农民群众,建立独立乡村红色政权的革命先进地区。大革命失败之后,安徽地区的革命者没有被白色恐怖所吓倒,发动了皖西大别山商南立夏节暴动、六霍暴动和请水寨暴动三大农民暴动,成立了红色苏维埃政权和建制的军事武装,如红三十二师、红三十三师。1928年4月9日,皖北阜阳爆发著名的"四九"武装起义,成立了皖北苏维埃政府,建立了皖北工农红军。

第三,在1930年代初期,依托大别山区建设的鄂豫皖红色革命根据地,是仅次于中央苏区的红色苏维埃革命政权,覆盖了湖北、河南、安徽的广大地域,是土地革命战争时期中国共产党探索由农村包围城市革命新路径的另一个重要实验区;以红二十五军、红二十八军为主干建立的红四方面军,是发挥了红色种子作用的军队,是中国革命军队的一支源泉队伍。

第四,全国抗日战争爆发后,皖南泾县新四军军部成为大江南北新四军抗战的指挥中心,解放战争时期皖西、淮南、蚌埠、合肥瑶岗相继成为革命武装千里跃进大别山、挺进豫皖苏、淮海战役、渡江战役的指挥枢纽之地。横跨江淮的皖北、皖南是中国革命战争年代革命志士抛头颅洒热血,为建立新中国英勇奋战的热土,是追随中国共产党的革命群众贡献聪明才智的沃壤。

二、要认识到安徽红色文化的时代价值。

安徽是红色文化的富矿,值得研究者条分缕析,阐发隐微。红色文化作为一种独特文化标识,得到党中央的高度重视,其时代价值应该被清晰认知:

第一,安徽红色文化展示了20世纪革命年代以陈延年、陈乔年、王步文、曹渊、许继慎、胡底、陈原道、刘渌西、周维炯、漆德玮、舒传贤、王效亭等为代表的安徽革命志士,为了民族独立和人民解放,前赴后继、无畏牺牲的革命英雄主义气概和血战到底的对敌战斗意志;为了追寻国家光明前景和革命真理,宁肯舍弃一切献身革命事业的崇高革命信仰和历史情怀。这是新时期安徽人民仰之弥高的精神财富。

第二,安徽红色文化展示了革命年代安徽进步人士,始终以爱国主义为精神内涵,为了追求社会进步、国家富强,勇于走在反帝反封建斗争的时代前列,极大地丰富了20世纪安徽思想文化历史,为新时期安徽人民树立了力学笃行的精神丰碑。

第三,安徽红色文化展示了革命年代形成、新中国成立之后不断被阐释宣扬、历经百年风云已经内化为安徽历史传统的精神财富,是新时期安徽人民建功立业、创新进取、奋斗于民族复兴大业、建设美好家园的重要传家之宝。

重视红色文化,学习红色文化,实践红色文化,不仅是安徽文化强省的重大举措,更是中国人民增加文化自信的重要精神源泉。我们不能让富有特色的安徽红色文化,躺在历史的尘埃中。

陆发春

于安徽大学问津楼

目 录

导　语	1
第一章　五四时期合肥民主运动的兴起	10
一、20世纪初期合肥地区的社会状况	11
二、五四运动在合肥	20
三、马克思主义在合肥的传播	28
四、合肥地区的早期中共党员	31
五、声援五卅运动	37
第二章　第一次国共合作在合肥	40
一、帮助建立国民党合肥县党部	41
二、中共合肥北乡支部的建立及活动	44
三、吴山庙起义	47
四、北伐军挺进合肥	52

五、大革命失败　　55
六、合肥保卫战　　57

第三章　星火燎原　　61

一、合肥党组织的恢复　　62
二、庐江和巢县党组织的建立　　71
三、农民运动的兴起　　80
四、开展武装斗争　　89
五、党领导的群众运动　　99
六、形势逆转和党组织的重建　　110

第四章　坚持游击斗争　　121

一、重建皖西北中心县委　　121
二、开辟皖西北游击区　　129
三、撤离皖西北　　137

第五章　抗日救亡与合肥党组织的重建　　143

一、日军西犯与合肥沦陷　　143
二、抗日救亡运动的兴起　　156
三、党组织的重建和发展　　169

第六章　挥师东进　　184

一、新四军第四支队东进抗日　　185
二、巩固皖东抗日根据地　　193

三、创建皖中抗日根据地		202
四、开辟第二、第七师交通线		210
五、挺进淮西		214

第七章　反顽斗争　　　　　　　　　　　　　218

　　一、皖中反"摩擦"斗争　　　　　　　　　219

　　二、皖东反"摩擦"斗争　　　　　　　　　227

　　三、迎接曙光　　　　　　　　　　　　　　235

第八章　解放战争　　　　　　　　　　　　　239

　　一、重建淮西根据地　　　　　　　　　　　240

　　二、合肥、庐江地区的游击斗争　　　　　　247

　　三、国统区的民主运动　　　　　　　　　　261

　　四、最后的胜利　　　　　　　　　　　　　267

　　五、风驰瑶岗　　　　　　　　　　　　　　276

　　六、特殊的战斗　　　　　　　　　　　　　284

结　语　　　　　　　　　　　　　　　　　　293

大事记　　　　　　　　　　　　　　　　　　301

参考文献　　　　　　　　　　　　　　　　　323

后　记　　　　　　　　　　　　　　　　　　328

导　语

　　合肥为皖之中，东邻滁州，西接六安，南拥巢湖与安庆比邻，北依舜耕山与淮南相连，是一座具有两千多年历史的古城，素有"江南唇齿，淮右襟喉"之称。民国时期，合肥是安徽最大、人口最多的县，地广人稠，物产丰富，抗战胜利后，成为安徽省首府。合肥境内有淮南铁路贯穿，与南京、芜湖、蚌埠、安庆、九江、武汉等周边城市联系紧密，战略位置十分重要，历来为兵家必争之地。

　　鸦片战争后，中国沦为半殖民地半封建社会，人民群众承受着帝国主义和封建主义的双重压迫。帝国主义和中华民族、封建主义和人民大众两大主要矛盾交织，成为这一时期最显著的特征。合肥地区有着光荣的革命传统和斗争历史。在近现代历史发展的各个不同时期，合肥人民都表现了极大的爱国热忱和革命斗争精神。从农民起义、反洋教斗争到资产阶级革命，合肥地区反帝反封建斗争此起彼伏，无数仁人志士不屈不挠、前仆后继，书写了可歌可泣的悲壮篇章。从某种意义上说，一部合肥地区的近现代史，就是合肥人民连绵不断的反帝反封建革命史。

清朝末年,农民自发的反抗运动风起云涌。合肥四乡人民相继组织义军,参加太平天国运动,涌现出袁宏谟等杰出将领。陈玉成指挥的庐州"三河大捷"更是重创清军。1853年正月春荒时节,合肥北乡杜集(今属长丰县)武生陆遐龄父子竖起"随天大王旗",响应太平军起义,切断了江南清军通向北京的驿路,震动清廷。光绪年间,合肥北乡下塘人李庆祺发动抗盐政暴动,迫使清政府不敢在当地设置盐政关卡。1900年,合肥发生水灾,死者无数,生活无着的灾民聚众千余人,扒掉粮商张恒泰粮食数百石。1909年,巢县大旱,巢城市民罢市声援,迫使庐州知府同意打开由地主把持的积谷仓。以农民为主体的反封建斗争,动摇了合肥地方封建势力的根基。

在辛亥革命中,合肥人吴旸谷、倪映典、范鸿仙等,成为最早追随孙中山,参加同盟会起义的民族民主革命先驱。辛亥革命前后,合肥籍革命党人投身革命,足迹遍及沪上、湖广及省内的安庆、芜湖等交通要冲。武昌起义成功后,各地纷纷响应,革命党人王庆云等人在马厂、曹庵(今属长丰县)组织淮上军,在安徽举旗首义,于1911年11月5日光复寿州(今寿县)。紧接着,庐州革命党人发动新军力量,于11月9日组成庐州军政分府,并出兵所属县域。一时间,"庐州四境数百里内"之合肥、庐江、巢县等相继光复。辛亥革命虽然推翻了封建帝制,但袁世凯攫取政权,建立起北洋军阀统治。随后,中国陷入军阀割据的混战局面。

1919年5月4日,因巴黎和会上中国外交的失败而引发的五四运动爆发,并迅速由北京席卷全国,成为中国近现代历史的转折点。合肥地区广大学生和各界人士,为声援北京学生的爱国行动、揭露帝国主义的野心,先后成立了学生联合会、旅外学生会、救国新剧团等团体,组织动员全城人民举行罢课、罢工、罢市及示威游行;发布《泣报同胞》的檄文;召开国民筹商大会,决议通电全国——"力争青岛、禁用日货、反对卖国外交",表现了激切的爱国热情和坚定的革命斗志。运动波及巢县、庐江地区以及店埠、上派、柘皋、三河等乡镇。

五四运动既是救亡运动,也是思想启蒙运动,它不仅使群众的爱国热情空前高涨,也唤醒了人民的思想觉悟。合肥人民特别是青年学生和知识分子,在这场爱国运动中普遍得到了锻炼和教育。五四运动还促进了新文化、新思潮的传播。随着运动的深入,包括马克思主义在内的各种新文化、新思潮在合肥传播开来,一些进步知识分子和青年学生开始踏上新民主主义革命征途。合肥地区最早的一批新型革命者逐渐走上政治舞台。

1921年中国共产党成立前后,《新青年》《向导》《每周评论》《新潮》等进步书刊开始在合肥地区流传。省立第六师范国文教师陈裴然向学生介绍社会主义理论,并创办了《安徽第六师范周刊》,对青年学生的觉悟起到了有益的启蒙作用。在外地求学的庐江、巢县籍进步学生周新民、苗树德、陈原道、翟宗文等不断将《新青年》《红旗报》等刊物,以及陈独秀、李大钊等人的著作传到家乡,在知识青年中传播马克思主义。与此同时,青年知识分子开始走出书斋,走向社会,深入工厂、农村,走与工农相结合的道路。1919年8月,翟宗文等进步青年在巢城高等小学堂开办暑期学习班,组织巢县师生阅读《新青年》《每周评论》等进步书刊,并就时事和理论问题展开讨论。同年秋,进步知识分子在合肥城乡创办4所贫民学校,开启民智,成为宣传新思想的实践阵地。

随着马克思主义的广泛传播,巢县青年李慰农、杨士彬考取赴法勤工俭学生,并由此走上革命道路。1921年10月,安徽社会主义青年团组织在安庆正式成立,合肥青年王逸龙、庐江青年周新民成为第一批9名团员之一。1923年,巢县人陈原道加入了芜湖马克思主义研究会,并与薛卓汉、徐梦秋等人成立了"爱社"青年组织,积极开展社会活动。到1924年初,合肥已经出现马克思主义性质的团体,并酝酿筹建社会主义青年团。至大革命时期,陶淮、胡允恭、胡宏让、蔡晓舟、李慰农、周新民、陈原道、崔筱斋、曹广化、胡济、童汉璋等一批青年知识分子,奔赴北京、上海、武汉、广州、安庆、芜湖等地以及法国、苏联求学,寻求革命真理,接受斗争考验,并先后加入了中国共产党,成为合肥地区最早的一批共产党员。

1924年1月,国民党第一次代表大会召开,以国共合作为基础的革命联合战线建立。翌年5月,上海发生震惊中外的五卅惨案。合肥各界民众再次闻讯而起,恢复了合肥学生联合会,成立了合肥各界联合会、沪案后援会等团体,创办了五卅专刊——《淝水怒潮》,举行声势浩大的示威游行,发表宣言及公启,谴责帝国主义的残暴罪行,声援上海民众。与五四运动一样,这种自发组织的斗争,反映了人民普遍的心声,表达了合肥各界团结一致、同仇敌忾的反帝愿望,为日后中共合肥地方组织的建立和发展奠定了深厚的社会和群众基础。

1926年5月,北伐战争拉开序幕。随着全国工农运动的蓬勃发展和北伐军的节节胜利,一批共产党员回到合肥,帮助国民党左派组建了合肥县党部。9月,参加广州第六期农民运动讲习所学习的崔筱斋、曹广化、胡济等结业返皖,建立了合肥地区最早的党组织——中共合肥北乡支部,同时组建了"安徽省农民运动委员会",组织领导和开展农民运动。从此,中国共产党在合肥地区扎下了根。同年11月,为策应北伐军入皖,共产党员蔡晓舟、郑鼎等联合国民党左派人士,在合肥北乡发动吴山庙武装起义,打响了合肥人民革命斗争的第一枪。1927年初,国民党安徽临时省党部指派巢县籍青年万诚,回乡秘密组建了国民党巢县县党部。同年3月,北伐军相继进占合肥、巢县、庐江地区。

1927年4月12日,蒋介石公然发动反革命政变。7月15日,汪精卫背叛革命。轰轰烈烈的大革命失败了。8月7日,中共中央召开紧急会议,确定了土地革命和武装反抗国民党政权的方针,党的工作中心由城市转向农村。9月,童汉璋等受党组织派遣,从上海回到合肥,在许继慎的协助下,在城内建立了中共合肥小组。中共合肥小组是大革命失败后合肥地区最早恢复的党组织,就像一粒火种,很快在合肥形成星火燎原之势。1927年8月

和1929年春,苗树德、周心抚分别在庐江、巢县建立了本地区第一个党组织。

合肥、巢县、庐江地区的党组织,不畏强敌,屡仆屡起,在艰难困苦和白色恐怖中,紧紧依靠人民,进行土地革命,发动城乡工人运动和农民运动,建立革命武装,开展游击战争,先后组织领导了1930年庐南罗家岭武装暴动、1931年合肥西乡的"春荒斗争"、1932年合肥北乡的双河集武装暴动,沉重打击了国民党地方统治势力,有力地支援了鄂豫皖革命根据地的反"围剿"斗争。1932年9月和1934年6月,合肥中心县委两度遭到破坏,地方武装亦遭受重创。1934年9月,寿县、合肥中心县委合并,成立皖西北中心县委。1935年2月,皖西北中心县委改为皖西北特委。6月,皖西北独立游击师成立后,打通了与皖西苏区的联系,并配合红二十八军开展皖西北游击斗争。同年8月,上海临时中央局撤销,皖西北特委与中央失去联系。在敌人重兵的"围剿"下,特委被迫撤离皖西北,分散隐蔽活动。直到1937年春,才重新恢复与党中央的联系。同年夏,特委领导分赴延安学习,并投入到新的战斗中去。

1937年7月,全面抗战开始。1938年5月14日,日军攻占合肥城后,在合肥及周边地区烧杀淫掠,制造了合肥三河集、庐江东汤池和巢县温家套等惨案,犯下滔天罪行。合肥军民同仇敌忾,共御外辱,开展了广泛的抗日救亡运动。在统一战线的旗帜下,驻合肥地区的国民党官兵,顺应广大民众"停止内战,一致抗日"

的强烈呼声,奋起抗争,与日本侵略者展开了殊死的搏斗,并得到了新四军的鼎力相助。

1938年1月,正在延安学习的曹云露、张如屏受中共中央委派,回到家乡寿县杨家庙(今属长丰县),成立了中共安徽工委,担负起恢复、重建和发展党组织的艰巨任务。随后,合肥四乡及巢县、庐江地区中共组织陆续恢复和建立。党组织坚持抗日民族统一战线方针和独立自主原则,动员群众,建立武装,开辟抗日根据地,开展敌后游击战争。

1938年春,坚持在鄂豫皖进行游击斗争的红二十八军及红军游击队改编为新四军第四支队,东进抗日,开赴合肥、巢县、庐江地区作战。新四军在巢县蒋家河口首战告捷,并在六合、安合舒公路全线出击,伏击日军运输车队。1938年5月徐州沦陷后,第四支队东北流亡抗日挺进团和第八团率先挺进皖东敌后开展抗日斗争。1939年5月新四军江北指挥部成立后,第四、第五支队开赴津浦路两侧广大地区,初步打开了皖东敌后抗日局面,建立了路西、路东抗日游击根据地。江北游击纵队则坚持在合肥、巢县、无为、庐江地区作战,开辟无为、巢南抗日游击区,创建皖中根据地。至此,新四军江北部队初步实现了向皖东、皖中敌后战略展开的目标。

皖南事变后,新四军军部重建。原新四军江北指挥部所属第四、第五支队改编为第二师,坚守皖东(淮南)抗日根据地;原新四军江北游击纵队以及突围到江北的新四军部队改编为第七师,坚守皖中(皖江)抗日根据地。同时,开辟了二、七师交通线,保证了皖中、皖东两个根据地之间的人员往来和物资运输的畅通。新四军淮西独立团创建的寿东南抗日游击区,成为新四军淮南抗日根据地前哨阵地,对巩固津浦路西根据地,发挥了重要作用。

皖东、皖中根据地军民在党的领导下,多次粉碎日军的"围剿"。根据地军民坚持有理、有利、有节原则,击退国民党顽固派的数次进攻,先后取得磨盘山战斗、古城反击战、黄疃庙战斗等反顽斗争的胜利,巩固了抗日民主根据地。

抗战胜利后,新四军第七师整体及第二师主力从皖中、皖东地区北撤。国民党安徽省政府和合肥县政府先后迁至合肥。

1946年6月,国民党撕毁重庆谈判协议,全面内战爆发。国民党桂系军阀和地方武装,加紧对合肥地区中共活动地域进行"清剿"。为牵制敌人的兵力,配合人民解放军正面战场作战,在合肥及周边地区坚持斗争的中共组织及武装力量,依靠人民群众,开展游击战争,粉碎了强大敌人的反复"清剿",度过了解放战争最艰难的时期,并先后开辟了淮西、肥东、巢北、肥西南、庐江等游击根据地。

在中共皖西工委的领导下,到1947年下半年,随着军事斗争的不断胜利,庐江地区游击斗争的局面基本改观,根据地和人民武装不断壮大,为刘邓大军进入庐江创造了有利条件。在战略反攻到来之时,庐江军民为支援刘邓大军第三纵队在皖西作战,提供了有力的后勤保障。

解放战争时期,合肥国统区人民争取民主及反饥饿、反迫害的斗争此伏彼起,动摇了国民党地方统治的根基。1948年以后,民主人士积极奔走斡旋,掌握了合肥地方政权和武装,为合肥和平解放扫清了障碍。1949年1月21日,人民解放军先遣纵队一部进入合肥,合肥宣告解放。3月28日,以邓小平为书记的渡江战役总前委机关,进驻合肥东乡瑶岗村,在此指挥了波澜壮阔的渡江战役。合肥及周边地区人民踊跃支前,为渡江战役的胜利做出了巨大贡献。

1949年10月1日,中华人民共和国成立。为巩固新生的人民政权,合肥军民在中国共产党的领导下,取得了城市接管、剿匪反特、稳定金融经济等一系列斗争的胜利,古城合肥步入了历史新时期。

第一章

五四时期合肥民主运动的兴起

  1919年由北京发轫的五四爱国运动,迅速席卷全国,掀起了中国人民反对帝国主义的浪潮。消息传到合肥,青年学生义愤填膺,纷纷走上街头,声援北京学生。五四运动既是救亡运动,也是思想启蒙运动,它不仅激发了群众高涨的爱国热情,也唤醒了人民的思想觉悟。随着运动的深入,包括马克思主义在内的各种新文化、新思潮在合肥传播开来。进步知识分子和青年学生在探求真理的过程中,逐渐接受了先进思想和理论。合肥地区最早的一批共产主义者逐渐走上政治舞台。

一、20世纪初期合肥地区的社会状况

(一)封建主义的残酷剥削

鸦片战争之前,合肥处于小农经济占主导地位的封建社会,"一耕二织"、自给自足。帝国主义的入侵使得中国封建经济遭到严重破坏,但并没有改变封建的土地制度和剥削关系。帝国主义和封建主义的双重压迫,不仅阻碍了民族资本主义的发展,而且使合肥地区土地占有者剥削的手段更加残酷,剥削的程度更加严重。

清末民初,合肥地区农村有三个特点:佃农数量多;土地分配使用不均;租税多,农民负担重。以淮系军阀几大家族为代表的官僚地主阶层,通过镇压农民起义发家和掌握地方大权,兼并、占据了大量的土地资源,并操纵着城镇的工商业。合肥西乡的"周家圩、刘家圩、唐家圩、张家圩共占有45万多亩耕地,占合肥县耕地的13%"。李鸿章兄弟"在合肥和周边县兼并土地250多万亩,仅在合肥东、西、北乡占有土地近11万亩,占合肥县耕地近30%"①。1905年,英国领事调查报告说:"李鸿章家,从安徽芜湖

---

① 合肥市地方志编纂委员会:《合肥市志》(2),合肥:安徽人民出版社,1999年,第995页。

到河南信阳方面,占有着不能测知的大片土地。"①他们利用手中的权力,大肆敛财,或发放高利贷,或在灾年廉价收购自耕农的土地,从而使众多农民破产。巢县、庐江、肥西农村50%以上的土地集中在地主、富农手里;肥东大小地主人均占有土地21.70亩,而贫雇农人均仅为1.09亩,地主人均土地占有量为贫雇农的近20倍。合肥北乡失去土地的佃农和雇工占总人口的70%以上,占农村人口9%的地主剥削着91%的农民。由于受到地主的剥削、士绅的敲诈、军队的勒索、外资的压迫,"农民已经从自耕农的地位,降到佃农的地位,从家庭手工业的地位,降到失业的地位了",农民的生活"一天天更艰窘了"。②

　　原本,地主阶级的剥削已使农民饥寒交迫,封建社会的痼疾——土地兼并,更是严重地威胁着农民的生存。缺少土地的广大贫困农民,只能靠租种地主的土地养家糊口。地租额一般占产量的四至六成,少数达七成。种子、耕牛、农具等生产资料均由佃户负担。佃户实际收入只有收获量的30%左右,生活维艰。除此之外,农户还要缴纳田赋附加、盐税加征、验契税等许多税种。军阀倪嗣冲督皖期间,巧立名目,田赋税下带征的附加税项竟有20多种,税额远远超出了正税。农民辛勤劳作一年,缴租、还债、纳

---

　　① 中共安徽省委党史研究室:《中国共产党安徽地方史》(第一卷),合肥:安徽人民出版社,2000年,第1页。
　　② 薛卓汉:《皖北寿县的农民生活》,载《中国青年》1924年11月5日,第53期。(该文调查范围涵盖合肥北乡即今长丰县域大部分地区)

税之后,多数所得无几,所谓"镰刀响,锅盖热,热热闹闹一个月;镰刀上墙,家中没粮"①,"糠菜半年粮"成为大多数贫困农民生活的真实写照。

每到青黄不接时,一些农民不得不靠借高利贷渡过难关。高利贷名目繁多,一般是春借一斗、秋还二斗,还有所谓的"驴打滚""五装十"等。有些地主利用季节差价,加重对农民的盘剥。欠户如不能及时付还,则反复换算,并转利为本,本又生利,越滚越多。广大贫苦农民借了高利贷,最终往往意味着破产,以至于售宅鬻女。地主除了通过地租、高利贷剥削,还有雇工剥削,以及徭役、杂役、车夫、马夫、轿夫等多种劳力剥削。许多农民因缴不起租税,只好背井离乡,外出乞讨。农民流离失所,已不仅仅是荒年才出现的现象了。据对1919年庐江农民状况调查,各乡佃租多由佃户立约承租,如秋收以后不能履约即可斥退,另外招租,佃农忍辱负重,痛苦不堪,以至于"衣不蔽体"者以"牛棚猪圈为归宿","民饥道殣相望"。②

在城镇,工人也承受着资本家和封建把头的层层压迫和剥削,挣扎在饥饿线上。庐江矾矿的资本家为了榨取更多的剩余价值,拼命延长工时,压低工资,工人难以维持生计。庐城码头工人

---

① 中共肥西县委党史资料征集整理小组办公室:《肥西革命歌谣》,内部资料,1982年。

② 庐江县地方志编纂委员会:《庐江县志》,北京:社会科学文献出版社,1993年,第149页。

搬运货物,资本家压低运价以8折付钱。工人干活先要向封建把头租扁担才能上码头,所得的工资还要交一半给把头,最后所剩寥寥无几。

(二)外国资本主义对合肥的入侵

鸦片战争成为中国历史的转折点。在西方列强坚船利炮进攻下,中国一步一步沦为半殖民地半封建社会。1876年中英签订《烟台条约》后,芜湖被迫开埠,帝国主义势力趁机直接进入安徽。从此,合肥人民承受着封建主义和帝国主义的双重压迫和剥削。

通过攫取政治特权,西方列强以商品输入的方式对中国进行经济侵略。早在1884年,德国的呢绒纺织品便在合肥地区倾销。随后,英、美、日等国的煤油、棉毛织品、颜料等商品相继侵入。他们在合肥四乡设立代办商行,利用买办资本推销商品,廉价收购原料和农畜产品。合肥的经销商主要有德孚、鸿义克、泰昌瑞、瑞和、鸿运记等。此外,列强在合肥城内和城外的丰乐河两岸,设置收购行庄达20多处,以不平等的价格收购羊皮、牛皮、麻、羽毛等,使合肥沦为帝国主义的商品倾销市场和原料供给地。芜湖被辟为通商口岸后,一江之隔的巢湖也未能幸免,英国的亚细亚、德国的德士古、美国的美孚公司等,通过其代理人在巢湖各地建立了货栈,其他各种轻工品如洋纱、布匹、蜡烛、火柴、香烟如潮水一样涌入,民族工商业纷纷破产。庐江市场上以英货最多,其次是日、美、德、法、葡萄牙等国商品。芜湖、南京等地的洋商把大量的洋货输入庐江,同时以低价大量收购当地的米、麦、茶、麻、明矾、药材等原料。在市场交易时,洋货以白银论价,农产品和手工制品都以制钱论价。由于制钱不断贬值,清廷在外贸交易中获取的利润逐渐减少,无形中加重了对农民和手工业者的盘剥。

1914年第一次世界大战爆发后,日本利用其他帝国主义国家无暇东顾之机,大举向中国推销商品。在合肥,日货占领80%以上的洋火和食糖市场。在日本细洋布的冲击下,合肥布行、染坊纷纷倒闭,从最盛时期的50余家,到1919年前,已不足10家,并由此导致一些附属行业的衰败。此时,庐江市场上除了英国的布匹、美国的煤油、法国的化妆品外,其余的商品以日货最多。在外国资本和官僚资本的双重排挤下,庐江大小城镇的许多商铺倒闭,大批店员和工人失业。此外,整个合肥地区广大农村的土特产品和手工业品,也在洋货的冲击下,日益滞销。

文化渗透是帝国主义推行殖民政策和对外扩张的重要手段。随着列强经济势力的侵入,西方基督教、天主教传教士也相继进入合肥、巢县、庐江等地,在"传教"名义的掩护下进行了一系列文化侵略活动。19世纪末,法国传教士来合肥强行购买土地,设立了合肥天主教堂,发展教徒。"20世纪初期,是合肥教会最为盛行之时,美、法、西、德等国先后在合肥城内建立基督教、天主教教堂多处,仅基督教教徒就达千余人,加之其他各教,在合肥城内及四

乡的教徒竟达数万人。"①到辛亥革命前,天主教、基督教先后在巢县、庐江等地设立教堂37座,发展教友千余人。传教士还开办了一些带有殖民地色彩的学校、医院等机构,从精神上奴化城乡民众,培植教会势力。如学校课程设置以圣经为主,进行奴化教育,早晚饭前做祷告。合肥三育中学规定不准学生参加校外各种爱国活动,星期日上午到教堂做礼拜,圣经课不及格不准升级等,企图通过传播基督教,禁锢民众思想,改变中国传统文化价值观。

此外,一些传教士还以传教为名进行间谍活动。他们深入城乡,对政治、经济、地理环境和风俗习惯等方面进行调查,并绘制地图,拍摄照片,收集情报。教会还利用政治上的特权,与封建势力相勾结,操纵合肥县衙门,在地方借端生事、鱼肉乡里;纵容教徒中的恶势力包揽诉讼,讹诈百姓,深为广大绅民所痛恨。

外国资本主义的侵入,给合肥社会带来两大变化:一方面,外国商品和资本的大量输入,促进了本地区封建经济关系的解体,把合肥逐渐变成一个半封建社会;另一方面,外国侵略势力又与地方封建势力相结合,残酷统治着合肥,使合肥逐步沦为半殖民地社会。

(三)合肥地区的反帝反封建斗争

近代以来,合肥地区反帝反封建斗争此起彼伏、连绵不断。

---

① 中共合肥市委党史办公室:《合肥党史专题》(1919—1949),内部资料,1988年,第22页。

从旧式农民起义到反洋教斗争,从改良运动到资产阶级革命,无数仁人志士不屈不挠、前仆后继,书写了可歌可泣、救亡图存的悲壮篇章。

晚清太平天国和捻军农民起义军转战合肥时,都有大批农民揭竿响应。1853年农历正月,太平军攻克安庆。时值春荒,百姓生活疾苦,合肥北乡杜集武生陆遐龄父子竖起"随天大王旗",响应太平军起义,方圆几十里民众自愿前来聚义,人数最多时达两万余人。起义军三败定远知县派出的清剿队,切断了江南清军通向北京的驿路,震动清廷。光绪年间,合肥北乡下塘人李庆祺发动抗盐政暴动,迫使清政府不敢在当地设盐政关卡。1900年,合肥南乡发生严重水灾,农民生活无着,饿死者不计其数。灾民聚众千余人,扒掉粮商张恒泰粮食数百石。1909年,巢县大旱,灾民在塾师郭俊等人领导下,向县衙提出开仓赈灾的要求,县官压制威胁。巢城市民罢市声援,迫使庐州知府同意打开由地主把持的积谷仓。从自发组织的抗粮抗税斗争直至发动武装起义,反帝反封建斗争的主要力量始终是农民阶级。

反洋教斗争是随着列强的入侵展开的。1917年,美国传教士荣义安来庐江建立福音堂时,庐江市民拒不出售土地。后某衙役将自家住宅偷偷出售,引起公愤,100多名群众冲进福音堂,撕毁了经书。1919年,合肥基督教会所属三育中学校长柏六如,强行购买小南门至小东门一带土地扩建学校,蛮横地随意挖掘坟墓,抛掷尸骨。群众怒而奋起,向柏六如问罪,各界人士也纷纷站出

来支持。柏六如自知理亏,畏惧舆情,遂向墓主请罪,并在拆去坟墓的土地上建造一座"白骨塔",勒石刻名,方才平息事端。

以孙中山为先驱的资产阶级革命派,从19世纪末开始以推翻清王朝为革命目标。1905年8月,合肥人吴旸谷参加孙中山等16人在日本东京发起成立的中国同盟会,被推举为安徽主盟人。是年冬,吴旸谷回国,在合肥秘密组建同盟会安徽分会,集聚反清力量,青年才俊纷纷入盟,"故安徽全省同盟会员,除寿州外,合肥特多"①。除吴旸谷外,举凡倪映典、范鸿仙、万福华、王天培、王正藩、孙万乘、龚镇洲、刘文典、金维系、叶粹武等,皆一时翘楚,足迹遍及沪上、湖广、安庆、芜湖等交通要冲。

武昌起义成功后,各地纷纷响应。革命党人王庆云②等在马厂、曹庵(今属长丰县)以举办团练为名集结武装,组织淮上军,在安徽举旗首义,并于1911年11月5日,率部兵不血刃光复寿州。紧接着,11月9日,庐州革命党人发动新军力量,协调地方势力,力促府治合肥和平光复,并组成庐州军政分府,推举孙万乘为总司令。随后,庐州军政分府派兵前往庐江县,支持所属县域光复。11月20日夜,革命党人王天培亲督敢死队200余人攻打庐江,清朝政府知县马文锦畏惧革命之威势,交出印信回家,敢死队入城

---

① 合肥市政协学习与文史委员会:《合肥文史资料第20辑——辛亥革命与合肥》,内部资料,2001年,第2页。

② 王庆云(1879—1936),又名王龙廷,长丰孔店乡(现属淮南市)人。1909年被推为安徽省议员。武昌起义前为寿县团防局局长。淮上军成立后被公推为总司令。南北议和后解甲归里。

后,布告安民。21日,庐江光复。12月,巢县同盟会员李培之自武昌返回家乡,发动并组织革命党人在革命的高潮中光复巢县。"于是庐州四境数百里内,当国变之际,间阎安堵,盗贼不兴,人民称颂不已,而秩序井然也。"[①]

辛亥革命虽然推翻了封建帝制,但革命果实却被袁世凯的北洋军阀集团所攫取。1913年7月,孙中山发动了讨伐袁世凯的"二次革命",安徽革命党人奋起响应,但仅是昙花一现。8月,安徽讨袁军为倪嗣冲部所败,寿县、合肥相继沦陷,反袁武装解构星散。8月底,袁世凯任命倪嗣冲为安徽都督、民政长。倪独揽军政大权,实施独裁统治,成为北洋政府在安徽的代理人和得力干将。合肥地方权力结构亦随之改变,革命成果尽数丧失。

事实证明,由于缺乏先进的政治纲领和坚强严密的组织核心,旧民主主义的革命道路已经走不通了。中国期待新的社会力量寻找先进理论,以开创新的道路。新的路究竟如何走,引发了合肥地区先进知识分子和有识之士的苦苦探索。

[①] 合肥市政协学习与文史委员会:《合肥文史资料第20辑——辛亥革命与合肥》,内部资料,2001年,第6页。

二、五四运动在合肥

(一)蔡晓舟与五四新文化思潮的传播

从1919年1月开始,第一次世界大战的战胜国在法国巴黎召开和平会议。这实际是一次由英、法、美、日、意五个帝国主义国家操纵的重新瓜分世界的会议。作为一战的战胜国,中国代表在会上提出废除外国在中国的某些特权、取消一些不平等条约的正当要求,遭到无理拒绝。消息传到国内,首先在知识分子和青年学生中激起强烈愤慨。5月4日,在北京爆发了以学生斗争为先导的声势浩大的反帝爱国运动。

五四运动爆发刚刚三个月,一本铅印的小册子开始在北京街头出现,这便是合肥人蔡晓舟与其表弟杨亮功(巢县人,时为北京大学学生)编撰的《五四》一书。

蔡晓舟是安徽新文化运动的先驱人物。他早年投身反清革命,曾参加熊成基马炮营起义,起义失败后回乡开办新式学堂。他在辛亥革命后一度赴甘肃谋事,后辗转到北京,进入北京大学图书馆任职并做研究工作。

在五四运动中,蔡晓舟、杨亮功与北大学生一起参加示威游行,接受斗争的考验,同时密切关注时局变化,悉心收集有关资料。随着运动在全国各地的迅猛展开,蔡晓舟和杨亮功感到,必须把这个伟大事件如实记载下来,激励国人,使五四精神得以发扬光大。正如蔡晓舟在《五四》一书序言中所说:"我北京学生五四一役,涵有二义,一为国家争主权,一为平民争人格。前者所以使外人知,吾民有血性,而杀其觊觎之心。后者所以使公仆知,吾国有主人,而正其僭窃之罪。虽然,是二义不可徒立也。非具有牺牲万有之精神,

▲ 蔡晓舟

莫言其端,非得前仆后继之实力,莫刈厥果。五四特启端耳。安可无明确记载,向其旨趣于人人。此敝同人所以不揣谫陋,而有五四之书也。"①

蔡晓舟、杨亮功既是五四运动的参与者,同时也是最早对五四精神予以总结、提炼和评价的人。《五四》一书详细记叙了五四运动的起因和经过,介绍了运动在各地的反响,并辑录了社会各界的重要函电及有关资料,是国内最早记录五四运动的史料集,对宣扬五四精神起到了巨大的推动作用。

在北大任职期间,蔡晓舟追随蔡元培、陈独秀、胡适等人,为

---

① 蔡晓舟,杨亮功:《五四》,北京:北京同文印书局,1919年。

提倡新文化运动呐喊助威,在传播新文化、新思潮上做了许多贡献,尤其是在推行白话文、普及新文法方面用力尤深,颇有建树。当时,白话文运动已是风起云涌、势不可挡,"国语统一,言文一致"的口号为大多有识之士所接受,广大青年争相阅读《新青年》,但由于没有关于白话文语法的专著,给讲授和普及白话文造成了困难。1920年5月,经过一番潜心研究,蔡晓舟编撰了白话文语法专著《国语组织法》,经蔡元培作序,由上海泰东图书局出版。出版该书的主要目的就是反对文言文,推行白话文,达到"人人可以读报,人人可以操笔札"以及文字改良的目的。

蔡晓舟还致力于推动女子教育和解放运动。1912年,蔡晓舟在合肥创办庐州女子师范学校,后因缺乏经费,中途夭折。1922年,回到安徽的蔡晓舟,呈请安徽省教育厅将已经停办的庐州女子师范学校改为女子学校,获得批准。之后,蔡晓舟又联合教育界同仁等筹集办学经费,并联名合肥乡绅等,保举毕业于北京女子高等师范的高晓岚为庐州女子中学校长,为民国初年合肥女子教育,做出了积极贡献。

五四运动以后,安徽的爱国民主运动进入一个新阶段,此时的蔡晓舟思想趋于激进,在省城安庆开始从事革命活动。他和王步文①等主办《黎明周报》《洪水》《新安徽》等报刊,抨击军阀专制、宣传"废督自治"以及民主革命思想,同时刊登一些论述社会主义运动的文章,领时代风潮之先,在青年学生中影响较大,被称作"皖省之警钟"。1921年春,蔡晓舟在组建安徽各界联合会、与军阀当局进行直接斗争的同时,还积极联络安徽省学联中的活跃分子和部分先进青年,秘密发起安徽社会主义青年团的创立工作。不久,六二学潮爆发,蔡晓舟领导省学联参与驱除安徽省长李兆珍的斗争,建团工作一度搁置。蔡晓舟回皖后的一系列活动,已为军阀所警觉,并两度遭到通缉。与其一起共事的同仁,或遭到追捕,或已身陷囹圄。鉴于形势的恶化,1923年11月,蔡晓舟被迫避走沪上,其主编的《新安徽》等报刊亦被查封。

(二)合肥各界对五四运动的响应

北京学生五四爱国运动的消息传到安徽后,首先在安庆、芜湖两个中心城市得到呼应,并迅速传导到全省各地。1919年5月中旬,由在北京高校读书的合肥学生回乡发动和协助组织,合肥各中小学闻讯而起,举行了一次以学生为主、工农商各界参加的前所未有的示威游行,广大市民也纷纷加入了集会游行、抵制日

---

① 王步文(1898—1931),字伟模,安徽岳西人,1922年加入社会主义青年团,同年加入中国共产党。1927年5月任中共安徽临时省委委员。1931年3月任中共安徽省委书记,同年4月因叛徒出卖被捕。1931年5月31日就义于安庆饮马塘监狱。

▲ 1919年6月2日上海《小时报》关于合肥各界声援五四运动的报道

货等行动。

5月上旬，合肥城内各学校即着手准备工作，推选金巽甫等十余名代表，在省立二中成立了合肥学生联合会筹委会，讨论了响应五四运动等议题。5月14日，合肥各学校30余名代表再次召开紧急会议，正式成立合肥县学生联合会，决定响应北京学生的爱国行动，立即举行游行示威。

5月15日，全城各校罢课，4000余名师生在卫衙大关（今安庆路卫民巷内）的公共操场集会。会上由学生联合会代表报告了北京五四运动真相及各地响应情况，并以庐州学生团名义发布了《泣报同胞》的檄文。会后举行示威游行。游行队伍以城东小学师生为前导，省立二中师生殿后，中间有省立师范、省立二中、三育中学以及城西、城北、启明、中和、和平桥等小学师生。师生们呼喊口号，沿途张贴标语，散发传单。游行队伍从小书院辕门出发，经三牌楼转九狮桥，踏上东门大街，穿过十字街，越上鼓楼桥，进入商肆林立的后大街时，许多市民出于爱国激情，主动加入游行行列，阵容不断扩大。一时间，鼓号声、口号声、鞭炮声，响彻云霄，广大民众迸发出前所未有的爱国情绪。5月16日起，各学校还组织了演讲团,涌出校门,深入街头巷口、工厂、码头及市郊,揭露帝国主义的侵略野心和北洋政府的卖国行径。在青年学生爱国行动的影响下,全城各阶层人士也纷纷投入到反帝斗争的行列。五四运动对合肥的旧秩序及闭塞的社会风气,予以极大的冲击和涤荡。

五四运动爆发后,素有学生运动"火车头"称誉的巢县青年翟宗文,联络在安庆、芜湖、合肥及北京等地读书的30多名巢县籍青年学生陆续回到巢县,组成巢县旅外学生联合会,在巢县城乡广泛宣传五四精神。1919年6月中旬,联合会组织巢县各界3000余人,在巢城儒学场召开群众大会,声援北京学生爱国行动。学生代表万诚等人登台演讲,强烈抗议帝国主义的侵略行径,怒斥曹汝霖、张宗祥、陆宗舆的卖国行径。大会一致通过要求北京政府释放被捕学生、惩办国贼、拒绝在和约上签字和抵制日货等内容的通电;通过了《告同胞书》,发出"国破家亡,迫在眉睫,覆巢之下,绝无完卵,万众一心,众志成城,一致抵制日货即可置日本于死命"[①]的呼吁。会后,举行了声势浩大的示威游行,高呼"外争国权,内惩国贼""打倒列强""废除二十一条"等口号。城郊的农民闻讯后也纷纷赶来加入到游行队伍之中。

1919年5月,在安徽法政学校读书的庐江学生周新民、张永泰,在安庆组成庐江旅省学生同乡会,并联合庐江旅芜(湖)、旅庐

---

① 中共巢湖市委党史研究室:《中国共产党巢湖地方史》(第一卷),合肥:安徽人民出版社,2003年,第10页。

▲ 周新民

(州)学生,参与领导了安庆地区声援五四运动的声势浩大的示威游行。5月18日,安庆各校学生2400多人,在周新民等人带领下,手执"痛恨倭奴""禁抵日货""死争青岛"等标语,浩浩荡荡走上大街。游行队伍每到街口、大商店,即有学生发表演讲,痛陈倾销日货之危害,慷慨激昂,闻者无不鼓掌拥护。庐江中学成立了学生联合会、教职员工联合会,一面开展爱国宣传活动,一面联络工人、商人和市民,组织庐江后援会。汤池、金牛、白石山、黄泥河等集镇群众也行动起来,举行爱国反日大会,抵制日货。

五四运动的浪潮,改变了许多青年学生的人生道路,促成了他们从热血青年到坚定的革命战士的转变。周新民回忆说:"五四运动爆发以后,我为爱国热情所驱使,走出了学校大门,参加了学生运动。在学生运动中,我不断地受到教育和锻炼,我的眼睛才明亮些,我的头脑才清醒些,逐渐认识到今后应走的方向。"①

(三)抵制日货斗争

抵制日货成为群众响应五四运动最直接的行动。1919年5

---

① 中共庐江县委党史研究室:《周新民传》,合肥:安徽人民出版社,2015第,第12页。

月15日，合肥学生声援五四运动的游行队伍经过后大街（今安庆路）时，发现大隆商店堆满日货，并贿赂驻军长官雇用8名士兵护卫。面对学生的质问，店主态度蛮横，拒不答复。愤怒的学生一拥而上，冲进店堂，捣毁日货。5月24日，合肥东门外码头工人发现一艘商船偷换商标运进大批日糖，纷纷向学联报告。学联立即发出通知，要求县商会和学联召开联席会议，共同处理事宜。商会会长李企颜等拒绝谈判。1000余名学生、工人和市民聚集商会门前，终日不散。货主收买学联代表，企图分化学生队伍。学联发觉后即刻召开紧急会议，取消了意志动摇的陈世芬学联总代表资格，公推方南针为学联总代表。接着，货主又妄图勾结驻军威胁镇压学生。学联闻讯后选派一批学生前往军营晓以大义，遂使士兵拒令、按兵不动。当夜10时许，学生、群众再也压抑不住胸中怒焰，蜂拥而起，齐呼"打倒日本帝国主义""打倒奸商"，冲出东门，登上商船，将40多包日糖悉数抛入南淝河中。

青年学生的正义行动，激发了全市各阶层人士的爱国热忱，合肥市民和进步商人成立了爱国会，广泛开展抵制日货的斗争。1920年7月，在外地读书的合肥青年，返回家乡，在正谊中学成立了"旅外学生会"，宣传抵制日货。学生们还组织了"救国新剧团"，排演《安南人卖天》等戏剧，警醒民众警惕日本帝国主义妄图吞并中国的野心。

与此同时，合肥乡村也开展了轰轰烈烈的抵制日货的斗争。东乡长兴集储英小学校长，带领学生上街宣传抵制日货，并将检查出来的日货烧毁。北乡农民开展了禁运、禁购日货行动。上派、店埠、三河等地学生也纷纷返乡进行爱国宣传,开展抵制日货运动。一系列行动使日货几无藏身之处,日货几乎绝迹,日本帝国主义在合肥的经济也濒于瓦解,由日商出资的合肥电灯筹建公司被迫关门倒闭,在内河唯一行驶多年的"戴生昌"号日轮,经营也日趋惨淡。

波澜壮阔的五四运动,拉开了中国新民主主义革命的序幕。合肥人民特别是青年知识分子,在这场爱国运动中普遍得到了锻炼和教育,极大地提高了民族、民主革命的觉悟,为马克思主义的传播和党组织的建立,在思想上、政治上做了充分准备。

三、马克思主义在合肥的传播

五四运动促进了马克思主义在中国的传播。在中国传播马克思主义的著名代表人物——安徽人陈独秀,早年在芜湖、安庆从事革命活动,团结、培育了一批青年知识分子,为马克思主义在安徽的传播架起了桥梁。

马克思主义在合肥地区的传播,首先得益于先驱人物的影响,以及各种进步书报刊物的传入。合肥人蔡晓舟凭借在新文化运动和五四运动中的历练,以及多年从事科学民主思想宣传的经验和卓识，对马克思主义在合肥的传播做出了不懈的努力和贡献。1920年，他从北京回到安庆，住在第一模范小学内。他常往来于北京、上海等地，把一些宣传共产主义新思潮的书籍，由上海运回安庆，并在第一模范小学内开办一家文化书店，专售进步书刊，介绍马克思主义，宣传革命思想，联络进步青年。他创办的《黎明周报》《新安徽》等刊物，在知识分子和青年学生中广为流传。一些在省城及京沪工作、求学的合肥籍进步人士，通过各种渠道将进步书刊传入家乡，《新青年》《每周评论》《向导》《新潮》《湘江评论》《俄乡纪程》等成为学生常见的课外读物。经过五四运动洗礼的合肥青年学生开始接触到各种新思潮、新文化，探求改造社会的新道路、新方法。其中，合肥省立第六师范学校和第三中学，学习研究马克思主义学说气氛最为浓厚。第六师范学校国文教师陈裴然，经常在课余向学生介绍马克思主义理论，并创办了《安徽第六师范周刊》，许多进步师生在该刊上发表文章、评论时政，对启发青年学生的觉悟，传播马克思主义学说，起到了有益的启蒙作用。庐江进步学生周新民、苗树德，巢县进步学生陈原道、翟宗文也不断将《新青年》《红旗报》等刊物，以及陈独秀、李大钊等人著作传

▲ 莫斯科中山大学时期的陈原道

到家乡,在知识青年中传播马克思主义。他们在宣传新思潮的同时,自身思想也在发生着急剧的变化,由此担当起组织和领导革命的重任。1922年春,安徽社会主义青年团组织在安庆正式成立时,周新民即为第一批9名团员之一。他从自发要求变革社会的爱国者,逐步成长为马克思主义信仰者,完成了思想发展中的一次飞跃。

经过新文化运动的熏陶,青年知识分子开始走出书斋,走向社会,深入工厂、农村,走与工农相结合的道路。1919年秋,进步知识分子在合肥城乡创办4所贫民学校,作为开展新文化运动、传播马克思主义的实践阵地,参加者有码头工人、染匠市民等数百人,其中以码头工人最多。在芜湖上学的合肥进步青年李坦,回乡招收学生,开办改良私塾,一面向学生传授科学知识,一面宣传革命道理,深受学生欢迎。1919年8月,翟宗文等在巢城高等小学堂开办暑期学习班,组织巢县师生阅读《新青年》《每周评论》等进步书刊,并就时事和理论问题展开讨论。1923年,陈原道加入了芜湖马克思主义研究会,并与薛卓汉、徐梦秋等人成立了"爱社"青年组织,积极开展社会活动。1919年秋,巢县青年李慰农、杨士彬还被录取为赴法勤工俭学生,并由此走上革命道路。

到1924年初,合肥已经出现马克思主义性质的团体。在芜湖学习并担任SY(社会主义青年团)第一支长的许传典,1924年1月13日在给邓中夏转团中央的报告中称:"寒假回到合肥,尽所仅有的力量宣传到今,明了我们主义的很不少。此间地方团大可有成立的希望。现在我们已有一点组织,就是现时暂已有马克思学说研究会性质的读书会。"①

五四以后,随着马克思主义的广泛传播,合肥地区一些激进的民主主义者,逐步向具有初步共产主义思想的革命者转变,为本地区党组织的建立作了干部上的准备。

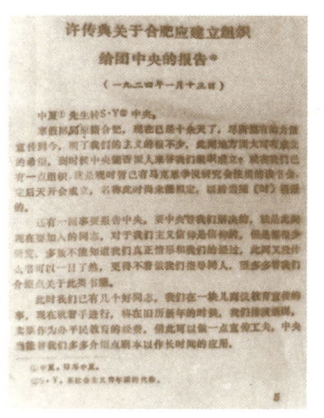

▲ 许传典关于合肥马克思主义传播及建立组织给邓中夏转团中央的报告

四、合肥地区的早期中共党员

1921年7月中国共产党诞生后,合肥地区的革命形势发展迅猛,学生运动蓬勃兴起,工农运动此起彼伏。一系列反帝反封建的斗争,造就了一批具有献身精神的革命骨干,他们纷纷加入了中国共产党,并着手组建中共合肥地方组织,揭开了合肥地区新民主主义革命的序幕。至大革命时期,合肥、巢县、庐江地区先后

---

① 许传典:《关于合肥应建立组织给团中央的报告》,见中共安徽省委党史工作委员会,安徽省档案馆:《安徽早期传播马克思主义史料选》,内部资料,1986年,第5页。

有陶淮、胡允恭、胡宏让、李慰农、陈原道、周新民、蔡晓舟、童汉璋、崔筱斋、李坦等一批青年知识分子，奔赴北京、上海、武汉、广州、安庆、芜湖等地以及法国、苏联求学，寻求革命真理，接受斗争考验，并先后加入了中国共产党，成为合肥地区最早的一批共产党员。崔筱斋、曹广化、胡济、童汉璋等先后返回合肥，创建了合肥城乡最早的中共基层组织，为合肥地区党组织的发展奠定了基础。

胡允恭（1902—1991），又名胡萍舟，寿县杨庙乡（今属长丰县）人。1919年在宣城省立第三蚕桑讲习所读书时，受到恽代英革命思想影响，初步接触新文化、新思想。1923年考入上海大学，同年夏在该校入党。次年暑假受党组织指派，返回家乡，以办"淮上中学补习社"为掩护，宣传马列主义，秘密进行党团组织的创建工作。1925年赴广州，先后担任《革命青年军人联合会》周刊主编、国民革命军第四军第三十五团政治指导员。1929年被中央调往山东工作，先后任中共青岛市委宣传部长、济南市委书记、山东省委书记。1932年受王明"左"倾机会主义迫害，被排挤出党。1949年后任南京大学历史系教授。

▲ 胡允恭

陶淮（1904—1927），原名陶仁爱，寿县陶楼乡（今属合肥长丰县)人。1923年初考入上海大学社会科学系,同年春在该校加入中国共产党。1923年冬返乡探亲,在亲朋中积极宣传马克思主义,鼓励进步青年投身革命。1925年受党组织的派遣,赴苏联莫斯科中山大学深造。1926年回国后,在武汉全国总工会组织部负责京汉铁路工运工作。1927年,在蒋介石发动的四一二反革命政变中被捕。同年冬在武汉被国民党反动派杀害。

胡宏让(1900—1930),合肥北乡涂郢乡(今属长丰县)人。1922年在家乡参加社会主义青年团。1923年秋在上海大学入党。1926年春被党组织派往广州,参加第六期农民运动讲习所学习。结业后返乡从事党的地下工作。1927年与陶秉哲等成立了中共吴山庙支部。1929年调赴鄂豫皖苏区红军部队任职。1930年,奉命回家乡组织武装支援苏区,行至六安县境内,被国民党反动派逮捕杀害。

陶久仿(1900—1927),化名龚久舫,寿县陶楼乡(今属长丰县)人。1919年考入芜湖工读学校。1924年在该校入党,同年夏与胡允恭一起回到家乡传播马克思主义,开展反帝反封建的宣传活动。1925年春夏之间受党中央派遣赴苏联留学。1926年9月回国从事工运,担任京汉铁路总工会委员兼秘书。1927年四一二反革命政变后,被国民党反动派杀害于武汉。

崔筱斋(1896—1932),原名崔兴中,合肥北乡造甲乡(今属长丰县)人。1924年秋在芜湖工读学校加入中国共产党。1925年返回合肥北乡开展农民运动。1926年春受党派遣,赴广州参加第六期农民运动讲习所学习。同年9月结业后,与胡济、曹广化在合肥北乡双河集成立了合肥地区最早的党组织——中共合肥北乡支部,任支部书记。1929年赴六(安)霍(邱)地区指导农民运动,参加了著名的"六霍起义"。1930年春,重返合肥北乡恢复党的组织,开展农民运动。1932年2月任中共合肥北乡区委书记,同年4月,参与领导了双河集农民暴动。暴动失败后被捕就义。

蔡晓舟(1885—1933),合肥人,早年参加反清革命。1918年入北京大学图书馆任职,投身新文化运动。1919年参加五四爱国运动。1921年在安庆领导安徽"六二学潮"以及驱除安徽省长李兆珍的斗争。1924年赴上海开展革命活动,同年加入中国共产党。1926年11月为迎接北伐,秘密回合肥,与李云鹤、许习庸等领导北乡吴山庙起义。1933年春,他在北京遭国民党特务杀害。

王影怀(1902—1928),原名王立德,寿县汤王庙乡染房郢(今属淮南市)人,1924年2月在家乡经薛卓汉(寿县人)介绍加入中国共产党,1926年进入武汉军政训练班。1928年春任中共寿县县委书记。同年夏,调任中共安徽临时省委秘书。9月,因叛徒告密被捕入狱,12月,在安庆被国民党反动派杀害。

童汉璋(1897—1943),合肥东乡店埠镇人。1918年在安庆法政学堂读书,1919年五四运动期间被推选为安徽学生联合会副会长。1926年在武汉加入中国共产党。1927年8月1日,参加南昌起义,任革命委员会宣传委员会委员。同年9月创建合肥城内第一个党组织——中共合肥小组,并任组长。抗战时期曾任中共领导的津浦路西各县联防办事处秘书长、合肥东南各区联合办事处主任。1943年8月病逝。

李坦(1903—1932),字淑才,又名李荣桂,合肥西乡高刘集人。早年赴芜湖、上海求学。1923年回故乡创办改良私塾。1924年在寿县淮上中学补习社加入中国共产党。1930年赴鄂豫皖苏区,历任红一军第一师政委、红四军第十师政委、鄂豫皖革命军事委员会参谋主任等职。1932年秋在鄂豫皖苏区"肃反"中被错误杀害。

▲ 李坦

张璋(1905—1936),原名张鼎和,化名张晓天,合肥西乡张新圩人。1925年在天津南开学校读书期间加入中国共产党,后赴广州入黄埔军校学习。1930年10月在北方左联成立大会上,被选为执委会委员。1933年秋,受地下党组织派遣,回家乡张新圩领导农民运动,不久被捕。经组织营救出狱后转往上海从事党的地下工作。1936年春从上海回安庆时再次被捕,同年10月在安庆就义。

陈原道(1902—1933),巢县青岗乡人。1921年考入芜湖省立第二甲种农业学校。在校期间，与薛卓汉、徐梦秋等人成立"爱社"青年组织，加入芜湖马克思主义研究会，积极参加社会活动。1925年在芜湖加入中国共产党，同年10月赴莫斯科中山大学学习。1929年回国，历任中共江苏省委宣传部秘书长、河南省委组织部长兼河北省临委组织部长、江苏省委常委兼上海革命工会党团书记等职。1933年1月7日，在组织上海失业工人反失业示威游行时被捕入狱，同年4月10日就义于南京雨花台。

李慰农（1895—1925），原名李尔珍，巢县庙岗乡人。1915年考入芜湖省立第二甲种农业学校，探索"农业救国"之路。1919年以全省第二名的成绩被录取为赴法勤工俭学生，远渡重洋寻求马克思主义真理。1922年，与赵世炎、周恩来在巴黎创建"中国少年共产党"。1923年转为中共党员，同年11月赴莫斯科东方大学学习。1925年1月回国，任青岛市委书记，同年7月26日在领导工人同盟大罢工时被捕，7月29日被北洋军阀秘密杀害于青岛团岛。

▲ 学生时期的李慰农

周新民（1897—1979），又名周骏，庐江县乐桥镇人。五四运动后积极投身反帝反封建学生运动，任安徽省学联副会长。1922年加入中国社会主义青年团。1926年加入中国共产党。大革命时期任国民党（左派）安庆市党部执委。抗战初期任国民党安徽省民众总动员委员会组织部副部长兼总干事。皖南事变后，在重庆加入中国民主政团同盟，在周恩来的直接领导下，为民盟的发展壮大和统一战线事业做出了积极贡献。

五、声援五卅运动

1925年2月和4月，上海、青岛日资纱厂工人先后为改善待遇而举行罢工。5月15日，上海内外棉七厂日方资本家在与工人的冲突中开枪射杀工人顾正红，打伤10多人。这一事件成为五卅运动的导火索。5月30日，上海学生响应共产党的号召上街示威游行时，又有100多人先后被捕。这更加激怒了广大群众，数千人奔赴巡捕房前，要求释放被捕者。英国巡捕悍然开枪，打死13人，伤数十人，制造了震惊全国的五卅惨案。帝国主义的暴行，点燃了全国人民长期郁积的怒火，再次掀起了全国性的反帝爱国运动。

五卅惨案的消息传到合肥，青年学生率先行动起来。他们奔走呼号，相互串联，恢复了合肥学生联合会，继而联络工人、农民、商人、市民，于6月22日上午在卫衙大关广场集会，谴责帝国主义的残暴罪行，决定全城罢工、罢课、罢市，并成立沪案后援会组

织募捐。会后,各界群众3000多人举行了声势浩大的示威游行。各学校学生组成演讲团,走街串巷,向市民宣讲五卅惨案真相,唤起民众的爱国热忱。合肥学联还创办了五卅运动专刊《淝水怒潮》,报道五卅运动的消息和情况。

次日,全城数万人再次召开国民大会,各界10余名代表登台演讲,抗议列强暴行。发言人情绪激昂,讲到悲愤之处,每每泣不成声。农会代表张佐以刀划破手腕,鲜血染红了衣襟,表示要同帝国主义斗争到底,为被害同胞复仇,与会者都为其激愤落泪。工界代表李恒在发言中一针见血地指出:"沪案初因,咎在政府,非恶神啃墙,外人岂敢余侮?国人应速觉悟,打倒军阀,清理内乱是为急务。"言时声色俱厉,大动人心。集会上,学生联合会、基督教沪案后援会、合肥工业会等团体纷纷发表宣言及公启。

合肥学生联合会发表宣言称:"此次沪案发生,惨无人道,灭绝公理,实吾华空前未有之耻辱,全国震惊,天人共愤。天下兴亡,匹夫有责,本会同仁敢随各界诸公之后,誓死力争,不达圆满目的不止……"①

合肥工业会同仁呼吁道:"全国的同胞呀!哀已死的青年和劳工,虽死已不瞑目,我们未死的国民,值此危急存亡、千钧一发的时候,倘若又誓死力争,也要达到惩凶、赔款、谢罪,收回租界,收回领事裁判权以及废除一切不平等条约的目的。非如此,不但

---

① 《合肥学生联合会泣告》,见《合肥党史专题》(1919—1949),内部资料,1988年,第41页。

38

我们国家受外人欺侮,我们同胞受外人残杀,我们的种族还能存在吗?"①

6月19日省港大罢工及6月23日广州沙基惨案发生后,合肥反帝爱国运动又出现第二次高潮。各界代表聚集省立第六师范,商议以合肥各界联合会名义,致电日内瓦国际联盟,抗议英国在华驻军暴行,强烈要求对英制裁,并提出收回上海英租界、收回治外法权的正义要求,表明了合肥人民反抗帝国主义压迫的坚定决心。

五卅反帝爱国运动很快蔓延到合肥四乡和周边地区。7月18日,三河镇工人、学生、店员近万人举行游行示威,开展罢工、罢市、罢课斗争,组织募捐活动,支持上海工人。巢县成立了五卅惨案后援会,号召群众不买英货、日货,柘皋镇群众查封了各商家的英货、日货。庐江县城开展罢工、罢课、罢市斗争,县女子学校和庐江钒矿工人,深入城乡开展宣传和募捐活动。

合肥人民声援五卅运动的斗争,不仅掀起了反帝反封建的群众性革命高潮,同时也推动了地方工农运动的蓬勃发展。

---

① 《合肥工业会同人公启》,见《合肥党史专题》(1919—1949),内部资料,1988年,第42页。

第二章

第一次国共合作在合肥

  1924年1月,中国国民党第一次全国代表大会的召开,标志着国民革命联合战线的建立。共产党员帮助国民党左派组建了合肥县党部,开始了合肥地区第一次国共合作。中共合肥北乡支部成立后,在合肥地区广泛开展农民运动。为策应北伐军进军合肥,国共两党人士联合发动了吴山庙起义。合肥、巢县、庐江人民热烈欢迎北伐军的到来。北伐军主力北上后,军阀张宗昌的直鲁联军进犯合肥,国民革命军马祥斌率部坚守,取得了合肥保卫战的胜利。随着"蒋汪合流",统一战线完全破裂,轰轰烈烈的大革命宣告失败。

一、帮助建立国民党合肥县党部

1923年6月12日至20日,中国共产党第三次全国代表大会接受了共产国际执委会做出的《关于中国共产党与国民党的关系问题的决议》,通过《关于国民运动及国民党问题的决议案》,采取党内合作形式同国民党建立联合阵线,决定共产党员以个人身份加入国民党,帮助改造国民党,发展革命力量,积极推进国民革命运动。1924年1月20日至23日,中国国民党第一次全国代表大会在广州召开,共产党员李大钊、谭平山、林祖涵、张国焘、瞿秋白、毛泽东等以国民党党员身份出席会议,并当选国民党中央执行委员会委员或中央候补执行委员。会议确定了孙中山提出的"联俄、联共、扶助农工"的三大政策。这次大会的召开,标志着国民党改组的完成和第一次国共合作的正式形成。

1924年开始,安徽的中共组织和青年团组织,遵照中共中央指示,动员党团员以个人名义参加国民党。在中共的帮助下,国民党安徽地方组织相继建立。1926年春,国民党安徽省临时党部在安庆邓家坡成立,光明甫、周松圃、朱蕴山、沈子修、常恒芳、忠恕卿、黄梦飞、薛卓汉(中共党员)、周范文9人为临时省党部执行委员。临时省党部成立后,派员分赴安徽各地巡视,帮助开展

工作。

国共合作之后,中国的革命形势突飞猛进。广大人民渴望结束帝国主义侵略,摆脱持续多年的封建割据和军阀混战局面,实现国家的真正独立和统一。然而,北洋军阀的统治势力在长江以北地区依然很强大。各派系军阀联手并勾结帝国主义,镇压革命,在北京制造了三一八惨案。此时合肥地区的政权仍然掌握在军阀豪绅手中。据国民党左派人士龚嘘云回忆,1926年春夏间,"童汉璋(中共党员)由上游来合肥,做国民党登记工作,并宣传北伐军发动情况,当时北洋军阀防范甚严,只得秘密活动,参加的人不甚踊跃,大概愿意登记的不过10余人",革命力量还很薄弱。虽然"本年9月间,北伐军由江西、湖南进入,北洋军节节败退,合肥官吏惊慌失措,但防范依然严厉"①,以至于稍后匆匆举行的吴山庙武装起事亦流于失败。

1927年初,国民党安徽临时省党部执行委员薛卓汉和总干事童汉璋,指派刘自强(中共党员,曾参与中共合肥小组创建)、龚嘘云等人回合肥组建国民党合肥县党部筹备委员会,组织和发动工农群众,迎接北伐军到来。此时,北伐军已经攻克南昌、九江等地,其中,第七军第一师、第二师由湖北黄梅挺进宿松、桐城,前锋直抵合肥。安徽军阀陈调元十分恐慌,急忙派刘文明到武汉接洽投降事宜,表示拥护北伐,允许国民党各级组织来皖活动。

---

① 龚嘘云:《合肥第一次县党部成立及其活动情况》,见《合肥党史专题》(1919—1949),内部资料,1988年,第67页。

同年 3 月上旬，在中共组织的协助和共产党员的直接参与下，国民党合肥县党部筹备委员会成立，委员有刘自强、龚嘘云、刘大渠、唐任平、巫楚峰、谭植青、汪定忠 7 人。数日后，在合肥卫衙大关召开县党部成立大会，参加群众近万人，各界代表均讲话，一致表示拥护国民革命和北伐行动。会后举行了示威游行，高呼"打倒帝国主义""打倒军阀""拥护联俄、联共、扶助农工三大政策"等口号。

国民党合肥县党部的成立，标志着合肥地区国民革命联合阵线的初步形成。县党部先后组织起木工、织布、店员等行业工会和妇女协会。工会成立后，在共产党人的领导和影响下，组织会员捣毁了市民痛恨已久的税务局和厘金局。一时间，合肥地区革命风气高涨，人民欢欣鼓舞，反动分子则纷纷躲藏起来，不敢露面，店主、作坊主也不敢拦阻工人、店员参加工会组织了。

1927 年初，北伐军占领安庆，国民党临时省党部指派万诚回乡秘密组建了巢县党部。同年 4 月，国民党安徽省第一次代表大会在安庆召开，正式成立安徽省党部，万诚被推选为代表出席大会。

二、中共合肥北乡支部的建立及活动

1926年2月,中共中央在北京召开特别会议,确定党在当前的中心任务是"在各方面准备广州国民革命势力往北发展"。3月底,毛泽东在国民党中央农民运动委员会第二次会议上指出:"目前各省农民运动应以全力注意将来革命军北伐经过之区域。"①

为了促进全党重视农民同盟军问题,推动全国农民运动的发展,迎接全国革命高潮的到来,1926年5月3日,第六届中央农民运动讲习所在广州开学,由毛泽东担任所长。为给全国农民运动做好思想准备和干部准备,党决定从全国各地抽调一批农民骨干,到广州农讲所参加学习,其中皖籍学员有崔筱斋、曹广化、胡济等16人。他们于1926年9月上旬结业后,受党组织派遣,途经上海回到安徽各地开展革命活动。

9月23日,崔筱斋等人回到了合肥地区,并于月底在双河集崔小圩(今属长丰县)秘密成立了中共合肥北乡支部,书记崔筱斋,成员胡济、曹广化。北乡支部是合肥地区最早成立的中国共产党组织,也是全省较早成立的中共基层组织。由于此时安徽省

---

① 中共中央文献研究室:《毛泽东年谱(1893—1949)》(上卷),北京:中央文献出版社,1993年,第160页。

委尚未建立,合肥北乡支部直属上海中央局领导。北乡支部成立后,首要的任务是广泛发动群众,宣传国民革命,并以皖北为中心,开展农民运动,积极组建农会组织。

1926年11月上旬,为了支援北伐战争,促进农运高潮,中共中央成立了以毛泽东为书记的中央农民运动委员会。由中央农委拟定的《目前农运计划》指出:"安徽省农民运动的重点是以寿县、合肥为中心的皖北地区。"①同月,为贯彻中央"开展农运"的指示,合肥北乡支部又在崔小圩组建了"安徽省农民运动委员会",崔筱斋担任主任,胡济、曹广化任委员。崔筱斋主要在合肥北乡一带活动,曹广化回老家寿县活动,胡济因为皖南(南陵人)口音,不便于公开做群众工作,则常来往于合肥、寿县之间,保持两地的联系。省农委的主要任务就是发动贫苦农民团结起来,反抗地主剥削和反动当局的各种苛捐杂税,组织农民开展反帝反封建斗争。崔筱斋等利用各种关系,动员农民起来革命,迎接北伐军的到来。

▲ 合肥党组织创建者崔筱斋

到1926年冬,合肥的农民运动已风生水起。崔筱斋领导的

---

① 《中共中央局决议》,见《目前农运计划》,1926年11月15日通过。

安徽省农民运动委员会,在合肥北乡建立了双河集、造甲店、白家河、陈刘集4个农民协会。这是合肥地区最早一批在共产党领导下的农协组织。在北乡党支部和省农委的指导下,农民协会领导广大贫苦民众,开展了不屈不挠的反帝反封建斗争,在合肥地区不断掀起农运高潮,革命势力不断发展壮大,有力地呼应了北伐

▲ 中共合肥北乡支部、安徽省农民运动委员会旧址

革命,动摇了军阀豪绅在合肥地区的统治。与此同时,第六届广州农讲所结业的寿县学员方绵良回乡后,亦在与合肥北乡接壤的

寿东南地区，建立了"瓦埠五区农民协会"，两地互相联系声援，使方圆数十里地域的农民运动开展得如火如荼。寿县、合肥成为安徽省乃至全国农运的重点地区。1927年3月，北伐军进抵安徽省会安庆后，各地农会公开活动。按照国民党中央农民部指示：安徽省农民协会筹备处在安庆成立，行使对全省农民运动的领导职权，原安徽省农民运动委员会宣告撤销①。

同年4月，中共合肥北乡支部完成接应北伐军进驻合肥的任务后，崔筱斋接受党组织安排，奔赴六霍地区从事革命活动，在这之前，胡济、曹广化已分别前往芜湖、安庆开展农运工作。北乡党支部在合肥地区的活动虽告一段落，但革命火种并没有熄灭，而是在后来的土地革命中，化作星星之火，划亮合肥沉沉的夜空。

三、吴山庙起义

1926年11月，为迎接北伐军的到来，共产党员蔡晓舟、郑鼎②等人，联合国民党左派人士，共同开展反对北洋军阀的革命斗

---

① 《省农协会筹备委员会之进行》，载《芜湖工商日报》，1927年4月。
② 郑鼎（1894—1969），又名李云鹤、郑家仁，安徽金寨县人。1924年入党，吴山庙起义领导人之一。中华人民共和国成立后任皖北行署副主任、安徽省政协副主席。

争,在合肥北乡发起了吴山庙武装起义。

北洋军阀制造的北京三一八惨案激怒了全国人民,国人无不义愤填膺,国民党各地方党部和革命群众纷纷致电或派代表到广州,要求国民政府兴师北伐。在中国共产党的积极组织与推动下,1926年7月初,国民革命政府在广州誓师北伐。北伐的目的是推翻帝国主义支持的北洋军阀的反动统治,实现国家的独立、民主和统一。

国民革命军一路势如破竹,接连攻克长沙、武汉、南昌,沿江东下,锋芒直指安徽。在北伐战争开始之际,中共中央于1926年7月底发出通知,要求党的各地组织必须动员民众积极推动和响应北伐,号召革命同志到农村去,发动组织和领导农民参加国民革命运动。为响应党的号召、策应北伐军顺利进军合肥,1926年秋,共产党员郑鼎以及聂鹤亭①经党组织指派,由上海回到合肥,联络国民党左派人士许习庸等人,策划在合肥北乡吴山庙发动武装起义。

许习庸(1888—1976),合肥东乡人,老同盟会会员,早年参加过辛亥革命。1924年冬,响应孙中山先生号召,返乡开展革命工作,为国民革命进行组织准备。1925年,许习庸通过老上级、时任国民党中央执行委员柏文蔚的关系,被委派为合肥县实业局局

---

① 聂鹤亭(1905—1971),安徽阜南人,早年在安庆参加学生运动。1926年入党,参加过北伐、南昌起义和长征。中华人民共和国成立后任解放军装甲兵副司令员。

长,以此建立革命工作的秘密联络机关。1926年夏,国民革命政府在广州兴师北伐后,他召集了董伯荣、孙柱成、朱玉山、沈子美等一批革命人士,委以实业局劝业员职务,"白天在局内办公,晚上研究如何策反各乡区的民团,建立自己的武装"①。他们计划策反合肥东乡二十埠民团、合肥县衙派驻北乡吴山庙小营盘部、西乡刘家郢自卫队等武装,并争取合肥城内民团中下级军官,内应外合,伺机举义,占领合肥,迎接北伐军的到来。

1926年秋,北伐军胜利进军,迫近武汉,革命形势迅速发展。

▲ 吴山庙起义策划者许习庸

许习庸等人分析形势,认为革命高潮就要到来,武装起义的时机已经成熟,遂加快了起义准备的步伐,派遣董伯荣前往上海,向设在那里的国民党安徽临时省党部请示,并约请正在上海从事革命活动的蔡晓舟(中共党员)回来,共举大事。国民党中央委派的安徽省宣慰使常恒芳听取情况汇报后,对合肥地区的武装起义准备工作表示满意,当即指令蔡晓舟、董伯荣、许习庸等为负责

---

① 许习庸遗稿:《国共合作的吴山庙起义始末》,见《合肥党史专题》(1919—1949),内部资料,1988年,第53页。

人,迅速按原定计划组织武装起义。董伯荣受命后,即按预约暗语电告合肥——"大米速运无锡",意即同意起义,从速行动,之后与蔡晓舟一同由上海返回合肥。

许习庸接电后,立即派朱玉山星夜赶往东乡二十埠联系民团武装约40人,组成冬防小队,朱玉山为小队长;又派孙柱成赶往西乡,疏通刘家郢的自卫队。11月5日,许习庸只身前往北乡吴山庙小营盘,策反在此驻防的一连官兵。连长朱质卿表示拥护革命,愿意参加起义,服从调遣。次日,许习庸返回实业局时,蔡晓舟与董伯荣已从上海到达合肥。与此同时,为加强起义的领导,安徽省临时党部派来的郑鼎、聂鹤亭两位同志也赶到合肥,与许习庸等人汇集一起,共同领导武装起义。

11月8日,蔡晓舟亲往寿县古渡岗,做民团首领李雨村的工作,鼓动其率部起义。李雨村部约有800人、长短枪数百支,势力可观。通过晓以大义,李雨村答应率部起义。11月10日,郑鼎、许习庸等也前往合肥北乡,郑鼎直接去古渡岗协助蔡晓舟、李雨村整顿、掌握部队,初步选编了近200人队伍参加起义。起义筹划准备一切就绪。11日清晨,许习庸正在吴山庙与朱质卿商议举事时间,合肥县衙忽派一连骑兵,荷枪实弹到吴山庙小营盘,命令朱质卿即刻率全连移防回城,不得有片刻停留。事发突然,加之来者势众,朱质卿未敢贸然行动,动摇怯退,只得率部回城。当天下午,许习庸只身急往古渡岗,向蔡晓舟、郑鼎报告了小营盘的变故。蔡晓舟等分析事态发展,判断敌方可能已获悉情报,事不宜迟，必须立即宣布起义。当晚，各路起义队伍300余人，星夜兼程向吴山庙小营盘集结待命。

11月12日清晨，革命党人在吴山庙竖起革命军旗帜，宣布成立安徽讨贼军第四路军，推举蔡晓舟任司令，郑鼎为指导员，许习庸为副司令，董伯荣为参谋长，李雨村为参议。司令部成立后，根据郑鼎的意见，对起义队伍进行了一个多星期的宣传教育和组织整顿，宣布了起义军的纪律，决定于11月23日拂晓进攻合肥城。

革命党人在吴山庙公开举义之后，合肥城内敌人也在积极准备反革命对策。县长宁继光，豪绅李次岩、季雨农、夏永伦等探知起义情况后，急电安徽军阀、省长陈调元，调兵援助。宁继光借去安庆面报的机会，携巨款潜逃。豪绅们一面紧闭城门，一面派陶雨亭前来谈判，遭革命党人严词拒绝。

按照预定行动计划，起义军于11月23日凌晨4时许整装出发。天刚拂晓，敌军方面的炮声响了，陈调元派来的刘凤图旅将炮位安置在北乡四十埠，连续向小营盘方向轰击。起义军在枪林弹雨中，仍然奋勇前进，迫近四十埠，与敌人短兵相接。敌人调集三团兵力外加机枪连，以压倒性优势向起义军猛攻。起义军枪械粗劣，子弹短缺，又缺乏战斗经验，在敌众我寡的情况下，激战终日，坚持到傍晚才主动撤退到古渡岗。此役，起义军牺牲4人。队伍撤退到古渡岗后，探知陈调元已调动寿县、定远、合肥、凤阳四县民团武装，协助刘凤图旅继续围剿起义军，形势十分险恶。为此，司令部召开会议决定，部队化整为零，疏散隐蔽，伺机再起。

蔡晓舟由东乡青龙厂前往巢县,郑鼎辗转去武汉参加了北伐军。①

吴山庙起义打响了合肥人民革命的第一枪。尽管因力量悬殊,起义在军阀和地方武装的联合进攻下最终失败了,但其大无畏的革命精神,永载合肥人民的革命斗争史册。

四、北伐军挺进合肥

1926年7月国民革命军从广州出师北伐后,士气旺盛,势不可挡,很快从珠江流域打到长江流域。1927年2月国民政府移驻武汉,开始向长江下游的安徽、江苏、上海等地进军。3月中旬,北伐军第七军第一、第二两师由湖北挺进宿松,经桐城、舒城胜利到达合肥地区。

国民革命军进城后,在国民党合肥县党部的配合下,陆续组织工人协会、店员协会和妇女协会,并召开群众大会,宣传反帝反封建,动员群众行动起来,支持北伐。合肥人民热烈欢迎北伐军的到来,组织慰劳队慰劳北伐将士。"所需的物资都由县党部予以代办,人民群众也主动给军队带路当向导。北伐军所过之处,秋毫无犯,人民称颂,军民关系融洽。不少青年学生、店员、工人

---

① 李仲宾:《李仲宾回忆》,见《合肥党史专题》(1919—1949),内部资料,1988年,第52—57页。

因受北伐革命的影响,也纷纷参加了北伐军。"①

1927年3月初,国民革命军江左军击败了直系军阀孙传芳、张宗昌的主力,沿长江两岸东进。直鲁联军(张宗昌的部队)溃兵孙百万旅流窜到巢县柘皋,纵兵劫掠,无恶不作。此时,江左军一部前锋已进入巢南山区,孙百万企图由柘皋抢占县城,以巢城为据点,阻止北伐军北上。时任巢县警察局长的周鼎,倾向革命,拥护北伐,得知孙百万向巢城进攻后,一面派人联系进入巢南地区的北伐军先头部队,一面组织民众武装沿途袭扰,迟滞孙部。3月10日,孙旅逼近巢城。周鼎与进步绅士张梦久不畏强敌,率领警士和民团六七十人,据守北门七里墩阻击,因寡不敌众,退回巢城。孙部随即从北门和小东门两处攻入巢城,周鼎等二十余人战死,巢城陷落。3月12日,北伐军分三路从巢南围攻巢城:右路迂回清溪河口进逼夏阁,左路自汪家嘴横渡巢湖至龟山,中路经司家巷直取巢城。孙百万紧闭城门,在富春楼、文昌阁等制高点架设机枪,妄图负隅顽抗。上午10时,北伐军攻占巢城,大获全胜,俘虏近千人。在攻打巢城的战斗中,巢县人民冒着枪林弹雨支援北伐军。郊区群众踊跃捐献门板木料,协助部队架设浮桥,青壮年积极参加担架队、运输队,为攻城部队充当向导。3月13日,北伐军进城,城乡百姓夹道欢迎,沿途张贴标语,竞相赠送糕点慰问官兵。被北伐军击溃的孙部残余逃到柘皋,与从合肥方向出来的

---

① 《合肥党史专题》(1919—1949),内部资料,1988年,第65—66页。

一支军阀部队合兵一处,就地设防,阻挠北伐军向合肥进攻。尾追而至的国民革命军第七军两个师,在当地群众的配合下,一举击溃敌军。至此,巢县境内的军阀部队大部被歼,残余部分被全部逐出。

3月末,北伐军向定远开拔后,因受安庆三二三反革命事变①影响,原巢县县长刘永琛,勾结劣绅马仲吾、钟义堂、贾汉庭等,收买地痞流氓,暗地组织"棒棰队",冲击以万诚为首的国民党县党部,烧毁文件,殴打党务干部,制造流血事件。4月初,北伐军一部由合肥开往芜湖,途径巢县时,应万诚的请求,逮捕了马仲吾、贾汉庭等,并改组县政府,公推万诚为临时县长。

1927年3月,随着国民革命军北伐节节胜利,北伐军第三十三军柏文蔚、第十九路军陶钧、第九路军周西成、第七路军邓锡侯等部分别进抵庐江。部队所到之处,受到庐江人民的热烈欢迎。全县人民踊跃为北伐军筹集军粮、军饷、输送兵源。北伐军派人走上街头、深入学校进行演讲,宣传"三民主义"革命思想,号召民众组织起来,打倒列强、反动军阀和土豪劣绅。

---

① 1927年3月20日,蒋介石率北伐军总司令部进驻安庆。3月23日,在蒋的指使下,国民党右派利用流氓打手,冲击国民党安徽省临时党部,殴打中共党员和国民党左派人士,重伤多人,另有数十人受轻伤,致使正在召开的国民党安徽省第一次代表大会不得不延期休会。史称安庆三二三反革命事变。

五、大革命失败

随着大革命的深入和工农运动的迅猛发展,统一战线内出现了裂缝并不断扩大,代表大地主阶级利益的国民党右派不断制造事端,打击国民党左派,排斥共产党,镇压革命运动。早在1926年3月,蒋介石就一手炮制了中山舰事件,逮捕共产党员、海军局局长李之龙,解除省港罢工委员会的工人纠察队的武装,将共产党员从黄埔军校和由蒋介石直接控制的第一军中清除,企图夺取革命领导权。为了反击右派的进攻,1926年7月和10月,安徽、浙江、湖北、江西、江苏、汉口、上海等省市的国民党党部,联合发起迎汪(精卫)行动,得到了其他多个省国民党党部和海外国民党党部的支持,暂时遏制了右派的行为。

当北伐军打败了直系军阀主力,完全进占和控制了两湖及长江中下游地区后,国民党右派的反革命面目完全暴露。1927年4月12日,蒋介石在上海公然发动了反革命政变。在安徽,蒋介石指使国民党右派先后制造了安庆三二三反革命事变和芜湖四一八

事变①,并在省内各地陆续捣毁、清除国民党左派组织和群众革命团体,以"清党"为名排斥国民党左派人士,大肆逮捕、杀害共产党员和革命群众,反动气焰甚嚣尘上。

1927年4月中旬,反革命逆流波及巢县,被国民党右派操纵的国民党安徽省党部,电令巢县县党部"停止一切活动,听候处理",基础本来就不巩固的县党部,迅速分化瓦解。4月18日,孤掌难鸣的万诚去安庆向省党部请示工作,返回途中在芜湖惨遭国民党特务杀害。巢县工会、农民协会筹备会等革命群众团体亦相继解散。4月下旬,合肥县党部(左派)被勒令解散,另由南京国民政府下令组建的合肥县党部取而代之,所有革命群众团体被迫停止活动。随即,国民党右派陆续成立了"清党委员会""改组委员会"等反动组织。这些组织在反共、反人民的口号下汇成清一色的反动势力,制造了一系列的反革命事件,白色恐怖笼罩全市,共产党员或转入地下活动,或被迫远走他乡。7月15日,汪精卫控制的武汉国民党中央召开"分共"会议,决定同共产党决裂,公开叛变革命,随后对共产党员和革命群众实行大逮捕、大屠杀。随着"蒋汪合流",第一次国共合作形成的联合阵线完全破裂,轰轰

---

① 上海四一二反革命政变后,1927年4月15日,蒋介石在南京召见芜湖公安局局长高东澄,下达了捣毁国民党芜湖左派党部的指令。4月18日,高东澄指使流氓崔由桢率领80多名打手,携带枪支,以接收为名,捣毁、查封了国民党芜湖市、县党部以及工会、农会、学联、妇联等革命群众团体;中共芜湖特支负责人朱麻等17人被反动当局逮捕,2名共产党员遭杀害。史称芜湖四一八反革命事变。

烈烈的大革命宣告失败。合肥地区的革命斗争转入低潮。

六、合肥保卫战

北伐前期,在中国共产党人的支持下,国民革命军一路所向披靡,克武汉、进南京、占上海,整个长江流域"传檄而定"。浙闽苏皖赣5省联军总司令孙传芳所部10万大军,败退到津浦路南段。1927年春,蒋介石叛变革命,宁汉分裂,北伐遭到挫折。孙传芳勾结奉系军阀张作霖组织"安国军",重整旗鼓、卷土重来,企图趁机南下,反攻南京。4月12日,江左军主力、国民革命军第七军离开合肥,向定远、凤阳挺进。4月中旬,"安国军"副总司令张宗昌率直鲁联军10万余人,由鲁西南经皖北兼程南下袭击合肥,企图攻下合肥后经舒城、桐城,夺取安庆,截断北伐军在长江中游的后援之路,配合孙传芳反攻南京。合肥保卫战由此爆发。

驻扎在合肥的是国民革命军独立第五师第二旅,师长兼合肥城防司令马祥斌率第一、三旅在六安、霍山驻防。第二旅旅长阎统贯见直鲁联军来势凶猛,一面布置防御,一面急电马祥斌。马接电后率部星夜驰援合肥。当时合肥的兵力,仅马部独立第五师、合肥县自卫团,以及正在招募的第三十三军一部,共万余人。马祥斌召集合肥县长、县自卫团负责人及地方士绅紧急商议,作出防御部署如下：马部主力防御城西、城北两郊丘陵地带，城墙上由第三团、城内由县自卫团担任警戒，关闭7个城门，以沙包堵塞。为保证持久御敌，从三河商会筹借军粮1万石，于大蜀山砍伐松枝以备军需，并疏散城中老弱妇孺。

1927年4月18日，直鲁联军先头部队陆学文旅，避开西、北防线，绕到守军薄弱的东郊突然进攻，马军稍予抵抗即退入东城。陆旅进至坝上街、东门大桥附近，已迫城下，东城告急。冯玉祥部北伐先遣司令、独立第四旅旅长王金韬率部3000人，由南门前来助攻，击退敌军，并担任东郊防御。稍后，直鲁联军主力陆续开到，10万余人将合肥东、西、北三面重重包围。

4月18日傍晚，直鲁联军从西、北郊两线进攻，被马军击退，19日晚再行进攻，又被击退；20日晚第三次进攻，激战彻夜，复被马军击退。马祥斌以众寡悬殊、恐力不支，急电南京国民革命军总部请求支援，同时动员所有团、营主官进入阵地指挥作战，固守待援，誓与城池共存亡。4月25日至27日，直鲁联军再次连续攻城，未能越雷池一步。28日晚，大雨滂沱，直鲁联军在炮火掩护下，发起全线猛攻，血雨纷飞，战况惨烈。马祥斌沉着应战，亲率特务营驰骋于熊店、四里河一线督战，不给直鲁军以可乘之机。战壕水深齐腰，马部官兵浴血奋战，战至次日天明，阵地屹然不动。张宗昌恼羞成怒，派飞机对城内狂轰滥炸，又派骑兵偷袭西、北城门，并架设重炮轰击城墙，企图一举歼灭马军。马军苦战10天，虽未丢失阵地，但也是伤亡惨重，弹药将尽，援军仍迟迟未见。

合肥县长鲍庚一面动员城内士绅百姓持有弹药者"尽出以济军",一面派人前往西乡,向淮军后裔周、刘、张等几大圩户商借子弹4万发,稍解燃眉之急。

5月初,马祥斌再次急电南京催援。南京方面复电竟称"合肥不守,守舒城,舒城不守,守桐城,桐城不守,守安庆",指示放弃合肥。马祥斌则认为"合肥高城环河,正利防守",如合肥失守,舒城、桐城、安庆均难久守,"决定死守合肥,与城共存亡"。① 马部官兵上下同心,屡屡击退攻城之敌。冯军王金韬勇悍善谋,亦于东郊防线指挥所部相机出击,以勇挫敌,令直鲁联军只作遥攻,不敢近逼。此后,直鲁联军虽每晚对西、北两线强行进攻,但马部各旅顽强抵御,合肥城始终未被攻破。

正当直鲁联军与国民革命军两军僵持之际,局势发生变化。孙传芳进攻南京的主力被国民革命军击溃,向津浦铁路南段退去,战局开始向有利于北伐军方向转化。到5月中旬,围城近一月的直鲁联军久攻合肥不下,士气低落,已成强弩之末。此时,国民革命军第三十三军张可瑶第二师、岳相如第三师奉命由六安驰援合肥,直鲁联军稍退。随后,李宗仁第三路军所属第七、第十军从芜湖、安庆星夜兼程支援合肥,击溃占据巢县、合肥交界的东山口一线直鲁联军,切断了围攻合肥的直鲁联军后路,并向围城敌军发起猛烈进攻。5月14日,马祥斌、王金韬亦率所部大举反攻,

---

① 郑贤旭:《马祥斌守合肥》,见合肥市政协《合肥史话》采编组:《合肥史话》,合肥:黄山书社,1985年,第108页。

两面夹击,截获军械无数,直鲁联军 10 万大军犹如潮水一般向皖北溃退,遂解合肥之围。

合肥保卫战是北伐时期国民革命军与北洋军阀在安徽战场的一次重要角逐。此战的胜利,对于巩固北伐前期的成果具有重要意义。马祥斌以微弱之旅不畏强敌,率部死守合肥,激战近一月,终于在友军的配合下挫败张宗昌的进攻。

第三章

星火燎原

1927年蒋介石、汪精卫相继背叛革命后,镇压工农运动,对共产党人和革命群众实行血腥屠杀,革命形势转入低潮。1927年8月7日,中共中央在武汉召开紧急会议(即八七会议),总结了大革命失败的经验教训,批判和纠正了党在大革命后期的右倾错误,确立了土地革命和武装反抗国民党的总方针。八七会议后,合肥、庐江、巢县籍中共党员童汉璋、苗树德、周心抚等回到家乡,恢复和建立了党的组织。党把革命重心由城市转向农村,领导农民开展土地革命,与国民党统治集团展开了艰苦卓绝的殊死搏斗。

一、合肥党组织的恢复

(一)童汉璋与合肥党组织的恢复

大革命失败后,合肥地区笼罩在白色恐怖之中,共产党员和革命者或被迫转入地下,或转移到外地,党团组织和工作陷于停顿。八七会议后,安徽临时省委根据中央关于恢复党的组织,开展工人、农民运动,组织武装暴动,同国民党反动派进行武装斗争的指示,首先恢复了芜湖、安庆等地区的党组织。童汉璋等一批皖籍共产党员和有志青年奉党组织指示,纷纷从武汉、南昌、上海等地回到家乡,开展农运、兵运,恢复、发展党组织,进行革命斗争。

童汉璋(1897—1943),合肥人,五四时期安徽学生运动的领袖之一。北伐时期加入中国共产党,并担任国民党安徽省临时党部总干事。1927年大革命失败后,童汉璋目睹蒋、汪合流,愤然离开武汉,南下参加南昌起义,任革命委员会宣传委员。起义失败后避走香港。同年9月由香港来到上海,受党组织派遣回到合肥开展建党工作。童汉璋利用在省立第六师范学校教书的身份为掩护,秘密发展党员,筹建组织。9月下旬,中共党员许继慎[①]奉党中央指示去皖西组织革命武装,因故未果,前往上海途经合肥时与童汉璋取得联系。在许继慎的帮助下,童汉璋联络了中共党员范毓南、刘自强,在合肥城内十棵椿(今霍邱路附近)童汉璋家中成立合肥城内第一个党组织——中共合肥小组,童汉璋任组长。中共合肥小组隶属六安特别区委领导。同年10月,安徽临时省委决定将合肥党小组划归中共寿凤临时县委领导。

中共合肥小组是大革命失败后,合肥地区最早恢复的党组织,它就像一粒火种,在合肥的原野上燃起星星之火,很快形成燎原之势。此时,又有一些在外地的共产党员陆续回到家乡。随着党员数量的增加,为适应形势发展的需要,1927年底,经省临委批准,在合肥党小组的基础

▲ 合肥城区党组织创建者童汉璋

上成立了中共合肥特别支部(简称合肥特支),特支委员有童汉璋、刘自强、范毓南、何世球(又名韩明、何仲珉),童汉璋任书记,

---

① 许继慎(1901—1931),安徽六安人。1924年5月考入黄埔军校第一期,同年加入中国共产党。1930年3月,受党指派前往鄂豫皖苏区,任鄂豫皖特委委员、中国工农红军第一军军长,对鄂豫皖根据地和军队的创建做出巨大贡献。1931年10月在"肃反"中被错误杀害。

刘自强负责工人运动,何世球负责交通工作。1928年春,合肥特支扩建为中共合肥特别区委(简称合肥特区委),隶属六安县委领导,童汉璋任书记。合肥特区委建立后,开始向农村发展,在合肥的4个乡都建立了党的基层组织,下辖合肥城内、高刘、雷麻、北乡4个支部和东乡众兴集特别组,共有党员44人。同年8月,因国民党的搜捕,童汉璋被迫离开合肥。中共六安县委于9月委派周狷之(又名尤迟)兼任合肥特区委书记,后由何世球接任书记。1929年5月24日,中共中央决定取消安徽省临委,将省临委管辖的地区划分为芜湖、安庆、六安、阜阳四个中心县委,由中央直接管辖,并将合肥特区委划归芜湖中心县委领导。1930年春,合肥特区委划归六安中心县委领导。① 合肥特支、特区委成立后,活跃于合肥城乡,组织工会、青年团、农民协会等群众团体,领导工人和农民的罢工、抗租、抗捐、抗暴斗争;建立合肥赤卫队,开展武装斗争。

随着国民党对城市统治的加强,党的工作重心由城市转向农村。1928年春,何世球、周狷之相继到合肥西乡指导工作,将雷麻党小组改建为中共雷麻支部,张建之、薛成(又名徐梦观)先后担任书记。随着形势的发展,党组织力量迅速壮大。1929年秋,雷麻支部分为雷麻、高刘两个支部,下辖6个党小组,发展党员25

---

① 中共合肥市委组织部,中共合肥市委党史办公室,合肥市档案馆:《中国共产党安徽省合肥市组织史资料》(1926.9—1987.11),合肥:安徽人民出版社,1991年,第19—20页。

人。不久,南乡的三河,西乡的山南、官亭陆续建立了党的基层组织。到1930年5月,合肥西乡、南乡已建立5个党支部,下辖23个党小组,共有党员50多人,有力地加强了党在合肥地区的领导力量。

1928年秋,合肥特区委委员张伯平、共产党员周味韶先后受党组织派遣,来到合肥东乡众兴集开展秘密活动,建立党组织,并于1930年春成立东乡特别党小组,后扩建为中共东乡支部,隶属合肥特区委领导。众兴地区1928年就有了农会的秘密组织,群众基础好,党组织建立后,发动党员走村串户,吸收贫雇农加入农会,向广大贫苦农民宣传"穷人要翻身""打土豪、分田地"等浅显易懂的革命道理,号召百姓团结起来,抵制国民党的苛捐杂税,反抗地主阶级的压迫和剥削。

此外,八七会议后新组建的中共寿凤临委,也在合肥北乡(今长丰县域)和寿东南地区恢复和建立党组织,发展党员,开展农民运动,与合肥城区、西乡、南乡的党组织形成呼应之势。

(二)合肥县委、中心县委的建立及活动

1930年春,皖西苏区初创。为了巩固根据地建设,把武装斗争和土地革命紧密结合起来,形成武装割据,中共六安中心县委加强了对苏区外围区域的领导,派专人负责非苏区的工作,着手开辟以合肥、寿县为中心的皖西北游击区。3月21日,中心县委在六安县七邻湾关帝庙召开了所辖6个县(六安、霍山、霍邱、寿县、英山、合肥)和红三十三师党的联席会议,六安中心县委书记

舒传贤①主持会议,史称七邻湾会议。会上听取了6个县的工作汇报,总结了过去的斗争经验,根据各县的革命形势,提出了"动员全党同志,推动六县的革命高潮"的总任务。

同年5月,合肥特区委根据七邻湾会议精神,在合肥西乡雷麻店方坎(村)徐树吾家召开各支部代表会议。会议总结了合肥特区委前一段工作,认为党的组织发展工作不平衡,雷麻、焦婆等地发展较快,已引起敌人注意;肥南、肥北发展较慢,组织薄弱,没有很好地发挥党员的骨干作用。会议指出,一些不纯分子也被吸引到党内,对党的肌体存在侵蚀的危险,不利于党的发展,必须注意清洗党的组织和改进党的作风。会议决定改组合肥特区委,成立中共合肥县委,薛成任书记,会议还研究了党组织的发展工作,通过了关于面向工农、妇运、青运、兵运工作的有关决议。

合肥县委成立后,派出人员在城乡大力发展党的组织,先后建立了3个区委、4个特支,成立了县青年团组织和赤卫队,"全县同志共有一百五十多人。"②县委还与社会人士合办"民众报馆",

---

① 舒传贤(1899—1931),安徽霍山人。1926年加入中国共产党。1929年任中共霍山县委书记,同年冬参加领导六霍暴动,是皖西革命根据地及中国工农红军第三十三师的主要创始人。1931年初任中共鄂豫皖中央分局委员兼组织部长,同年冬在"肃反"中被错误杀害。

② 《皖西吴伯孚同志的报告》,见中共安徽省委党史工作委员会:《安徽现代革命史资料长编》(第二卷),合肥:安徽人民出版社,1991年,第243页。另说党员170人,见中共合肥市委组织部,中共合肥市委党史办公室,合肥市档案馆:《中国共产党安徽省合肥市组织史资料》(1926.9—1987.11),合肥:安徽人民出版社,1991年,第23页。

指派党内同志张伯山、赵圣情、颜文斗担任副刊编辑,借以进行革命宣传。在农村,党组织发动群众开展轰轰烈烈的抗捐、抗税和扒粮斗争。

中共六届四次全会后,中央加强了对地方党委和根据地工作的指导。1931年1月,中央决定撤销管辖江苏、浙江、安徽三省的江南省委,改为江苏省委,另行成立安徽省委。同年3月初,中央派遣沈泽民①进入鄂豫皖根据地,任中共鄂豫皖中央分局常委、中共鄂豫皖省委书记,负责鄂豫皖苏区党和政府的工作。

▲ 中共合肥县委书记薛成

为统筹鄂豫皖苏区外围游击区域党的工作,1931年3月23日,沈泽民与鄂豫皖中央分局委员舒传贤来到合肥西乡,主持召开合肥县委及所属区委负责人联席会议,传达中央将中共合肥县委扩建为中共合肥中心县委的决定。中央指示由沈泽民、舒传贤全权负责合肥中心县委组建事宜。会议通过了《成立合肥中心县委及接受四中全会决议案》,决定以合肥为中心,成立中共合肥中

---

① 沈泽民(1902—1933),浙江桐乡人。1921年参加上海共产主义小组。1931年1月于中共六届四中全会上当选中央委员,任中央宣传部部长,同年4月赴鄂豫皖根据地任鄂豫皖中央分局委员、鄂豫皖省委书记等职。1933年病逝于鄂豫皖苏区。

心县委(又称皖西中心县委),委员除中央指定的吴伯孚、吴岱新、薛成、余光4人外,另增选李德斋为委员,吴伯孚任书记。中心县委机关设在合肥,下辖旧桐、太湖、潜山县委和舒城、定远、庐江北部等地党组织及合肥地区4个区委、5个特支,共有党员840多人。① 会上确定合肥中心县委的中心任务是在苏区中央分局和皖西特委的直接领导下,指导合肥及所属各县的群众革命斗争,在群众革命斗争的基础上发动游击战争和农民武装暴动,策应和支援鄂豫皖苏维埃区域的武装割据及反"围剿"斗争。

为了实现这一中心任务,联席会议要求中心县委必须立即开展以下各项工作:着手制定近期工作计划,提出开展群众斗争的中心口号;出版《合肥红旗》,作为公开领导群众斗争的政治刊物;整顿组织,委派负责同志去各区巡视工作,开辟各区工作新局面;对合肥四乡农民协会加以整顿,以此为基础组织雇农工会、贫农团、农民委员会等群众组织,开展抗租、抗税、抗债斗争;立即在政治上组织上准备动员革命群众、农民和党团员打入国民党的军队、地主团丁中,秘密发展革命士兵;立即发动反对国民党就地筹饷、反对高利贷、反对地主富农的经济政治斗争;组织工会、贫农团和革命学生会等群众团体,开展工人的经济斗争和反对党化教育等斗争;扩大拥护红军和苏区的宣传工作;立即发动反对国民

---

① 中共合肥市委组织部,中共合肥市委党史办公室,合肥市档案馆:《中国共产党安徽省合肥市组织史资料》(1926.9—1987.11),合肥:安徽人民出版社,1991年,第23—24页。

会议的斗争;立即筹备五一纪念节的工作;立即发动春荒斗争①,等等。

合肥中心县委成立后,发动群众,进行持续的艰苦的经济、政治和武装斗争,在险恶的环境中开展党的思想建设和组织建设,使党的战斗力在大革命失败后得到逐渐加强,基层党组织得以扩大和巩固。在中心县委的领导下,合肥地区各级党组织积极扩大工农群众组织:建立了青年团合肥中心县委、少年先锋队、童子团以及团的基层组织;相继建立了合肥农民协会、互济工作委员会;在知识界和青年学生中发展"读书会",传播马克思主义。党组织还创办进步报刊,宣传革命、启迪群众、抨击黑暗、揭露敌人;利用重大纪念日和发生的重大事件,发表宣言和告民众书,巧妙地把党的主张和斗争纲领融入其中。1931年4月至5月,中心县委领导合肥城内学生,为反对国民党反动派"围剿"苏区举行罢课斗争,张贴、散发传单。5月9日,在皖西北苏维埃政府成立之际,中心县委在合肥二、三区举行千余人参加的庆祝活动,并委派刘朝光(又名刘映冰)带领30多人去苏区参加主力红军。6月6日,中心县委领导合肥北乡帮工举行"帮大工"罢工运动,并取得了胜利。

(三)组建皖西北中心县委

1931年5月,鄂豫皖苏区取得了第二次反"围剿"的胜利,军

---

① 《县区联席会议关于成立合肥中心县委及接受四中全会决议案》,1931年3月。

民士气高涨,苏区力量进一步壮大。随着革命斗争形势的发展,为了统一游击区党的领导,配合苏区粉碎国民党军队的新一轮进攻,1931年8月,中央指示,将合肥(皖西)、寿县(皖北)两个中心县委合并,成立中共皖西北中心县委,吴伯孚任书记。由于安徽省委此前已遭敌破坏,新成立的皖西北中心县委直属中央领导,负责指导合肥、寿县、凤台、颍上、舒城、庐江、桐城7个县党的工作,县委机关设在合肥。

同年秋,吴伯孚因经不起严峻斗争的考验,骗取苏区经费潜逃(后叛变)。11月上旬,在中央巡视员陈文的主持下,将中心县委改为皖西北临时中心县委,由原职工部长秦全(又名程明远)任书记。同年12月,中央决定恢复皖西北中心县委名称。截至1932年7月,皖西北中心县委下辖颍上、凤台、寿县、阜阳、太和、桐城6个县委,舒城、庐江特支,以及合肥5个区委、5个特支、1个直属支部,共有党员1400多人①,其中合肥地区200余人。中心县委以隐蔽的方式活动于所辖各县,组织工农群众,发展革命武装,广泛开展"春荒斗争"和武装斗争,组织了合肥北乡双河集暴动,使革命力量日益壮大,有力地支援了鄂豫皖苏区第三次反"围剿"斗争。

---

① 中共合肥市委组织部,中共合肥市委党史办公室,合肥市档案馆:《中国共产党安徽省合肥市组织史资料》(1926.9—1987.11),合肥:安徽人民出版社,1991年,第26页。

二、庐江和巢县党组织的建立

(一)苗树德与庐江党组织的建立

大革命失败后,根据中共中央的指示,安徽省临委派出一批干部回原籍建立党组织,开展秘密斗争。1927年夏,庐江籍共产党员苗树德、张守仁、张济民等10人从武汉陆续回到家乡。

苗树德(1900—1952),庐江田埠乡(今冶父山镇)人,早年在安庆读书时,积极参加学生爱国运动。1925年经王步文介绍加入中国共产党,曾任安徽省总工会秘书长、全国总工会秘书处处长。1927年"宁汉合流"后,苗树德回到庐江中学任教,并以此为掩护筹建庐江党组织。同年8月中旬,由外地回庐的数名党员,在苗树德住处秘密集会,成立了庐江县第一个党组织——中共庐江县特别支部(简称庐江特支),推举苗树德为书记,委员有李寿朋、张守仁、张杰、张济民、许化鲲等7人。这是当时由省临委直接领导的全省8个特别支部之一。

1927年冬,国民党庐江县党部尚未转向反共,苗树德、张守仁遂参加县党部工作,以合法身份从事农协、学联工作,在庐江中学秘密宣传共产主义思想,培育积极分子,发展进步学生加入党组织,并建立了中共庐中支部。1928年夏,随着党员的增加,苗树德在庐城大西门外保坟巷召开会议,讨论组织发展事宜,决定在庐江特支领导下成立城关、城北两个支部。城关支部主要负责发展工人协会,城北支部大力发展农民协会、妇女协会,开展反帝反封建斗争。同年8月,随着党组织的不断扩大,中共庐江特支改为中共庐江县特别区委(简称庐江特区委),下辖庐中、城

▲ 苗树德

关、城北3个支部,有党员48人。到1929年11月,庐江特区委下属党支部扩大到7个,有党员96人。

(二)庐南党组织的建立及活动

庐江南部最早的党组织是在桐城县党组织帮助下建立的,亦与桐城浮山中学(今属枞阳县)党组织有着密不可分的关系。浮山中学由安徽著名人士房秩五①创办,先后有房秩五、周新民、光明甫、李光炯、史大化、朱蕴山等中共党员和进步人士担任董事会成员。大革命失败后,安徽省临委负责人王步文、柯庆施曾在浮山中学隐蔽并开展革命工作。因此浮山中学教职员工,多半是中

---

① 房秩五(1877—1966),名宗岳,桐城县浮山(今属枞阳)人,著名教育家与社会活动家。1928年在桐城创办浮山初级中学。中华人民共和国成立后任安徽省第一至三届政协副主席、安徽省人民政府委员等职。

共党员和进步人士。庐江籍中共党员郑曰仁、张亮侯也在该校担任过教员。浮山中学党支部成立后,党员教师经常利用课堂向学生阐述革命思想。为了提高农民的思想觉悟,还在校内外举办农民夜校。因此,与桐城县交界的庐南七架桥一带,先进文化和马列主义得到较为广泛的传播。

1928年4月,中共桐城县直属支部章逐明,拿着郑曰仁的介绍信,以找朋友为名,来到七架桥郑家湾村开展秘密工作,发展党员,并帮助组建了郑家湾党支部。通过该支部党员的活动,先后发展建立了小邹庄、陡岗、王家院、艾庄、琵琶地5个党支部,有党员39人。

1929年3月,省临委皖中特派员王步文秘密来到七架桥一带视察,帮助组建了中共七架桥区委。王步文在此住了3个多月,主编《火花》月刊,创办党报《赤魂》,开办训练班,发展党团员,并组织农协会,发动群众开展土地革命斗争。同年5月,在王步文的指导下,庐南地区党支部书记联席会议在庐南董家祠堂召开,成立中共七架桥区委,郑中强任区委书记。区委成立之初下辖7个支部,有党员48人,至1930年6月发展到12个支部,活动区域主要在七架桥地区以及桐庐交界一带。

七架桥区委成立后,庐南党组织迅速发展。1929年10月,中共罗昌区委成立,许冀松任书记,下辖7个支部,有党员43人。同年下半年,中共沙溪区委成立,马哲聪任书记,下辖5个支部,有党员20多人。1930年3月,中共黄泥河区委成立,王家盈任书记,下辖5个支部。庐南党组织先后隶属桐城支部、桐城区委、桐城临时县委领导。与此同时,不同规模的农民协会、妇女协会、互济会等组织纷纷成立,这些组织广泛发动群众,开展农民运动,与封建地主及反动政府做斗争。

(三)庐北党组织的建立及活动

大革命失败后,正在武昌中央农民运动讲习所学习的共产党员张守仁,受党组织指派回到家乡秘密开展建党工作。起初,他在国民党庐江县党部以合法身份开展工作。随着国民党政权的巩固,斗争形势益发险恶。1928年春,张守仁独自回到庐北同大圩老家,建立农民协会,开展农民运动,伺机筹建党组织。不久,他通过合肥特区委下属三河特支,与正在巢湖南岸活动的中共党员汪伯仙、赵业权、袁乃云等人取得联系,秘密开展党的工作,陆续发展10多名党员。同年秋,在合肥党组织的帮助指导下,中共白石山特支(又称庐北特支)在庐北汪家圩成立,张守仁担任书记,隶属合肥特区委领导,下辖3个支部。1929年10月,白石山特支扩展为白石山区委,下辖5个支部。

1929年1月,桐城县孔城镇刘去非、刘子丹父子(均系中共党员)在庐江柯家坦、钱家店一带,以教书为名,利用师生、同学关系秘密发展党员,建立党的组织。到1932年,柯家坦地区相继建立了河场、桃园、田家店、李老屋、龙池庵、龙里安、万凤安、分水岭等10个党支部,有党员100多人。

(四)庐江县委、桐庐县委的建立及活动

1930年4月29日,中共安庆中心县委在桐城会宫(今属枞阳县)召开所属8县党的负责人联席会议,研究武装暴动事宜。会上要求用最短时间成立庐江县委,以便统一全县党的领导。为贯彻会宫会议精神,由七架桥区委牵头,召集全县6个区党的代表会议,正式成立中共庐江县委,推举郑中强任书记。庐江县委下辖6个区委、45个支部,党员180余人,县委机关设在庐南黄泥河小学,先后隶属安庆中心县委、芜湖中心县委、皖北特委、皖西北中心县委领导。

庐江县委成立后,全县党组织迅速发展,北起三河、巢湖,南至罗昌河、七架桥、店桥一带,西从东汤池、柯家坦,东到白湖、黄姑、关西地区,都建立了党的基层组织。党组织的蓬勃发展,也带动了群众组织的纷纷建立,县区先后建立起互济会、农协会,并建立了地方武装,在县委的统一领导下,积极发动群众,开展土地革命斗争。

1930年10月,国民党军队对皖西根据地发动第一次"围剿",苏区外围的形势不断恶化。同年12月,庐南地区党团及农会组织遭到破坏,大批党员撤离庐南,县委负责人两度更迭,群众思想混乱,情绪低落。为此,县委工作重点移至沙溪区一带,中心任务是搜缴反动武装,扩建革命武装,配合苏区反"围剿"斗争,扩大游击根据地。

1931年初,安庆中心县委因内部出现叛徒遭到破坏,同年4月,在芜湖的安徽省委机关亦遭严重破坏,致使桐城、庐江等周围县党的力量损失严重。为适应形势的急剧变化,次年7月,中共合肥中心县委召集桐城、庐江两县党的负责人,在桐庐边境大艾庄(今属枞阳县)举行联席会议,将桐城、庐江县委合并,成立中共桐庐县委,陈雪吾任县委书记,下辖七架桥、罗昌河、沙溪、黄泥河、白石山、城关6个区委。县委机关设在庐江县盔头畈小学。桐庐县委成立后派员去各区乡巡视工作,并着手开展三项工作:整顿党团组织,提高战斗力;组织农会、互济会等群众组织,领导农民开展抗租、抗税斗争;建立地方武装,打击土豪劣绅。

(五)巢县地区党组织的建立和发展

周心抚是巢县地区最早的党组织——中共巢县支部的创建者。

周心抚(1905—1982),祖籍巢县黄麓,早年在芜湖、南京、宣城求学。1926年大革命时期在芜湖加入中国共产党,走上革命道路。同年冬受党组织派遣,赴安徽省党务干部学校学习,结业后到国民党芜湖市党部任青年部干事。芜湖四一八事变前夜,在党组织安排下撤离芜湖前往武汉。

1927年7月,第一次国共合作破裂后,周心抚回到芜湖从事党的秘密工作。同年10月,受党组织派遣,周心抚返回老家巢县开展建党工作。此时的巢县正处于革命低潮,由于国民党右派的

"清党",建党时机尚不成熟。权衡之下,周心抚在巢城联系周鸣畏、吴尚甲等进步青年,组建了巢县革命青年同志会,通过这个进步团体,在知识青年和农民中积极开展反帝反封建、反对土豪劣绅和争取自由和平、反对剥削压迫的宣传活动。巢县革命青年同志会的建立,为巢县党组织的建立打下了基础。年底,周心抚返回芜湖党组织任职。

1929年春,周心抚应含山张什一小学校长张学藩邀请,赴该校养病、教书,并在巢县、含山两地,以原巢县革命青年同志会会员为骨干,秘密开展建立党组织的工作。经过一段时间的考验,周鸣畏等4名表现积极的青年知识分子先后被吸收入党,成为巢县第一批中共党员。1929年8月,中共巢县支部在巢城中心小学成立,周心抚任支部书记。

巢县支部成立后,周心抚回到含山张什一小学,着手含山县的建党工作,巢县支部的具体工作交由周鸣畏、刘健飞负责。不久,周、刘两人转移到巢县中垾甘露寺小学,以教书为掩护,在中垾一带进行党的秘密工作,巢县支部亦称中垾支部。1929年下半年,巢、含两县的党组织在

▲ 晚年时期的周心抚

周心抚的指导下有了新的发展。为了加强领导,同年底,建立了中共巢含特支(亦称巢县特支、巢含联合支部),周心抚任书记,下辖中垾、张什一两个支部,有党员10余人。

巢含特支成立后,秘密发展党员,扩大党的外围组织,先后建立了含山福山农协会,巢县农协会,中垾、林头、清溪互济会;开办农民夜校,团结广大农民,开展互助互济和反对土豪劣绅的斗争;创办《工农小报》,宣传党的主张;开设"我们书店"(后改为"湖滨书店"),传播新思想、新文化;建立地下印刷厂,刻印宣传品和《萤火》等革命刊物。

(六)巢含县委、巢县县委的建立及活动

巢含特支建立后,周心抚多方联系上级党组织,希望得到组织上的支持和工作上的指导。1930年秋,皖南特委书记王步文派刘静波来巢县、含山巡视工作,邀周心抚到芜湖述职。王步文指示周心抚将巢含特支改建为巢含县委,进一步壮大党的基层组织。1930年12月,中共巢含县委在含山张什一村成立,周心抚任县委书记。巢含县委隶属芜湖特委领导,下辖巢城、中垾、烔炀、张什一、林头5个支部,共有20多名党员。

巢含县委在组织发展方面,注意吸收城镇小知识分子和农民入党。在地处深山远乡的清溪河口开辟了多个秘密联络点。在含城、林头、巢城、中垾、烔炀、夏阁、柘皋等中心集镇,组建了互济会、农协会、妇协会、店员工会等群众团体,发动群众进行抗捐、抗

税、罢工斗争。

1931年2月,中共安徽省委在芜湖成立,王步文任省委书记。根据省委决定,周心抚调任省委巡视员,并撤销巢含县委,分别成立巢县县委和含山县委。2月底,中共巢县县委在中垾成立,周鸣畏任书记,下辖中垾、巢城、烔炀、大汤4个支部,有30多名党员。

巢县县委成立不久,受党内"左"倾盲动主义影响,在条件不成熟的情况下,急于组织农民暴动,引起了国民党反动派的注意。1931年4月,县委在中垾互济会开展活动时被地主告发,党员戴佛、张学藩、张国钧等6人被捕,设在清溪河两岸的茶庵、三元庵的秘密联络点也被查封,一批党的文件、传单被查抄。周鸣畏等离巢潜入外地隐蔽,县委解体。这次事件①给巢县、含山两地党组织均造成了严重损失,党的活动基本停顿。

同年6月,中共芜湖中心县委恢复后,委派原宣城县委书记倪合台来巢县恢复巢县县委。7月,巢县县委重新组建,倪合台任书记,领导大汤等三四个支部,恢复发展了30多名党员。不久,县委派人打入中垾红枪会,拟以红枪会武装会众为基础发起农民暴动。8月23日,倪合台前往无为县东乡借取武器,被叛徒杀害。中垾农民暴动流产,刚刚恢复的巢县党组织再次陷入瘫痪状态。

巢县党组织两度遭到破坏后,党员流散,党的活动停止。同

---

① 本次事变被称为巢县早期革命斗争史上的茶庵事件(又称中垾事件)。由于巢含县委分开不久,含山党组织也受到波及,县委书记刘权非被迫出走。

年 10 月,黄球(化名)在皖西党组织帮助下,来巢县找寻线索,恢复组织,重新建立了中共巢县特支,黄球任书记。1932 年 10 月,巢县特支改为巢县区委后,立足巢县,向相邻的含山、无为,并跨江向芜湖、繁昌发展,先后建立了 7 个支部,发展党员 56 人,其中巢县 5 个支部、党员 34 人。巢县区委在与上级党组织联系困难的状态下,独自艰难地开展革命宣传,发动贫雇农、矿工、船员等进行抗捐、抗税、抗债斗争。

三、农民运动的兴起

(一)成立农民协会

合肥地区农民运动有着光荣的传统,早在北伐期间,就被中共中央列为全国开展农运的中心地区之一。大革命失败后,革命力量遭受挫折,合肥的农民运动一度陷于沉寂。

中共八七会议后,党组织过渡到秘密状态,并把工作重心转移到农村。按照八七会议的指示精神,发动农民运动、实行土地革命,开展武装斗争,已成为合肥党组织恢复后的中心工作。1927 年 10 月,大革命失败后合肥第一个由党领导的农民组织——雷麻店农民协会成立,张建之任主席。一年后,相继成立了雷麻、焦婆、高刘农民协会分会,参加协会的农民有 1000 多人。

1928年春,中共合肥特支扩建为合肥特区委后,加强了对农运工作的领导,积极扩展农协组织。1929年底,特区委在给上级的报告中称:"最近农协发展过快,农友在三千以上,已成立农分会八十六个,预备成立三十七个",并计划对"进步分子组织训练班,预备吸收入党,使其在农协中起核心作用",同时"着手统计农友中长于军事和勇敢分子,准备积极的组织自卫军"①。

与大革命时期合肥农运热点集中于北乡不同的是,此时农协组织大多分布在合肥西南地区,一则因为靠近皖西苏区,群众基础好,二来得益于六安中心县委的就近指导,三是为了开辟皖西游击区的需要。以西乡为例,农民协会"发展区域向东发展到小蜀山一带,向南到聚星街一带,向西至少到金桥一带,向北到面糊集一带,东西计40华里,南北60华里"。为进一步加强对农运工作的领导,1930年2月26日,六安中心县委在《给合肥的信》中指出:"合肥此时普遍饥荒,农民很容易接近我们党的政策,走向革命道路,也就是我们接近群众的一个大好机会,所以合肥党要动员合肥同志深入群众中去,领导群众作日常斗争"②。

1930年前后,合肥县农民协会成立,周味韶任主席。在党的领导下,有组织的农运工作发展很快。到1931年8月,合肥二区、三区、四区及北乡都成立了区农民协会,接受县农民协会统一

---

① 《合肥特区委的报告(1929年12月)》,见中共安徽省委党史工作委员会:《安徽现代革命史资料长编》(第二卷),合肥:安徽人民出版社,1991年,第95页。

② 《中共六安中心县委报告》,1930年2月26日。

指导。到本年底统计,合肥地区共有农协会员3250多人,其中"二区农协组织群众二百四十人,三区有农协组织一千人,四区有农协组织一百六十人,北特有农协组织八百人,南特有农协组织数十人,东特亦有二三十人……"①

1932年2月18日,中央在给皖西北党组织的指示信中强调指出:对于革命群众的组织,党团要耐心地进行教育工作。(对)已有的农民组织,要立即引起群众注意(防止)富农的混入。要帮助和领导群众建立组织生活,使群众真实了解这些组织是为他们自己利益斗争的力量……自觉地巩固工农群众自己的组织。为此,皖西北中心县委制定了《农协章程》,对农民入会资格做了具体的规定,保证农民协会组织的纯洁性。同年5月1日,为了深入开展农民斗争,合肥中心县委发表了《为反对国民党进攻鄂豫皖苏区与加深民众痛苦告民众书》,号召贫苦农民立即行动起来,反对拉夫、派夫、派捐;反对国民党不顾民众痛苦,进攻苏维埃区域和红军;开展抗捐、抗税、抗租、扒粮斗争。

1934年4月2日,合肥赤色农民委员会发表了《为扒粮斗争告穷苦兄弟姐妹书》,号召农民赶快脱离红枪会、黄枪会等为地主资本家所利用的封建组织,加入农民委员会,积极参加扒粮斗争。广大农民群众积极响应号召,纷纷加入农民委员会。到11月,"群众组织在合肥党领导下有七千多人,完全以农民委员会名义

---

① 《陈文巡视皖西北报告第五号》,1931年12月21日。

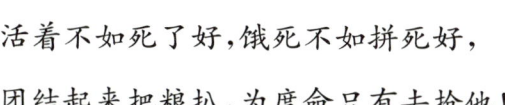

活着不如死了好，饿死不如拼死好，

团结起来把粮扒，为度命只有去抢他！

1932年春，合肥地区因上一年大旱影响，春荒严重。据中共皖西北中心县委给中央的报告称："东北西三乡去年遭受旱灾，秋收平均只有三四成之间，初冬就发现农民逃荒的流动。贫农冬季断粮，中农亦新春无食。而地主豪绅统治阶级的巧取豪夺与苛捐杂税的榨取有增无减"①。面对严重的灾情，眼见午收无望，在广大贫苦农民借贷无门、走投无路之际，中心县委及时召开了春荒斗争会议，认为"饥寒贫困与生活的恐慌不安，更证明了革命形势的高涨"，应该把关系农民切身利益的经济斗争和政治斗争结合起来，以推动农民运动的发展。

为保证扒粮斗争顺利进行，皖西北中心县委成立了春荒斗争指挥部，由县委军委书记张志一统一指挥。根据中央红五月工作计划精神，指挥部决定利用纪念五一国际劳动节的时机，宣传、发动群众，"第一步先发动西乡农民开展扒粮斗争"，并规定了整个春荒斗争任务不但是扒粮斗争，还应马上实行游击战争和土地革命。4月27日，张志一化名张春荣来到西乡，召集区委党团活动分子联席会议，确定由孙实、陈世兆、张春荣3人分别在官亭、雷麻、北分路口三个中心区域负责召开纪念五一国际劳动节大会，

---

① 《中共皖西北中心县委关于五一工作给中央信》，1932年6月26日。

动员群众开展扒粮斗争。

5月1日上午,官亭、雷麻、北分路口三处同时举行了五一国际劳动节纪念大会,参加群众有几千人,党团员、农协及群众代表发表了演讲。会后,在游击队的暗中保护下,情绪高涨的群众举行了示威游行,沿途散发、张贴传单,接着按预定计划分三路开展扒粮斗争。孙实率领第一路1000多农民,扒了张新圩地主家的粮食;张春荣和杜静明率领第二路2000多农民,拦截了北分路口地主向合肥运送粮食的50辆手推车;周味韶、陈世兆率领第三路600多人扒了高河沿地主家的粮食。三路扒粮队伍共夺粮20多万斤,使大批饥民度过了春荒难关,扩大了党在群众中的影响。

西乡五一扒粮斗争给予了地主豪绅一次沉重打击,是党领导农民将经济斗争同政治斗争相结合的一次尝试。扒粮斗争使得"豪绅地主全为震动,他们认为大祸临头,于是招收土匪,组织联庄会,勾结白色军队,大事清乡,烧掉我们群众很多的村庄,厉行空前未有白色恐怖"[①]。在地主豪绅和反动武装的疯狂反扑中,周味韶等9名党员、群众英勇牺牲,另有19人被捕,革命力量受到重大损失。

---

① 《中共皖西北中心县委关于五一给中央信》,1932年6月26日。

四、开展武装斗争

(一)建立革命武装

大革命失败的惨痛教训,使党认识到建立革命武装的紧迫性。1927年9月初,中共安徽省临委在《关于三个月工作计划纲要》中指出,农民运动的根本目的是实现土地革命和建立革命政权,因此迫切的问题是组织农民武装。省临委指示各地党组织和农协应该采用各种方法夺取枪械,秘密组织农民,武装自己。

1928年冬,为了打击地方反动武装、保护农协组织、配合抗捐抗税抗暴斗争,合肥特区委从农协会员中挑选一批骨干,组成了武装纠察队。1929年夏,六安中心县委派吴天九来合肥指导武装工作,把武装纠察队改编为合肥赤卫队,吴天九任大队长,辖有3个中队,共有队员100多人。合肥赤卫队的建立,使合肥地区第一次拥有了党领导的革命武装。同年秋,刚成立不久的合肥赤卫队就配合六安红十区独立营在舒城、六安、合肥边界攻打了3个国民党团防局,给了地主反动武装一个下马威,鼓舞了队伍的士气。1930年1月,合肥赤卫队再次与独立营配合,分别在合(肥)六(安)交界的金桥、椿树岗一带设伏,袭击了"围剿"苏区的国民党后勤部队一个营,缴获长短枪140多支和大量军用物资,支援了苏区反"围剿"斗争。

皖西革命根据地建立后,合肥西乡成为连接苏区与皖中的重要通道及门户。为此,特区委(1930年5月改为合肥县委)把武装力量的重心转入肥西地区,先后在雷麻、焦婆、南分路口建立了3个自卫大队,程明远、张少堂、刘映冰分别任大队长,主要活动于肥西山区及六(安)合(肥)边界地区。后因革命需要,刘映冰率第三大队奔赴皖西苏区充实主力红军;程明远被调往合肥,剩下两个大队划归吴天九指挥的合肥赤卫队。

1931年春,中央指派李星三(又名张志一)到合肥任中心县委军委书记。李星三传达了中央给合肥中心县委的指示精神。县委据此制定当前武装斗争的任务:提高工农群众的斗争觉悟,把经济斗争和政治斗争结合起来;结合灾荒发动农民抗捐抗税,开展扒粮斗争,解决农民迫切的生活需求;对地主武装如团防局、联庄会成员进行内部分化教育,派人做国民党部队兵变工作,争取哗变和瓦解敌军;要夺取地主豪绅的武装,扩大赤卫队,开展游击战争;实行土地革命,建立苏维埃政权,支援苏区。

同年冬,蒋介石调兵遣将,对鄂豫皖革命根据地发起第三次"围剿"。为支援苏区反"围剿"斗争,12月10日,中共中央指示皖西北中心县委在寿县、凤台、六安、合肥等地的农村,组织农民参加赤卫队,开展游击战争,在城市发动工人群众开展反帝斗争,并要加强对兵运工作的领导,反对国民党进攻鄂豫皖苏区。同月18日,中央再次给中心县委发出紧急指示,要求在皖西北各县,特别是寿凤六合4县,在年关到来和春荒时候,发动并组织农民进行游击战争,扰乱敌人后方,以便援助鄂豫皖红军的作战,巩固苏维埃区域。根据中央的指示,在中心县委军委的领导下,合肥赤卫队扩充了队伍,增加了北乡一个大队。为了加强队伍的战斗力,县军委还举办了短期训练班,对赤卫队骨干进行培训。赤卫队不仅队伍得到壮大,战斗力也有显著提高。1932年春,赤卫队改名为合肥游击队,活动区域也从西乡扩展到西乡、北乡的广大地区。

庐江地区党组织建立后,武装斗争持续不断。从1930年6月起,庐江西乡游击队、庐江砖桥南官山游击中队、红四方面军庐北地方游击队、庐南特务连等多支革命武装先后建立。他们活跃在庐江南、西、北乡的广大地区,开展灵活机动的游击斗争,在保卫革命组织、掩护群众扒粮、打击地主豪绅、镇压叛徒特务等方面发挥了重要作用,震慑了反动政权,扩大了党的影响,鼓舞了群众的革命斗志。特别是庐北地方游击队,在张守仁、赵大友、沈其德的率领下,在白色恐怖最为残酷的岁月,常常面对十倍、数十倍于己的强敌,英勇战斗,坚韧不屈。他们从1932年2月成立一直坚持战斗到1935年4月队伍被打散,剩余部分队员参加了皖西北独立游击师,直至抗战爆发。许多游击队员在战斗中壮烈牺牲,或被捕后大义凛然、从容就义,其大无畏的英勇气概彪炳史册。

(二)庐南罗家嘴暴动

1930年6月,由中共桐城县委和庐江七架桥区委领导的庐南罗家嘴暴动,在皖中地区革命史上留下了光辉的一页。

1929年冬至1930年春,全省武装暴动风起云涌,六霍起义胜利后,皖西北苏区逐渐形成,给桐庐地区党组织以极大的鼓舞。桐城县委按照"发展党的组织与发展军事组织齐头并进"的工作方针,开始物色和培养军事人才,集聚军事力量,为起义做准备。1930年春节期间,桐城县委书记陈雪吾以探亲为名,带领王靖江、张顺卿等18人,在庐江孔城镇支部书记齐德高的配合下,夺取孔城商团武装长枪18支及其他军用物资,连夜转移到方家仓掩藏起来,为武装暴动做了准备。

同年4月29日,中共安庆中心县委在桐城会宫堂石村(今属枞阳县),召开所属8县党组织负责人联席会议,决定在6月间全面发动暴动,建立革命武装和游击根据地。随后,桐城县委在城内汪家馆召开军事扩大会议,参会的有桐城的陈雪吾、陶国器、王靖江、张顺卿,庐江的邢炳坤、朱南友等。会议决定6月初在庐南暴动。具体计划是:首先解决七架桥张晏清、罗昌河、张栋才的民团武装,然后会合庐江县民团和叶明义两股武装(已事先策反),沿途搜缴反动武装的枪械,再转入桐北的欧家岭建立游击根据地,迎接鄂豫皖红军东进。

▲ 罗家嘴暴动领导人陈雪吾

1930年6月6日①,陈雪吾、张顺卿、陶国器等40余人从方家仓取出武器,乘船经麻布河上游到府君庙,因风向不顺未能按时到达。当晚共集中了70多人,都是党团员,计有长短枪29支。队伍混合组编后,由陈雪吾作战前动员,然后向庐南罗家嘴进发。按原计划拟于当晚赶到七架桥,围歼张晏清民团。由于耽误了时间,队伍到了李家桥时天已拂晓,只好暂时隐蔽在罗家嘴。不料行动被地主告密。张晏清、张栋才立即率百余人枪,于7日上午分两路包围罗家嘴,同时给庐江所有反动武装报信,要求增援。面对突然遭遇,考虑到敌众我寡,陈雪吾一面鼓励大家以一敌十、战胜敌人,一面命人向民团喊话,展开政治攻势,同时指挥队伍突围。陈雪吾率40多人且战且走,一直冲到大凹口才脱离险境。此战共打死打伤敌人20多人。在突围中,王靖江不幸牺牲,张孟卿、吴大章、周正超、周家因等8人被俘。张孟卿惨遭杀害,其他人被保释。

庐南罗家嘴暴动失败后,陈雪吾带领保留下来的起义队伍,活动于庐南和桐北一带。后与庐江张开云、舒城陈道中领导的农民武装汇合,一同奔向欧家岭,组建皖中工农红军独立团,陈雪吾任团长兼政治委员,下辖4个营,300余人,建立起欧家岭革命根据地。独立团成立后,派出宣传队,打着红旗,走村串户,领导根据地人民打土豪、分田地,免除苛捐杂税,向群众宣传"穷人要翻

---

① 一说6月14日。

身,一定要拿起武器闹革命"的道理。贫苦百姓纷纷参加红军。另外,独立团还收编了一些绿林好汉,队伍逐渐壮大,短短 2 个月时间,已发展到 2000 多人、300 多支枪。同时成立了桐庐舒三县边区苏维埃政府,主席陈雪吾,副主席刘子丹。苏区范围包括桐西、桐北、庐西南、舒西南,纵横 200 里,人口 50 多万人,扼制合(肥)安(庆)公路上的大关、小关、三十里铺等咽喉要道,威胁省会安庆。

欧家岭红色割据一度使合安公路中断。红军的活动,引起了国民党当局的极大恐慌。8 月下旬,国民党安徽省主席陈调元调集桐城、庐江、舒城三县民团 3000 多人,兵分三路围攻欧家岭。经过三天三夜的浴血奋战,终因敌众我寡,红军阵地被攻破,伤亡近 200 人。8 月 30 日,红军分散突围到桐东、潜山一带。陈雪吾被调往合肥中心县委工作,后又被派往桐庐地区。他不畏环境险恶,在不长的时间里,又将打散的队伍重新集结起来,坚持在桐庐地区开展游击斗争。

(三)合肥北乡双河集暴动

1931 年 9 月,国民党增调 15 个师的兵力,预备对鄂豫皖革命根据地发动第三次"围剿"。为粉碎敌人进攻、配合苏区红军作战,1932 年初,中共皖西北中心县委根据中央指示,要求所属各县乘着青黄不接之际,开展春荒斗争,在广大的农村地区掀起广泛的扒粮运动,并确定在合肥北乡双河集举行农民暴动,开展游击战争,扰乱敌人后方,巩固苏维埃区域。

▲ 双河农民暴动旧址纪念碑

双河集位于合肥北乡 100 里处,是寿县、定远、合肥三县交界之处。中心县委把暴动地点选在双河集主要考虑到几个有利因素。一是这里地处三县交界,反动统治力量比较薄弱。二是群众基础好。1926 年大革命时期,共产党员崔筱斋等人就在此从事革命活动,建立过合肥最早的党组织和农民协会。到 1932 年,成立了以双河集为中心的北乡区委,建立了青年团、农协会、妇女会等群众组织。三是积累了一定的斗争经验。1931 年夏秋以来党领导贫雇农进行了数次抗捐抗税斗争,都取得了胜利,群众革命要求比较强烈。

另外,把暴动地点选在双河集、造甲店一带,还因为在军事和

武器方面已做了一些准备。早在1931年秋，崔筱斋就秘密创办了一个造枪厂，在半年多的时间里已秘密造出一批枪支,加上党员捐献和扒粮斗争中夺取的枪支,已有100余支。区委还选派了可靠的党员,打入了地主控制的红枪会,争取红枪会会员参加暴动。

1932年4月初,皖西北中心县委委派军委书记李星三、团中心县委书记王平两人与北乡区委书记崔筱斋、北乡团特支书记罗平联络,在北乡费家户村李寿元家召开党团联席会议,制订了暴动计划,确定了暴动时间。4月3日,以北乡游击队为基础,对合肥、定远、寿县三县交界地区的赤卫队进行了整编,成立赤卫大队,下辖吴山庙、双河集、造甲店三个中队,共200余人,以此作为暴动的基本力量。接着又秘密召开了党团员会议、赤卫队员会议、农协会代表会议和妇女、青年会议,进行了组织动员。广大党团员和贫雇农斗志昂扬、摩拳擦掌,纷纷响应党的号召,踊跃参加武装暴动。

4月7日,正值北乡广大农民革命情绪高涨之时,双河集暴动爆发了。在北乡区委的领导下,包括赤卫队员、红枪会员、农协会员在内上千人的暴动队伍,手持长枪、大刀、长矛冲进了双河集联保办事处和团防局,缴获了敌人的枪支。紧接着,在游击队的武装保护下,广大农民开始了轰轰烈烈的扒粮运动,当日即扒了费家户村三户地主的粮。次日,更多闻讯而来的农民提着扁担、箩筐,自发加入了扒粮队伍,涌向翟家庙、费家户一带,又扒掉几户土豪劣绅的粮仓。

扒粮运动来势凶猛,震动了整个北乡的地主豪绅。暴动第三日,国民党下塘集团防局首领叶奋九,纠集杨家庙豪绅及村镇联庄会民团共千余人进行了疯狂的反扑,双方发生了交火。因武装力量悬殊,加上计划不周,在遇敌进攻时,暴动队伍出现指挥不灵、内部混乱状况,扒粮队伍被迫撤离。反动民团烧毁了翟家庙、李家庙多处民房,抓去扒粮群众数十人,斗争初战失利。

敌人撤走后,为了加强暴动的领导力量,皖西北中心县委再次指派李星三和薛成去北乡指导暴动。他们去后,再次召开北乡党团联席会议,总结了第一阶段暴动失败的教训,对下一阶段的斗争做出布置。

4月12日,在李星三指挥下,双河集暴动进入第二级阶段。当晚,在各乡农会的统一协调下,数千农民统一行动,从崔瓦房、白小河、造甲店三处同时展开。在游击队、赤卫队、红枪会的保护下,扒粮斗争扩展到郑庄、巷沟、罗小庄、崔祠堂,直到下塘集附近的荣家岗、松树岗、马家岗等地,沿途不断有人自发加入。参加扒粮的农民人山人海,人数达到上次的十几倍,共有万余人。群众发动之广、规模之大,在合肥地区前所未有。这次斗争持续了三天三夜,在纵横数十里的合肥北乡,愤怒的农民几乎扒光所有大地主的粮食,并夺取了40多支枪,增强了游击队的力量。地主豪绅纷纷外逃,国民党在北乡的统治几乎陷于瘫痪状态。

双河集暴动对国民党合肥县政府震动很大。为了镇压革命群众,敌人调集大批正规军队和地方民团,对北乡进行了野蛮的"清剿"。游击队奋勇抵抗,掩护群众撤退,先后打退敌人的几次进攻。面对敌强我弱的情况,游击队采取灵活机动的战术,在下塘集附近歼敌一部。不久,敌人增调更多的部队进行"围剿""清乡",许多村庄被烧,一些革命群众被捕、被杀。这时,不少原来参加暴动的红枪会会员纷纷退却,脱离了革命,削弱了队伍的战斗力。为保存革命力量,中心县委决定将游击队转移到寿县、定远、合肥三县交界地带活动。队伍转移途中被敌人包围,激战一夜,除 20 多人突围外,整个队伍被打散。不久,游击队队长刘宏勋遭遇民团"围剿",中弹牺牲;崔筱斋在隐蔽中因坏人告密被捕,1932年7月21日在下塘集英勇就义。

轰轰烈烈的双河集暴动最终失败了。暴动失败的主要原因是敌人力量十分强大,游击队缺乏得力的军事骨干和战斗经验,加之远离苏区,孤立无援。其次是对粉碎敌人的"围剿"准备不足,不少人乡土观念重,面对强大的敌人,队伍没有及时转移,仓促应战,致使失败。尽管如此,这次暴动还是沉重打击了地主豪绅、国民党反动派在合肥北乡的统治,锻炼了农民武装,有力地支援了鄂豫皖苏区红军反"围剿"斗争,在合肥武装斗争史上书写了光辉的一页。

五、党领导的群众运动

(一)工人运动与合肥赤色职工会

1927年9月,省临委《关于三个月工作计划纲要》提出,将工人组织起来,广泛建立工会,开展自觉的斗争。省临委指示各地党组织"应努力训练一般工人同志,使他担任工会的指导工作","领导群众力争工会之公开,实行工人结社、集会、言论、罢工自由的政治争斗"[①]。当时,合肥的经济相当落后,城内几乎没有像样的工厂,缺乏产业工人群体。手工作坊比比皆是,主要分布在糕点、布业、染坊、米行及码头搬运等行业。"工人们生活,一般都是痛苦的,工作时间都在十二小时以上,但工资每月所得的不过二、三元,甚至仅一元左右"[②],收入微薄,生活维艰,群众自发斗争时有发生。合肥党组织恢复后,逐步引导工人由自发斗争走向自觉斗争。

1929年,中共合肥特区委在制订工运计划时,首先以糕点业、

---

① 中国人民解放军历史资料丛书编审委员会:《土地革命战争时期各地武装起义·安徽地区》,北京:解放军出版社,2001年,第50页。

② 《陈文巡视皖北(合肥)报告第二号(1931年10月23日》,见《合肥党史专题》(1919—1949),内部资料,1988年,第77—78页。(陈文系中共中央巡视员)

木业为工作重点,建立赤色工会,发动工人利用斗争及一切机会去揭穿黄色工会(国民党控制下的工会)的假面具,提出了"反对拘捕工人,反对包工制,反对包办工会"的口号。

同年农历端午时节,合肥特区委发动了全城糕点行业工人举行罢工,迫使资本家给工人增加工资、增添福利。在糕点业工人的带动下,合肥理发、木工、碾米行业的工人也先后开展了罢工斗争。罢工浪潮还波及庐江、舒城等原庐州府所辖各县。

这一年下半年,党组织还发动木工举行罢工。由于国民党当局和工头的破坏,这次罢工遭到失败,但工人在斗争中得到了锻炼。1930年冬,南乡(三河)特支领导三河春城碾米厂工人罢工,要求增加工资,资本家被迫答应工人要求。与此同时,三河镇40多名屠宰业工人在党组织的领导下,为反对限价增税举行了罢工、罢市,得到各界群众的响应和支持,迫使资方和商界接受工人的要求,取消了增税规定。1931年6月,北乡特支组织发动了"帮大工"罢工斗争,要求雇主增加工资、改善福利,也取得了斗争的胜利。

1928年夏,庐江县总工会成立后,领导群众与资本家展开了增加工资、缩短工时的斗争。由于各行业工会将工人紧紧团结起来,工人力量得以集中,迫使资本家基本满足了工人的要求,工作时间由每天10小时缩短为8小时,每日加班必须按时结算薪酬。码头、槽坊、油坊、酱坊等工人的工资比原来增加了10%。工会还对资本家、老板提出了一系列维权要求:不准打骂和随意解雇工

人,改善工人工作和学徒的生活条件,不得勒索工人财物,承担工人工伤事故的医药费和工伤期间的工资,等等。1931年春,庐江

▲ 三河春城碾米厂工人罢工旧址

钒矿80多名工人举行罢工,要求资方增加薪酬并补发所欠工资。他们面对军警逼迫亦不后退,一直坚持到第5天,迫使矿方同意工人的复工条件。罢工最终取得胜利,鼓舞了工人的斗志。

为加强对合肥工人运动的领导,引导工人运动由经济斗争逐步上升到政治斗争,1931年8月,皖西北中心县委成立了职工部,选调二区区委书记秦全任部长,指导各区建立职工部,有组织、有计划地开展工人运动。1932年上海一·二八事变后,为反抗日本帝国主义侵略、抵制日货,中心县委职工部与青年团合肥中心县委发动工人、学生上万人走上街头,举行"捉奸商"示威游行。游行队伍沿街高呼"打倒国民党""对日宣战"等口号,威震庐州古

城。南乡三河镇工人亦成立了"抗日会",提出"抵制日货、反对侵略、对日宣战"等主张,积极声援淞沪抗战。同年11月,中心县委派汪洋去三河领导同昌、元生、天成、王亨大、运大、同泰、义源7家米厂的800多名工人举行罢工,要求增加工资、减少工时、改善伙食。罢工持续了4天,7家米厂全部停产,稻谷无人收购,大米无人加工,商船滞留码头。资方受此压力,不得不全部接受工人提出的复工条件。

1932年4月,皖西北中心县委遵照中央"做好合肥职工运动工作"的指示,针对工人运动的特点,在节日、纪念日及物价上涨的情况下,适时开展工人运动。5月1日,合肥赤色职工工会发表了《五一示威告劳动民众书》,号召工人们行动起来,为实现"五一的总同盟政治罢工""反对减薪、增加工资、实行八小时工作制""反对国民党军阀进攻鄂豫皖苏区"而斗争。5月18日,县委还制订了纪念五卅工作计划,要求广大工人反对资方辞退工人,发动经济斗争,组织纪念五卅罢工示威游行。同时,县委职工部还在城内相继建立了木匠、修路工人工会及其他行业的工会,通过扩展、壮大赤色工会组织,争取工人群众,挤压黄色工会的生存空间。

(二)互济会的建立和发展

互济会,也称济难会,是共产党领导下的群众互助性组织。1929年5月,庐江七架桥区委建立后,庐南地区的群众组织蓬勃发展。同年12月七架桥区互济会组织普遍建立。凡同情革命、愿为互济会工作者，不论社会成分与出身，均可吸收为会员。互济会的任务主要是募捐救济款，救济死难烈士家属，救济困难群众，支援苏区红军。1931年春，孙仲德与合肥地区党组织取得联系，并以三河商人自卫队（又名商装队）分队长身份，在舒城、庐江、合肥地区建立了一个党的外围秘密组织——舒庐合地区赤色互济会，自任主任。通过互济会的活动，扩大党的影响，配合党领导的游击队开展革命活动。

1931年3月至5月，鄂豫皖苏区第二次反"围剿"期间，国民党军队实行了野蛮的清野政策，把红军活动区域的粮食和其他食物劫掠一空，焚烧民房不计其数，还实行封山、烧山等毒辣手段，企图断绝红军、游击队同人民群众的联系，把红军困死饿死在大山里。在敌人的疯狂"围剿"下，皖西苏区（六安红十区）的一支红军转移来到合肥西乡大潜山地区。为解决部队困难，合肥中心县委指示雷麻支部与回乡参加革命的共产党员张璋一起，成立了雷麻店互济会，开展募捐活动。互济会员很快发展到1000多人，每月筹集经费200多块银圆，保障了这支红军的后勤给养。

1932年春，庐江县互济会在庐南董家祠堂成立，郑秉衡任会长。县互济会下辖多个分会，仅七架桥区就有会员320多人。凡有中共支部的地方，就有互济会组织。经党组织教育，实际工作表现积极、确实忠诚可靠的互济会会员，可吸收其入党。互济会通过在土地斗争中没收地主豪绅的财产，以及发动群众自愿捐款

等渠道,筹集互助资金,救济困难群众,支援苏区红军。互济会的建立和互助互救工作的开展,有力地支援了根据地红军,对团结人民、鼓舞斗志发挥了积极作用,巩固了党在群众中的根基。

(三)团组织的建立和学生运动

1928年春,中共合肥特区委成立后,同时建立了青年团合肥特别支部。团合肥特支下辖6个团小组,共有21名团员。团的日常工作主要在学生中开展。在团组织的引导下,合肥正谊中学成立了由进步学生组成的学生会,对抗国民党筹划的"学生自治会"。合肥六中学生率先掀起反对"党义"课和政治训诫的罢课斗争,取得了胜利。合肥特区委顺应学生运动的发展,在省立六师创办了可容纳五六百人的贫民夜校,提高工人的文化水平;发动学生抵制反动教员向学生灌输国民党统治思想,开展争取民主、改善生活等斗争。

1928年初,中共党员张开泰①参加广州起义后返回家乡合肥,秘密联络张伯平、徐梦观、崔筱斋、柯武东②、程明远、张建之、颜文斗、周味韶、何序东等青年才俊,组织革命团体"十人团",成

---

① 张开泰(1901—1931),又名徐百川,合肥北乡人,1928年加入中国共产党,历任中共合肥特区委军事委员、红十一军第三十三师师长、皖西中央独立第一师师长。1931年秋在鄂豫皖苏区"肃反"中被杀害。

② 柯武东(1905—1930),原名柯争荣,合肥东乡人。1927年加入中国共产党。1929年参加平江起义。历任红军独立团团长、红六军第一纵队司令、红一军团第三军第一纵队司令,1930年8月,在湖南浏阳文家市战斗中牺牲。

为合肥地区革命青年的中坚。在其影响下,合肥东乡、南乡、北乡也相继建立了"十人团"革命组织,在党组织的领导下,开展农民运动和学生运动。

同年12月,郑曰仁、张逐明到庐南视察工作,并在青年学生、农民中发展团员,帮助建立了庐江第一个团组织——郑家湾团支部,有团员18人。1929年春,党组织派人到七架桥区指导团的工作,成立了七架桥团总支。团的主要工作是发展组织、宣传红军,领导青年学生开展各种爱国活动,并创办《炉火》月刊、《血花》半月刊,刊载歌谣、革命斗争故事,传播马克思主义。这些活动不仅增强了青年团员的革命斗志,也在社会上产生了积极影响。

随着团组织的发展壮大,1930年3月,团合肥特支扩建为青年团合肥县委,王平任书记。团县委建立后立即开始组建各乡的基层组织,至6月已有2个支部、6个特支。同时还建立了少先队、童子团、青年妇女会等外围组织,开办了2所贫民学校,在青年学生中成立了一个文艺研究会,宣传进步文艺思想。同年春夏间,颜文斗受合肥党组织指派,在城内范巷口开设联一书店作为地下交通站,秘密发售进步书刊;创办《民众日报》,撰写文章,针砭时弊,在青年学生中传播进步思想,倡导新文化。在其影响下,合肥六中等学校成立了"读书研究会"等进步团体,成为青年团的外围组织。

1931年3月团合肥中心县委成立后,增建了东乡、吴店两个特支。至此,合肥团组织在城内和四乡分别建立了2个支部、8个特支,拥有团员130多人。九一八事变后,日本帝国主义侵占东北三省,全国掀起了反日运动高潮。9月22日,中共合肥中心县委召开党团联席会议,通过了《关于反对日本帝国主义出兵占据东三省的工作决议》,揭露国民党政府的"不抵抗主义",决定在合肥城乡建立反帝运动委员会,组织各界民众开展反帝运动。10月中旬,团合肥中心县委与合肥抗日学生联合会共同发动了青年学生和群众万余人,在城内举行了声势浩大的反日示威游行。游行队伍高呼"打倒日本帝国主义""反对合肥驻军不进行抗日"等革命口号,把"矛头直指国民党政府,直指国民党四十六师,表现了完全政治斗争"①。不久,合肥四乡也先后召开了千余群众参加的反帝示威大会,反蒋抗日浪潮迅速席卷了整个合肥地区。

1931年11月,团合肥中心县委改为团皖西北中心县委后,除负责帮助与指导寿县、凤台、颍上、阜阳、舒城、庐江等外县工作外,还在合肥地区对基层团组织进行了整顿,保证了组织的纯洁性,以便更好地发动群众开展反帝反封建斗争。

(四)妇女运动和朝曦读书会

1928年夏,庐江县妇女协会成立之初,即向全县妇女发出号召:打倒贪官污吏、土豪劣绅地主;反对压迫妇女,反对养童媳,反对缠足,等等。妇女协会通过挨家挨户做宣传动员工作,向家庭

---

① 《陈文巡视皖北(合肥)报告第二号》,1931年10月23日。

妇女和各界劳动妇女宣传革命道理,鼓励妇女剪发放足,追求婚姻自主,摆脱封建制度的束缚,争取妇女自身的解放。妇女协会还领导青年妇女参加各种社会活动,组织妇女宣传队,在群众集会和节日期间,表演文明戏和反映革命斗争的节目。1933年4月,合肥中心县委庐北特支建立了妇女委员会,单独成立妇女党组织,发展、吸收妇女入党,促进妇女运动。

合肥妇女协会成立于1931年前后,主要负责人是童宜仙,人称周老三姐。童宜仙参加革命后,不顾个人安危,活动于合肥西乡一带。走村串户,同穷苦农妇结姊妹,向她们传播革命道理。还教妇女们学唱《妇女歌》[①]:

> 姐姐妹妹听我说,提起妇女真可怜。
>
> 自从生下地,就把女看轻。
>
> 不是抛在外,就是抱给人。
>
> 勉强留得在,茶饭不均匀。
>
> 吃的冷饭菜,穿的破衣襟。
>
> 放猪带挑菜,纺线带拿针。
>
> 长大婆家去,丈夫当玩品。
>
> 叫声我姐妹,快快团结紧。
>
> 铲除旧制度,废除包办婚。

[①] 中共肥西县委党史资料征集整理办公室:《肥西革命歌谣》,内部资料,1982年。(据谷隅三等人回忆整理)

求得解放日，男女都平等。

《妇女歌》犹如革命的号召书、战斗的动员令，激发了广大妇女的革命热情，促使她们纷纷起来为争取自由解放而斗争。在童宜仙的组织领导下，合肥西乡的雷麻、高刘、宋湾、彭圩、马郢、朱大郢、雀儿山等地，相继成立了"姐妹会""妇女会"，配合党组织、农协会开展抗租、抗捐和扒粮斗争。在1931年合肥西乡的五一扒粮斗争、北乡的双河集暴动中，农民的组织和联络，都是由妇女会负责秘密串联、通知的。1934年5月，为响应合肥赤色农民委员会《为扒粮告劳苦兄弟姐妹书》的号召，童宜仙在雷麻、焦婆一带发动广大妇女，配合农会，扒了张老圩地主仓房四五百担稻谷，全部分给了穷苦百姓。

九一八事变后，蒋介石奉行"攘外必先安内"国策，钳制抗日舆论，扬言学生只应在校读书，"莫谈国事"，企图把青年禁锢在书斋里；同时加紧镇压工人、学生运动，大肆逮捕、屠杀共产党员和进步人士。国民党合肥当局对学生抗日团体施加压力，强令解散合肥学生抗日救亡会。广大爱国学生义愤填膺，纷纷寻找抗日新途径。对此，中共组织十分注意在学生中传播反帝爱国思想，团结和培养进步学生。

1932年秋,在中共地下党员谢立惠①指导下,省立第六女子中学(简称合肥六女中)学生李静一、鲍有荪、蔡柏发起组织了朝曦读书会。朝曦读书会是经过党组织同意成立的,并作为党的秘密联络点,为党传递信件,起草、刻印、散发宣传品。读书会制定了十二条规约,内容多是谢立惠平时向学生们宣传的政治主张。大意是:努力读书,反对死读书、读死书;关心国事、抗日救国;坚持真理、不怕牺牲;反对一切旧礼教,要做新民,取得妇女的真正解放,等等。作为党领导的外围组织,读书会成立伊始就确立了反帝反封建的爱国民主宗旨。

读书会的主要活动是阅读进步书刊,如阅读鲁迅、茅盾、老舍、田汉、曹禺等人的作品,还有邹韬奋主编的《生活》周刊,李公朴主编的《读书生活》等刊物,以及谢立惠、李静一提供的一些苏联书籍,如《列宁主义问题》《莫斯科印象记》《五月宪法》《母亲》《被开垦的处女地》《毁灭》等。读书会实行分散阅读、集中讨论,大约每两周开一次讨论会,由谢立惠、王气钟指导,讨论的内容主要是时事问题和妇女问题。许多同学正是从这里出发,迈出革命的第一步。

合肥六女中的学生在读书会会员的带动下,走上街头张贴标

---

① 谢立惠(1907—1997),安徽无为人。1931年毕业于中央大学物理系。1932年加入中国共产党。九三学社与中国科学工作者协会发起人之一。中华人民共和国成立后历任成都电讯工程学院院长、四川省科协主席、成都市人大常委会副主任等职。曾任第一至三届全国人大代表,第五至七届全国政协常委。

语、散发传单,参加九一八、一·二八、五卅纪念会的演讲等活动,进行抗日救亡宣传,传播共产党的抗日主张。为了团结更多的学生,读书会还牵头举办了丰富多彩的演讲、学习竞赛及文艺活动。1933年夏季,六女中高中班学生临近毕业时,在朝曦读书会会员的倡议和帮助下,排演了话剧《红楼梦》和《棠棣之花》,连演半月,轰动全城。读书会的影响越来越大,会员很快发展到20多人,其中李静一、鲍有荪在谢立惠的直接培养教育下,进步很快,先后加入了中国共产党。

从1932年秋成立到1937年底结束,在白色恐怖最严酷的岁月,朝曦读书会的活动坚持了5年之久,团结教育众多青年女生踏上了革命道路,输送了一批有志青年奔赴延安和抗日前线,对合肥青年运动和妇女运动产生了深远的影响。

六、形势逆转和党组织的重建

(一)鄂豫皖苏区"肃反"波及合肥党组织

中共六届四中全会后,张国焘、陈昌浩等被中央派到鄂豫皖根据地。1931年5月,以张国焘为书记兼主席的鄂豫皖中央分局和军事委员会成立,以曾中生为书记兼主席的鄂豫皖特委和军委被撤销。张国焘上任后全面推行"左"倾教条主义路线,实行错误的军事指挥,遭到苏区干部和广大红军指战员的强烈抵制。同年9月至11月,大权在握的张国焘等为排除异己,以所谓"改组派""第三党"等罪名,在根据地展开了大规模的"肃反"斗争,杀害了包括鄂豫皖中央分局组织部部长舒传贤、原红一军军长许继慎在内的大批干部和红军将领,造成极为惨重的损失。

根据地的"肃反"斗争还波及周边地方党组织。1932年6月,鄂豫皖中央分局派人到皖西北游击区进行"肃反",把凡是与舒传贤、许继慎等有关联的人,统统加上"改组派""第三党"罪名进行迫害。合肥地区的党组织也未能幸免。在苏区"肃反"中,有人告发原皖西北中心县委宣传部部长李希圣是"改组派",于是由中央分局将其调去苏区审讯,通过恫吓和刑讯逼供等手段,逼出了一份所谓"合肥地区党组织内部改组派名单"和有关供词,涉及20多人。中央分局对"隐藏"在合肥党组织内部的"改组派"处置办法作出指示:县级以上干部调苏区处理,县级以下就地处理。同时派出专人来合肥领导"肃反"斗争。在"肃反"过程中,轻信口供,不重证据,更不调查核实,仅以逼供出的供词定罪,并且"改组派的人调往苏区或就地处置"[①]。

除李希圣外,合肥地区被"肃反"的党员干部还有皖西中心县委组织部部长徐梦观、县委巡视员史浪云,原合肥县委宣传部部长(后调任皖西北道委秘书长)张建之,团合肥中心县委书记王

[①] 《合肥中心县委关于肃反情形及组织被破坏的经过给中央报告》,1933年1月。

平、组织部部长夏日,合肥二区区委书记孙实、三区区委书记张伯平、四区区委书记童云阶等。另有农协会员和游击队员20多人被整肃。中央交通员王永明被送交中央处理。原中心县委书记吴伯孚和中央交通站负责人在"肃反"中潜逃。

"肃反"斗争重创了合肥党组织的战斗力,一大批忠诚的党员干部和游击队员被错误杀害,给革命事业造成了无法弥补的损失。经过严酷斗争考验的革命同志,没有牺牲在与敌人搏斗的战场,却令人痛心地倒在了自己阵营里,酿成了合肥革命斗争历史的一大冤案。

(二)合肥地区党组织遭到破坏

1932年春夏间,蒋介石调集30多万军队对鄂豫皖根据地发动第四次"围剿",同时纠集大批特务和地方反动武装,在白区展开了疯狂的大搜捕。一时间,合肥城内的大街小巷,鹰犬密布,一派杀机。与此同时,张国焘在皖西推行的"肃反"斗争,不仅没有收到"打击敌人,巩固政权"的效果,反而错杀了一大批优秀党员以及军队和地方上的领导干部,削弱了党的力量,严重危害了革命事业。面对白色恐怖下的严峻形势,党内少数不坚定分子,由思想动摇走向背叛革命。1932年秋,因叛徒出卖,合肥党团中心县委机关被国民党破坏,革命力量遭受严重挫折。

1932年4月,团安徽省委书记陈仁(又名程贤彬),在芜湖被警察逮捕后叛变革命,成为国民党省党部的特务。陈仁来过合肥，了解团合肥中心县委的情况。9月初，陈仁领着国民党侦缉队潜入合肥，首先逮捕了团合肥中心县委宣传部部长张宅中（又名张绪东）。张宅中曾因泄露党的秘密受到组织批评，心存不满，刚一被捕即叛变投敌，供出了合肥党团机关地址和秘密联络点。9月10日晚，在张宅中的引导下，合肥中心县委联络处——美林书店遭破坏，颜子蟠、刘福林被捕，颜文斗逃离。11日上午，正在团中心县委指导工作的中共合肥县委书记程明远、组织部部长余光，以及团中心县委干部侯曙光、余本芳等9人相继被捕。同日，中心县委军委书记李星三也在西门外一家饭店被抓。12日至13日，中心县委机关、秘密接头点和印刷处均被破坏，县委宣传部部长李子芬、中央交通员陶秉哲等多人被捕。至此，合肥党团领导机关全遭破坏，包括县委书记程明远在内的县委主要领导干部，以及部分党员、群众共23人被逮捕，解往国民党安庆监狱关押。这些被捕的同志大多坚贞不屈，"表现坚决，在狱中尚不断地领导斗争、绝食"[①]，保持了崇高的革命气节。

同年秋，由于叛徒告密，桐庐地区党组织也受到波及，损失惨重。"国民党庐江县党部一夜之间逮捕了庐江的何泽洲、张开明、胡昌耕、王家盈、郑秉衡、周济同等一批共产党员。桐庐县委机关所在地的盔头畈小学被烧毁，枪支被夺，县委机关被迫迁至桐城

[①] 《合肥中心县委关于救济被捕同志给中央的信（1933年7月13日）》，见中共安徽省委党史工作委员会：《安徽现代革命史资料长编》（第二卷），合肥：安徽人民出版社，1991年，第434页。

◀ 关押程明远等人的国民党安庆饮马塘监狱监舍区旧址

县浮山(现属枞阳县)彰公岩下吴裁缝(吴之富)家办公,作隐蔽斗争。"①不久,国民党省保安团和地方团防等反动武装,以叛徒陈仁、张宅中为向导,自桐城至庐南罗昌河、黄泥河、庐城一带,大肆搜捕党团员及革命群众,庐南许冀松、吴国华、陈越、杨柏槐等人被捕,桐庐党团组织遭破坏,县委交通总站负责人王玉成被捕,县委机关和党团员撤出浮山,转移到桐东和庐江砖桥等地隐蔽起来。1933年2月,桐庐县委书记陈雪吾因叛徒出卖被捕,3月17日就义于桐城东门紫来桥下。至此,桐庐县委及其基层组织,除庐北的白石山区委和柯家坦地区党组织仅存外,其余全部遭到破坏。

---

① 中共庐江县委党史研究室:《中国共产党庐江历史·第一卷》(1919—1949),北京:中共党史出版社,2013年,第34页。

(三)合肥中心县委的恢复

合肥党团组织遭破坏后,中心县委主要领导大多被捕,县委机关只剩下4位同志。尽管如此,"县委领导下的下层组织,仍旧存在,并且坚固"①。凌生、陈良季、颜文斗等人从城内脱险后,分别来到西乡和南乡继续开展革命斗争,并于1932年9月底在西乡自行组建了中共合肥临时中心县委,推举陈良季为书记。

10月初,中共中央获悉合肥党组织遭到破坏后,速派中央巡视员刘敏到合肥恢复党组织。刘敏派陈良季以探监为名与原中心县委书记程明远取得联系,了解合肥党组织基本情况。指示颜文斗、马子中负责南乡党组织的恢复和发展;不久,派河两岸的基层党组织合并,成立了南乡区委。接着,刘敏又来到西乡大潜山区,指导在此坚持斗争的凌生、陈星三、童宜仙成立了西乡临时区委。与此同时,党组织相继在合肥北乡、庐江、桐城建立了联络点。

随着党组织的恢复建立,农民协会等群众组织也逐渐恢复。农协会员由不足1000人发展到5000多人,农民运动汹涌澎湃。临时中心县委通过赤色农民委员会发出《为扒粮而斗争告劳苦姐妹书》,号召合肥地区的农民群众团结起来,参加扒粮斗争。

1933年3月,陈良季在领导西乡农民扒粮斗争中牺牲,由凌生负责临时中心县委工作。截至1933年4月,合肥临时中心县

---

① 《合肥中心县委〈关于张绪东背叛革命,领导同志被捕问题〉给中央信第七号》,1933年7月。

委下辖合肥西乡临时区委、南乡区委、舒城特支、庐北特支等基层组织。鉴于合肥地区基层组织的逐步恢复,为改变"合肥党的工作落后在客观形势后面"的状况,合肥临时中心县委向中共上海临时中央局报告,要求恢复中共合肥中心县委,获得批准。4月底,合肥临时中心县委在南乡马郢村召开了党的代表会议,中央特派员刘敏主持会议,合肥、庐江、无为、舒城、桐城等县的代表出席了会议。会上正式恢复中共合肥中心县委机构。随后召开的县委第一次会议提出了《合肥中心县委红五月工作计划》。该计划着重就组织工作进行了部署,要求尽快恢复城区、东乡、北乡党组织,提出"在红五月内每个同志介绍一个党员,每个群众发展一个群众",同时"将群众组织的系统建立起来",大力发展青年团、妇女协会和农会等群众组织。

▲ 中共中央巡视员刘敏

同年7月5日,经中央同意,合肥中心县委在刘敏的指导下,召开了第二次县委会议,选举产生了新的县委领导机构,张士发任书记,凌生任宣传部部长,汪伯轩任组织部部长,马子中任工人部部长,童宜仙任妇女部部长,颜文斗、宋继蕴任委员。10月,张士发调中央集训,由童宜仙接任书记,宋继蕴任妇女部部长。①1934年1月,中共上海临时中央局批准改组合肥中心县委,任命刘敏为书记。刘敏担任合肥中心县委书记后,强调了巩固和扩大党组织的迫切性,要求"把党内那些阶级异己分子及一切消极怠工、悲观失望等动摇分子洗刷出去,大胆吸收大批工农入党,提拔到领导机关","恢复开辟中心城市和外县工作"。经过一年多的努力,合肥中心县委在包括合肥城区、四乡,以及巢县、庐江、桐城、舒城都建立了党的基层组织,下辖3个区委、3个特支、23个支部,党员220多人。基层党组织的迅速恢复,有力地推动了合肥地区武装斗争和群众运动的开展。

(四)重建合肥游击队

1932年下半年,随着鄂豫皖苏区第四次反"围剿"的失利,红四方面军主力撤离大别山根据地,苏区及周边游击区域革命形势急剧恶化。军阀陈调元调集军队和合肥县保安团,在地方反动武装的配合下,叫嚣着"剿尽共匪",大举向合肥西乡游击区域"进剿",对革命群众实行全面的血腥的镇压,白色恐怖笼罩着合肥城乡。为避免与强大的敌人正面作战,合肥游击队在吴天九队长的率领下,撤入西乡周公山一带隐蔽活动。

---

① 《合肥中心县委关于县委各负责同志履历给中央报告第十号(1933年7月25日)》,见中共安徽省委党史工作委员会:《安徽现代革命史资料长编》(第二卷),合肥:安徽人民出版社,1991年,第436页。

国民党当局还采用"三分军事、七分政治"的"剿共"理论,对人民进行欺骗宣传,在各处设立"共党自首处",军事高压态势和政治上软化的手段并用,对革命者进行威逼、诱惑。此时,由于"肃反"期间有大批优秀的领导干部被错杀,加上中心县委领导机关被破坏,一度导致合肥地区党组织涣散,党员思想混乱、信念动摇。在敌人软硬兼施的引诱胁迫下,一些意志薄弱者陆续"自首",有的甚至叛变了革命,带着敌人到处搜捕共产党员和游击队员。失去了上级党组织的指导和根据地支持,势单力孤的游击队内外交困,生存环境愈加恶劣,活动区域越来越小,陆续有人离开队伍,处境岌岌可危。

1932年9月下旬,国民党合肥保安团一营向活动在西乡的合肥游击队"进剿"。吴天九率游击队与敌在周公山下激战,毙伤敌人几十人,缴枪100多支。敌人不甘心失败,次日清晨,陈调元又增派第四十六师2个营配1个炮兵连共计2000多人,再次"进剿"。游击队被包围在周公山上,与敌人英勇奋战三昼夜,终因寡不敌众而失败,吴天九率30余人突出重围。周公山一战,合肥游击队遭遇重创。为保存革命力量,大部分队员进入大别山,参加了红二十五军,少数伤员则分散就地隐蔽。合肥武装斗争转入了低潮。

1933年1月,合肥临时中心县委建立后,为了加强对合肥地区革命武装的领导,委派南乡区委书记颜文斗和县执委马子中,联络庐北区委和游击队负责人张守仁和赵大友,将活动在合肥南乡和庐江北部一带的游击队员聚集起来,重新建立了合肥游击队,赵大友任队长,颜文斗兼任指导员。合肥游击队下辖2个中队,有60多人枪。与此同时,临时中心县委还在西乡雀儿山建立了一支60多人的赤卫队,桂俊亭任队长。游击队和赤卫队建立后,非常活跃。他们时分时合,灵活机动,活动于肥西南一带,后游击到舒城、六安、南官亭以及庐江、巢县部分地区。在庐北地方党组织的配合下,他们在巢湖西南岸到大别山西部余脉的广大地区,在县与县交界的边区地带,建立了一块武装割据的红色区域,伺机破坏敌人的交通线,领导群众扒粮,镇压土豪劣绅,打击地方反动武装,夺取敌人武器,营救革命同志,并多次击退地方保安团的"追剿",有效地牵制了敌人的武装,支援了皖西苏区红军的反"围剿"斗争。

1933年春,颜文斗、马子中率领合肥游击队先后袭击了中派河卫王庄的地主武装及程店民团,缴获长短枪11支。同年9月,因叛徒出卖,马子中在程店组织农民协会时被捕,被押送到国民党合肥第十区(三河区)。面对敌人的物质引诱和酷刑逼供,马子中始终坚贞不屈。在被敌人押送合肥县政府的路上,他被颜文斗率领的游击队成功营救。在截击行动中游击队还击毙2名敌人,缴获了步枪3支、子弹60余发,打击了国民党地方武装的反动气焰。

活动在庐北和巢湖南岸的红军庐北地方游击队,在张守仁的领导下,依靠从敌人手中夺取武器不断壮大自己。经过一年多的艰苦斗争,将同大圩地区的反动武装基本肃清。1934年3月,庐北游击队镇压了罪大恶极的白石山地区三官殿保长夏日俊。国民党庐江县政府被此事惊动,派出大批武装到白石山一带"清剿"。为避敌锋芒、保存实力,张守仁根据合肥中心县委指示,率队跳出敌人的包围圈,转到外线与合肥游击队会合作战。

1934年2月,桂俊亭率领雀儿山赤卫队,在农民协会的配合下,成功袭击了肥西"八大户"地主之一周小圩,处决了恶贯满盈的大地主周某,所获枪支弹药增强了赤卫队的实力。在赤卫队的保护下,500多名农协会员还打开周家仓门,将囤积10余年的粮食扒光分给了贫苦百姓。同年9月,颜文斗领导的合肥游击队,在南乡中派河一带全歼前来"围剿"的国民党合肥保安队100多人。

在党的领导下,活跃在合肥西南乡和庐北一带的数支游击队遥相呼应,面对强大的敌人和白色恐怖,高举革命火炬,坚持旗帜不倒,开展着艰苦卓绝的武装斗争。

第四章

坚持游击斗争

1934年10月,中国工农红军第二十五军离开鄂豫皖实行战略转移后,坚持苏区外围革命斗争的合肥、寿县两个中心县委及其所领导的游击武装,相继遭受挫折。中共皖西北特委及独立游击师成立后,以合肥西乡为中心区域,在极为艰难的条件下,坚持皖西北游击斗争,有力地支援和配合了红二十八军作战,为保卫大别山红旗立下了功勋。

一、重建皖西北中心县委

(一)合肥中心县委和游击队再遭重挫

1933年春,中共合肥中心县委恢复后,武装斗争和群众运动蓬勃发展。重建后的合肥游击队，在西南乡和庐北一带活动非常活跃，"在五六月差不多每日都能与群众在一起并领导群众去作扒粮斗争"。一年来，游击队采用游击斗争的策略与敌周旋，多次击败"进剿"的国民党保安队和地方民团，"夺取了武装，拦劫了政治犯，惊骇了皖西各县的地主阶级"①，给敌人以沉重的打击，震动了反动当局。为了扑灭革命的烈火，驻守在安徽的国民党第十一路军刘镇华部，调动合肥、庐江、舒城三县的保安队，在地主反动武装的配合下，扑向南乡中派河一带，焚烧民房，疯狂搜捕和屠杀共产党员，残害革命家属，推行"五户联保""五家连坐"，设置"自首处"，悬赏缉拿党组织和游击队负责人。一时间，白色恐怖再次笼罩着合肥地区。

1934 年春夏之间，合肥南乡、庐江北乡一带阴霾袭来，敌人采取处处筑堡、步步为营的战术，实行蒋介石提出的"有民就有匪，民尽匪尽"的毒辣政策，使得活动在该地区的党组织和武装力量，面临严峻考验，游击区域日益缩小。面对敌人的嚣张气焰和敌强我弱的态势，中共合肥中心县委指示游击队由庐北向肥南丙子埠转移。5 月 30 日夜，队伍途径严店附近的韩田上村宿营时，遭到国民党军队和地方武装近千人的包围。正在附近靳坎村与县委书记刘敏研究工作的颜文斗，听到枪声后飞步赶回部队指挥突

---

① 《巡视员周关于皖西北工作给中央的报告(1934 年 8 月 19 日)》，见中共合肥市委党史办公室，中共肥西县委党史办公室：《皖西北星火》，内部资料，1992 年，第 29 页。

围。突出重围时,游击队被打散,张守仁等壮烈牺牲。在敌人的拼命追击下,颜文斗率领30多名队员且战且退,向巢湖沿岸的白石山撤退。次日拂晓,游击队抵达湖滨周家墩,在一座古庙附近再次遭到敌人包围,终因寡不敌众,颜文斗、马子中等16人不幸被捕,被押送六安"剿匪"总部。紧接着,革命力量活跃的中派河马郢村,也遭到敌人的疯狂报复,国民党合肥保安队和地主反动武装挨家挨户搜剿赤色分子,将百姓的财物洗劫一空,200多名村民被迫弃家外逃,经月未归。

与此同时,县保安队在刘镇华部一个营的配合下,在合肥城内大肆搜捕共产党员和革命群众。6月29日晚,合肥城四古巷褚姓家中黄金失窃,国民党县政府下令全城戒严,并派常备队分守城门,盘查进出人员。次日清晨,两名身携文件的中共交通员来到南门,其中一人因神色慌张遭敌逮捕,被搜出大量宣传材料。在严刑拷问下,该名交通员供出党组织秘密,合肥中心县委机关再次遭到破坏,县委委员、妇女部部长宋继蕴等不幸被捕并被押送六安,县委印刷点亦遭查抄。1934年8月,颜文斗、马子中、宋继蕴、马家雍、彭家亮等12人在六安西郊刑场英勇就义。中心县委机关被破坏以及游击队的失利,使合肥的革命斗争再次遭受严重的挫折。

(二)寿县、合肥中心县委合并

寿东南及合肥北乡地区自瓦埠暴动起,在党的领导下,革命

斗争持续不断。1934年春,鄂豫皖根据地第五次反"围剿"失利后,为了减轻根据地的压力,根据中央关于迅速成立武装、开展游击战争、创建新苏区、支援老苏区的指示,中共皖北(寿县)中心县委决定,由负责军事的县委委员张如屏等人,将县内分散的各游击小组集中起来,成立皖北红军游击大队,孙瑞训任大队长,曹广海任副大队长,张如屏任政委。游击大队成立后,在皖北地区频频出击,"近几个月来约共肃掉了二十余个反动的大豪绅,前后与反动势力作过至少二十次的正式冲突,其中半数是与军队作战,最近曾击破皖北警备旅一个营以上兵力,在政治上给广大群众以莫大的认识"①,特别是先后消灭了民愤极大、反共气焰嚣张的姚蔼卿、毕少山、董曙东等恶霸地主、反共司令和叛徒,沉重打击了地方反动势力。革命运动的蓬勃发展,引起了敌人的极度恐慌和仇恨,国民党安徽第四区专员兼寿县县长席楚霖哀叹"赤匪猖狂,寿县人心惶惶,无以安心,形势发展实有累卵之危",并鼓动一批地主豪绅联名给蒋介石发电报,惊呼"惨案迭起,党国元老屡遭杀害",请求派军队来"尽快除尽土共"。②

1934年夏,蒋介石从"围剿"鄂豫皖苏区的兵力中抽调一个师进驻寿县,"清剿"游击队,同时纠集大批军警、特务、地方反动武

---

① 《巡视员周关于皖西北工作给中央的报告(1934年8月19日)》,见中共合肥市委党史办公室,中共肥西县委党史办公室:《皖西北星火》,内部资料,1992年,第29页。
② 中共长丰县委党史研究室:《中国共产党长丰地方史·第一卷》(1919—1949),合肥:安徽人民出版社,2010年,第65页。

装,四处搜捕共产党员,致使地方党组织遭到严重破坏。"朱集、姚皋、保义、石集、堰口史区等地的党组织破坏殆尽;城关、正阳关、瓦埠、双庙等地党组织,也遭到叛徒出卖。一些不坚定分子,经不住考验,而先后脱党或向敌人自首。许多真正的共产党人在继续奋战,坚贞不屈。"①中心县委委员兼保义区委书记王道舟、杨庙区委书记马家礼等一批党组织领导人和革命志士遭敌人杀害,游击队大队长孙瑞训在突围中身负重伤被俘,在被敌人抬往寿县的途中,毅然从担架上翻落河中,壮烈牺牲。面对形势的日趋恶化,寿县中心县委在小甸集召开紧急会议,在讨论去向时一致认为,在目前形势下,面对强大的敌人,游击队已很难就地坚持下去,为了求得自身的生存、摆脱困难处境,决定仇西华(县委书记,后被捕自首)、杨守先留在寿县坚持斗争,其他人员率领游击队向合肥方向转移。县委认为,部队转移到合肥后,可以联合合肥游击队,进一步向舒城山区行动,与苏区靠近,有利于开展游击战争。

寿县党组织与合肥党组织有过密切的联系。早在 1931 年 8 月,为了配合鄂豫皖苏区第三次反"围剿",统一对皖西北游击区的领导,中央曾将合肥、寿县两个中心县委合并,成立中共皖西北中心县委,统一领导合肥、寿县等 7 个县的工作,直到 1932 年 7 月

---

① 张如屏:《皖西北白区的游击战争》,见中国人民解放军历史资料丛书编审委员会:《南方三年游击战争·鄂豫皖边游击区》,北京:解放军出版社,1992 年,第 379 页。

后才又重新分为合肥、寿县两个中心县委,分开后仍然保持着联系。

1934年9月下旬,张如屏、曹广海等率领的寿县游击大队120多人向合肥转移。游击队到达合肥南乡彭家圩时,与合肥中心县委书记刘敏接上关系,协同开展对敌斗争。10月,中共上海临时中央局指示皖北中心县委:"寿县游击队为响应红军行动与配合合肥一带的游击运动,必须积极向着六安、合肥这一方面发展。你们是完全可能在六安、合肥、寿县交界处创立起游击区域的。"①中央局的指示证明了皖北游击大队的选择是正确的。

皖北游击大队的到来,增强了双方的战斗力。此时,合肥中心县委领导下的游击队损失惨重,颜文斗、马子中等负责人被捕就义,只剩下孙仲德、奚业胜等五六个人和几支枪。经中共上海临时中央局批准,合肥(皖西)、寿县(皖北)两个中心县委再次合并为中共皖西北中心县委,刘敏任书记,张如屏任组织部部长,曹云露任宣传部部长,曹广海任军委书记。中心县委下辖合肥、颍上、凤台、涡蒙4个县委,庐江区委、舒城特支以及巢县、繁昌2个支部,共有党员563人。

---

① 《中央局为开展游击运动给皖北中心县委及永修县委的指示信(1934年10月31日)》,见中共合肥市委党史办公室,中共肥西县委党史办公室:《皖西北星火》,内部资料,1992年,第50页。

(三)春秋山战斗失利

中共皖西北中心县委重建后,将两地游击队合并成立皖西北游击大队,共130多人,分为两个中队,曹广海任大队长,孙仲德任副大队长,张如屏任政委,曹云露任参谋长,田道生任政治部主任。为了支援皖西苏区的反"围剿"斗争,皖西北游击大队组建后,立即转向舒城县山区,开展游击斗争。1934年10月9日,部队从合肥南乡出发,当天宿营于中派河附近的王小郢。游击队刚一住下,就被合肥县保安队二三百人包围。刚刚组建的游击队士气旺盛,利用有利地形,迅速击溃敌人,趁夜向南疾进,于15日进入舒城春秋山。

春秋山位于舒城县城南部,山势蜿蜒,峰峦起伏,山上林木葱茏、浓荫遮天,对开展游击战极为有利。不料,游击队刚一进山,一个和尚便悄悄进城告密。16日凌晨,国民党东北军一部和省保安八团、县保安队联合围攻春秋山。面对数十倍于己的敌军,游击队临危不惧,且战且退,奋力突围。战至百花岭时,已被敌人包围,游击队弹药将尽,便与冲上来的敌人展开肉搏战。大队长曹广海在指挥部队突围时,被流弹击中头部当即牺牲。敌人见游击队枪声稀疏,更加疯狂进攻。眼看阵地已无法坚守,副大队长孙仲德指挥队伍,乘着天黑,朝着敌人火力较弱的北面猛冲突围出去。

春秋山一战,游击队遭受重创,大队长曹广海和中队长颜礼国、韩安志等一大半指战员英勇牺牲,少数战士失踪,130多人的队伍只剩下 40 多人。孙仲德、张如屏带领突围出来的战士,迅速向北转移,于 17 日晚渡过湍急的杭埠河,撤到合肥西乡雀儿山游击根据地,方才脱离险境。

▲ 春秋山战斗遗址

刘敏在雀儿山主持召开了中共皖西北中心县委会议,研究下一步如何行动。大家认为,在强敌"围剿"下,游击队受到极大损失,不宜再集中行动,应暂时化整为零,分散发动群众,打击敌人。会议决定刘敏、顾鸿率部分人员到庐江、无为一带活动,张如屏去舒城北乡、南乡,曹云露等留在合肥西南乡,分散隐蔽,伺机而动。

二、开辟皖西北游击区

(一)成立皖西北特委及独立游击师

中共皖西北中心县委成立之前,考虑到鄂豫皖省委即将率领红二十五军撤离苏区,中共上海临时中央局曾设想成立安徽省委。1934年8月,中央派巡视员来皖召集合肥、寿县两个中心县委开会,就中央的意图进行了讨论。合肥中心县委提出在短期内不宜成立省委,目前最好先成立一个过渡形式的皖西北区委员会,以便灵活机动地指挥两个中心县委及所辖十几个县的党组织。10月6日,中央出于"皖北、皖西党是处在极重要的地位,环绕着鄂豫皖苏维埃区域,对于保护鄂豫皖苏维埃,粉碎国民党第五次围剿和创立新苏区负着极大的使命"的考虑,为了更加适应革命的需要和加强安徽的整个工作,坚持提出"目前以皖西北为中心建立省委,省委的组织以合肥县委书记黄同志(刘敏),和寿县县委袁同志,涡、蒙、亳县委书记××同志(戴天强)组织而成,由黄同志为书记"①。

---

① 《中央致皖北寿县中心县委皖西合肥中心县委的信(1924年10月6日)》,见中共合肥市委党史办公室,中共肥西县委党史办公室:《皖西北星火》,内部资料).1992年,第47页。

此时,革命斗争形势已经恶化,刚刚成立的皖西北中心县委及游击大队正处于危境。游击大队在舒城春秋山遭国民党正规军和县保安队的合击,伤亡惨重,中心县委被迫分散隐蔽活动。鉴于这种形势,皖西北中心县委书记刘敏于11月21日报告中央,认为就目前形势而言,"中心县委领导实在难以兼顾,成立省委又觉空泛",建议先成立特委为宜,"目前暂由叶(寿春)、张(如屏)、黄(刘敏)组织临时特委,由中央派能力较强同志参加,帮助解决皖西北问题"。①

1935年1月,中央特派员李德保来合肥。2月,李德保在西乡雀儿山向皖西北中心县委传达中央指示:同意皖西北中心县委改组为皖西北特委,刘敏任书记,张如屏任组织部部长,李德保任宣传部部长,王天云任妇女部部长,张士发任农运部部长。至此,中共皖西北特委正式成立。特委的任务是扩大队伍,加强武装斗争,打通与老苏区的联系,在可能的条件下建立新苏区。在军事上要求在部队壮大后成立皖西北独立游击师,领导干部由特委自定。同年6月,以皖北游击大队为基础,在合肥西乡小院墙建立了皖西北独立游击师,师长孙仲德、政委张如屏、参谋长曹云露。全师有3个连,100多人。

中共皖西北特委成立后,一面加强武装斗争,一面继续恢复和发展基层党的组织,与国民党当局展开了艰苦卓绝的斗争。5

---

① 《皖西北刘敏(给中央)报告(1934年11月21日)》,见中共合肥市委党史办公室,中共肥西县委党史办公室:《皖西北星火》,内部资料,1992年,第53页。

(三)打通与苏区的联系

1934年10月,红二十五军战略转移后,留在鄂豫皖苏区坚持斗争的红二十八军与中央失去了联系。因此,中共上海临时中央局指示皖西北党组织尽快打通与苏区的联系。遵照中央指示,皖西北特委曾三次派出部队到苏区寻找红军,打通了与苏区联系的通道,与红二十八军并肩作战。

1935年3月,皖西北特委决定由孙仲德率部进入大别山区,寻找高敬亭领导的红二十八军。4月初,孙部在岳西主簿园、黄麦园一带找到了皖西特委书记兼红二十八军第八十二师第二四六团政委许成基,向他们转达了中央局的指示,并协同该团就地消灭敌人一个连。此时,皖西苏区刚刚遭受敌人连续三个月的"清剿",许多村庄被敌人烧毁,老百姓被集中到大寨子里居住,党组织和红军行动很不方便,生活极端困苦。第二四六团所剩人员不多、装备也很差,孙仲德主动提出配合他们一起行动。为了摆脱敌人的封锁围剿、解决部队给养问题,两支部队会合一路,从岳西经舒城,一直打到合肥一带,缴获了很多武器弹药和钱粮布匹等,解决了部队的给养问题。

为支援苏区,皖西北特委在合肥南乡彭家圩子召开会议,决定从皖西北独立游击师拨出一个连130多人,全副武装,补充到红八十二师,壮大主力红军力量;同时请八十二师派一名干部到独立师任副师长,增强独立师的军事指挥能力。为了提高游击师的政治、军事素质,适应更大规模开展游击战争的需要,特委还决定派独立师部队轮流到苏区整训,向主力红军学习。6月中旬,孙仲德率领第一批整训队员第二次进入苏区,沿途多次与敌作战。他们配合雀儿山赤卫队在西乡歼敌五六十人;伪装成国民党第十一路军"清剿队"闯进雀儿山地区,打死大恶霸卫禹山,又与前来围攻的合肥县大队和官亭挨户团激战,歼敌1个连,俘敌10多人,在舒城寒山脚下多次与国民党省保安八团激战。进入苏区后,部队在山区一边训练、一边与红军并肩作战。

1935年8月初,皖西北特委向中央报告了本地区的革命形势、与鄂豫皖苏区的联系情况,以及军事、组织、干部状况。同时将皖西特委书记许成基、鄂豫皖省委常委兼红二十八军政委高敬亭的报告,一并转报中央。同月,孙仲德率领独立师第二批队员进入大别山区整训。整训期间,他们配合红八十二师部队全歼在岳西黄麦园修碉堡的国民党军队1个连,接着又在蔡家坪等地连续打了几个胜仗,活跃在岳潜舒霍游击根据地的广大区域。

独立游击师和红二十八军密切配合、协同作战,时而白区、时而苏区,飘忽不定,打得国民党地方官员和地主豪绅坐立不安。蒋介石对此十分恼火,怒斥国民党安徽省主席刘镇华"剿共不力"。1935年10月,国民党调遣大批军队,对皖西北苏区进行跟踪"清剿",致使红军处境艰难,形势日趋恶化。在此情形下,中共皖西北特委指示孙仲德率部转回舒城、合肥一带开展游击斗争。

三、撤离皖西北

在国民党几十万军队反复进山"清剿"下,皖西苏区许多地方"鸟无栖息之所、人无藏身之处",红军处处受阻,被迫化整为零、分散活动。独立游击师也在强大敌人的持续"清剿"中遭受挫折。1935年10月,去大别山整训的排长任继周被白色恐怖吓破了胆,竟持枪叛变,打死了皖西北独立游击师副师长,拉走部分新兵。与此同时,留在合肥地区的游击师武装,在西乡邱坡寺遭敌包围,二三百人的部队,经过激烈战斗,只有20多人突出重围。皖西北独立游击师曾发展到四五百人,到孙仲德率部回来与坚持在合肥地区的队伍汇合时,只剩下180余人。此时敌人还在不断增加兵力,紧追不舍,斗争非常艰苦。基层党组织也在不断萎缩,到1935年冬,皖西北特委实际领导的只有合肥、六安、无为、舒城、繁昌的一些县、区组织和党员200多人,革命斗争再次转入低潮。

1935年12月,中共皖西北特委在庐江北部的宋家圩子召开扩大会议,研究下一步工作去向。会议改选和增补部分特委委员,做出了避开强敌、保存革命力量、分散隐蔽活动的决定:将长枪全部埋藏起来,战士尽可能分散隐蔽;留下20多名骨干,分别由负责同志领着撤离皖西北,分散到外地活动;特委机关秘密迁移到巢县普仁教会医院,由张如屏和陈郁发负责特委机关联络工作。为了表达忠诚和决心,会议结束时,与会人员集体在党旗下宣誓:为了党的事业,鞠躬尽瘁,死而后已,忠于党、忠于革命,誓为共产主义事业奋斗到底,不管在任何情况下,不叛党、不出卖同志。

会后,根据组织的决定,特委成员各自寻找适合本人身份的职业作掩护,秘密开展革命活动。刘敏和杨银声等人通过陶行知教育救国会的关系,在巢县中庙小学任教;冯兆鲁、张世祥、韩祖功3人在浙江长兴县煤矿开设一个"三友实业商社",为党组织筹

▲ 中共皖西北特委秘密机关旧址——巢县教会医院

集活动经费;孙仲德带领五六个人,买了一条大船,将枪支隐藏在船舱夹底,以贩卖大米和布匹为掩护,活动在安庆至芜湖的长江两岸;曹云露和顾鸿在庐江一带带领群众分粮筹款。此间,孙仲德和曹云露等人,先后在长江的白沙洲、黑沙洲及庐江、巢县等地

昼伏夜出,秘密开展游击斗争,消灭、镇压当地一些危害极大的叛徒、特务及反动分子,迫使敌人不敢肆意妄为。

随着日本帝国主义全面侵华野心的暴露,皖西北特委的工作重心逐步转向抗日宣传,并利用各种机会动员、号召各阶层人士团结一致,制止内战,共同反对日本帝国主义的侵略。1936年春,杨银声、奚业胜等人受特委指派,到巢县黄麓师范学校和中庙小学开展抗日宣传活动,建立抗日救国团体。同年7月中旬,刘敏、张如屏、孙仲德等携带短枪,装扮成学生,来到巢县、无为、庐江三县交界的六凤山,借着地主搭台唱戏的场合,向前来看戏的群众散发传单。孙仲德还登台演讲,宣传抗日救国的道理,表明了皖西北独立游击师誓与日本侵略者血战到底的坚强决心,使在场的群众群情激昂,当场即有工人、农民和青年学生数百人要求参加抗日武装,跟着共产党抗日救国。皖西北特委的抗日宣传鼓动,扩大了党在人民群众中的影响。

1934年秋,合肥、寿县两个中心县委合并后,经过一段时间的努力,合肥南乡、西乡党的基层组织陆续得到恢复和发展。次年7月,在皖北特委的领导下,中共合肥县委正式组建,马实任书记。1935年底,皖西北特委撤离合肥前,决定将合肥县委改为合肥特区委,指定董成荣为书记、凌正明为组织部长、桂俊亭为军事部长兼赤卫队队长。特区委下辖合肥南乡和西乡基层组织,有党员20多人。

按照特委的指示,合肥特区委的主要任务是分散隐蔽、保存

力量,等待时机。具体分工为:董成荣隐蔽在西乡防虎山一带活动,凌正明在肥西、舒城交界处活动,桂俊亭则利用其堂弟的关系,打入国民党合肥县常备队第五中队,进行秘密策反工作。桂俊亭先后发展了阚玉山和邵某、李某3人入党,建立了党小组,收集国民党驻合肥地区的军队活动和调防情报,购买武器弹药,充实地方游击武装。

一二·九爱国运动爆发后,抗日呼声席卷全国。合肥地区的广大人民群众在党的领导下,开展了轰轰烈烈的抗日救亡运动。而此时,国民党军队不顾人民群众的正义呼声,继续执行蒋介石消极抗日、积极反共政策,反复"进剿"鄂豫皖苏区。合肥地区的反动武装,配合国民党安徽省保安师和庞大的正规军,采取步步为营的碉堡战,反复"清剿"党领导的地方游击武装。同时纠集大批特务和变节分子,破坏地下党组织,大肆捕杀共产党人和革命群众,企图通过不断强化的白色恐怖,来彻底摧毁合肥地区党的组织。1936年7月,皖西北特委交通员叛变投敌,带着国民党特务,破坏了彭家圩交通站。交通站负责人彭家银被捕就义。此外,赵登国、汪守汉、马家雍、刘成仓、彭家亮、董成保、王昌春、丁常桂等党员和革命群众先后为革命事业英勇牺牲。

特委交通员被捕叛变后,特委与上级党组织的联系中断。得不到上级的指示,不了解全国革命斗争的形势,皖西北特委犹如大海中失去方向的孤舟。特委书记刘敏心急如焚、吐血不止。为了尽快恢复与中央的联系,同年11月,大病未愈的刘敏,坚持与张如屏一起,前往上海寻找党组织。到了上海才知道临时中央局一年前已遭到破坏,党中央和红军主力已长征到达陕北。刘敏等回到安徽后,在无为白沙洲孙仲德的船上召开特委会议,决定派孙仲德到延安,向中央汇报皖西北特委和游击师情况。因西安事变发生,局势紧张,一时无法前往。

1937年春,孙仲德化装成皮货商,几经周折到达西安,由八路军办事处安排转赴延安。中央组织部听取孙仲德的汇报后决定:

▲ 皖西北特委和游击师负责人1937年秋在延安时的合影(前排左起:顾鸿、孙仲德、张如屏、奚业胜,后排站立者左起:杨银声、曹云露、陈郁发)

皖西北特委和游击师负责人尽快赴延安学习,并派宋天觉①回皖西北接替工作。孙仲德回皖后,传达了中央的指示。1937年6月,宋天觉到皖,与特委完成了工作交接,特委成员分两批去延

---

① 宋天觉,寿县人,1931年参加瓦埠暴动,曾任中共寿县县委书记、皖北中心县委宣传部部长。

安。同月,第一批成员刘敏、曹云露、孙仲德、杨银声、奚业胜、顾鸿6人经芜湖、南京,沿津浦、陇海铁路到达西安八路军办事处。在西安时,刘敏发病,被送往医院治疗,曹云露等人经甘泉去延安。8月,张如屏、陈郁前往延安。除刘敏病愈后被派往河南省委工作外,去延安的7人分别进入中央党校和抗大学习,准备投入新的战斗。

第五章

抗日救亡与合肥党组织的重建

1937年7月7日,日本帝国主义制造卢沟桥事变,发动了全面侵华战争。次年5月,日军侵占合肥,国民党军队进行了殊死抵抗。在民众动员委员会的推动下,合肥地区广泛兴起抗日救亡运动。自发组织的地方抗日武装,为保卫家园,勇敢抗击日本侵略者。一大批中共党员回到家乡,恢复和发展党的组织,建立革命武装,担负起领导民众开展抗日战争的历史重任。

一、日军西犯与合肥沦陷

(一)日军侵占合肥

1937年全面抗战爆发后,战火迅速从华北蔓延到长江下游地

▲ 1938年4月下旬,日军进犯巢县

区。11月12日,上海沦陷。同月底,日军从浙西侵入安徽境内。12月,皖南各县及首都南京纷纷失守,日军沿津浦线北上。至1938年2月初,日军侵占安徽滁县、全椒、嘉山、定远、凤阳、蚌埠、怀远等广大地区——合肥已完全处于日军的武力威胁之下。

侵占合肥是日军既定的战略目标。合肥为皖之中,地广人稠,物产丰富,淮南铁路穿过境内,辐射南京、芜湖、蚌埠、安庆、九江、武汉等周边城市,战略位置十分重要,历来为兵家必争之地。对于日军来说,占领合肥,既可使南京、芜湖、蚌埠获得一道安全屏障,又可将其作为进犯安庆、九江、武汉等地的基地和跳板,同时还可掠夺淮南等地丰富的煤矿资源。

为了扫清西进障碍,自1937年12月起,日军战机就从南京、芜湖等地的机场起飞,对合肥及其周边地区频繁实施轰炸,意图摧毁军民的抵抗意志。12月23日,日机先猛炸巢县县城,继之轰炸扫射柘皋及合浦路沿线,百姓伤亡百余人。次年4月26日及28日,数架日机空袭巢县县城,城内一片恐慌,国民党巢县县长马炯携县政府官员以及县守备队300多人,置百姓于不顾,匆匆弃城出逃。5月10日午后,3架日机首次轰炸庐江县城,投下10余枚炸弹,炸毁县邮局和十多间民房,死伤数人。到1941年夏,庐江城乡共遭到15次轰炸,损毁房屋600多间,死伤60多人。①

　　合肥遭遇的空袭更为严重。早在1937年12月中旬,日军就对合肥东门外的飞机场、火车站、坝上街和轮船码头实施轮番轰炸。至1938年1月,轰炸目标扩大到东门大街(今淮河路)、十字街和鼓楼等商业闹市区,大量房屋被炸毁,市民伤亡惨重。1938年3月27日,是合肥遭受日机轰炸最为惨烈的一天。这天上午8时许,日军5架飞机一字排列,对不足5平方千米的主城区实施了野蛮的无差别狂轰滥炸,投掷炸弹、燃烧弹100多枚,全城一片火海,惨叫声不绝于耳,大火延烧至次日仍未熄灭。300多人在此次轰炸中丧生,1000多间房屋被炸毁。据统计,自1937年12月至1938年5月合肥沦陷的半年内,日军飞机袭击轰炸达40余次,市民惨遭炸死、炸伤致残达1000余人,全市三分之一的房屋被

---

①　中共庐江县委党史研究室:《中国共产党庐江历史·第一卷》(1919—1949),北京:中共党史出版社,2013年,第86、87页。

炸、损毁。①

　　日军还多次轰炸合肥乡村地区。西乡、南乡的三河、上派、聚星集、周老圩、雷麻店,东乡的梁园、石塘,以及北乡的双墩集等集镇,均遭到日军的轰炸,其中梁园镇遭敌机轮番轰炸,伤亡数百人。

　　不断的空袭还引发了极度的社会恐慌,大户人家及大多数城镇居民纷纷避难偏僻乡间。合肥沦陷前,国民党县政府也匆忙西撤,先后迁至肥西高刘集和大潜山麓的鸽子笼。整个合肥城人心惶惶,"郡人相率逃亡,市寂如墟"。②

　　1938年4月下旬,日军第六师团抽调步兵第十一旅团一部,与炮兵、骑兵联队等5000余人,组成坂井支队,由旅团长坂井德太郎统率,在日本海军陆战队的配合下,从芜湖出发,先后攻占和县、含山。4月30日,因巢县县长及守备队早已弃城逃跑,日军不费一枪一弹,侵占巢县,并迅速攻占县城以北的夏阁镇,修复公路,准备进犯合肥。

　　与此同时,国民党方面临时变更了合肥的军事部署。为确保徐州会战顺利进行,1938年4月下旬,国民党第五战区命令原驻防合肥的第十一、第二十一集团军集结北上,出击淮南,威胁津浦

---

①　中共合肥市委党史研究室:《抗战时期合肥市人口伤亡和财产损失》,内部资料,2009年,第11页。
②　童杏荪:《合肥沦陷记》,载《安徽文献》第5—6期合刊,1946年12月31日。

线日军。合肥防区改由国民党第二十六集团军接管。5月4日前,该集团军第四十一师、第四十八师由河南商城和湖北英山疾驰合肥。5月5日,国民政府下令,合肥地区所有防军,包括第二十六集团军所属各师、合肥警备司令宋世科所属保安第五团、第七团以及巢湖水警总队一部,统归第二十六集团军总司令徐源泉指挥,担负巢湖以北邢家浦、朱家湾、三河集一线的防守任务。第四十八师第一四二旅布防于合肥、店埠一线,第一四四旅布防于梁园、八斗岭一带;第四十一师布防于合肥东北园疃、靠山集、曹家店一带;保安第五团、第七团主要布防于巢县夏阁以北地区。不几日,第四十一师奉命北调,进攻凤阳等地,另调驻扎在湖北黄陂的第二十六集团军第一九九师驰援合肥。

就在国民党部队频繁调防、防守出现空虚之际,日军抓住时机分两路发起进攻。5月11日拂晓,坂井支队一部由巢湖分乘橡皮艇和民船偷渡进占烔炀河,主力部队则沿淮南铁路向合肥推进,迅速占领巢县境内中埠镇、烔炀镇,随后跨越巢、合两县分界线,向合肥东乡重镇桥头集发起猛攻,驻扎此地的国民党第四十八师第二八四团奋起抵抗。日军先以火炮猛轰守军阵地,随后展开肉搏战。第二八四团伤亡惨重,其中第三营营长蒋子祥、排长邱少华、丁家斌阵亡,排长吴济民、刘兆民重伤。激战一日,日军夺占桥头集。

5月12日,日军一部化装成红枪会的队伍,登陆巢湖北岸,迅速占领了长临河六家畈一带,威胁撮镇和合肥近郊。此时,国民党第四十一师已奉调北上,换防的第一九九师尚在赶往合肥的途中,徐源泉急令第四十八师各部摆脱进攻之敌,赶回合肥城东布防。由于兵力不足,城内未作重点布防,仅有少数士兵及宋世科保安团一部驻守。

5月13日下午,日军数千人逼近县城东南五里庙、王大郢国民党军第二八七团前沿阵地。此时,第一九九

▲ 1938年5月14日,日军侵占合肥

师五七三旅终于到达合肥,布防于南门外大溪岗一带,以1个团兵力据守第二八七团以西阵地。傍晚时分,日军以猛烈炮火轰击国民党军阵地,开始全线攻城。双方围绕城东南朱家岗、王大郢阵地展开激烈争夺,守军顽强抵抗,反冲锋肉搏5次,伤亡极其惨重。日军彻夜进攻,未能突破守军防线。

5月14日凌晨5时许,在日军猛烈的炮火打击下,朱家岗、王大郢等阵地相继被摧毁,第二八七团团长赵我华阵亡,营以下军官大多伤亡。随后,日军集中炮火并在飞机轰炸的掩护下,连续向第四十八师与第一九九师的结合部猛扑。守城部队伤亡惨重,终于不支,早上8时许放弃阵地向西撤退。日军由南门突入城

内,合肥遂告沦陷。合肥人民由此经历了长达7年之久、备受蹂躏的敌占区生活。

在惨烈的合肥保卫战中,国民党第二十六集团军官兵对日军进行了坚决英勇的抵抗,激战数日,遭受重大损失,伤亡、失踪团长以下官兵2380人[①]。仅13日下午才投入战斗的第一九九师就损失1301人,中下层军官大多伤亡。综观战役得失,尽管日军在武器和火力配置上处于绝对优势,但在人数上并不占有优势,国民党高层战略部署失当、部队调动频繁以及战场指挥不力,致使官兵劳师袭远、疲于奔命,当是兵力占优势的第二十六集团军败走合肥的要因。

合肥城陷落前后,日军在巢县散兵镇与合肥下塘、水湖等地展开军事行动,陆续侵占上述地区,合肥、巢县出现了大批沦陷区。据统计,合肥全县共130个乡镇中,全沦陷乡38个、半沦陷乡17个。沦陷最久者为桥头集、店埠、撮镇、南二十埠、岗集、双墩集、大蜀山、小土山等处[②]。巢县沦陷地区主要为县城、夏阁、中垾、烔炀、下朱、半汤等地。日军占领巢城后,在境内淮南铁路、合巢公路沿线建立据点。日军侵入庐江较晚。1941年,日军由巢县出发,先后占领白湖南北两端的黄姑闸、盛桥、关河等地,直至1943年7月撤离。上述区域主要分布在淮南铁路两侧,大多属于

---

① 合肥地方志编纂委员会:《合肥市志》(3),合肥:安徽人民出版社,1999年,第2402页。

② 安徽省政府:《安徽省廿八年度统计年鉴》,1940年,第153页。

地理位置优越、经济富庶、人口稠密的重要集镇。

(二)日军在合肥地区的暴行

攻占合肥的日军第六师团残暴成性,曾参与惨绝人寰的"南京大屠杀"。该师团侵入合肥及周边地区后,大肆烧杀淫掠,无恶不作,再次犯下滔天罪行。

1938年5月14日黎明,日军在12架飞机的掩护下,分别由德胜门、小南门攻入县城。滞留城中的1万多平民仓皇四奔。日军进城后紧追惊慌逃难的群众,向手无寸铁的平民射击。一时间,合肥的街巷血肉横飞、横尸遍地。未及逃离的徐源泉部百余人被俘后,"全被驱至小东门外河边杀死,河水尽赤"①。向北逃难的人群蜂拥至狭窄的拱辰桥,桥面被挤得水泄不通。日军竟用机枪疯狂扫射,致使桥上桥下尸体枕藉,河水断流,千余人被残杀②。

从城破当日到20日,日军挨家挨户搜捕,将无辜居民押解到苗圃(今市体育场)、卫衙大关等地集体屠杀。凡是剃光头或平顶头、未留胡须的男性青壮年者,上衣穿对襟、开胸衣或着灰绿蓝色衣裳者,以及疑似军人者,均遭杀害。如此疯狂屠杀达数日之久。大街小巷,尸体随处可见,惨不忍睹。事后,由汉奸组织的维持会强迫老年人四处收尸,抬到东、北郊掩埋。据目击者所忆和有关

---

① 刘秉钧:《沦陷期间的合肥城》,见合肥市政协《合肥史话》采编组:《合肥史话》,合肥:黄山书社,1985年,第118页。
② 参见合肥城北拱辰桥死难者纪念碑碑文。

资料统计,"仅由红十字会于城陷数天中掩埋的尸体,即达五千余具"①。因愤于日军的暴行和淫威,民众投塘、跳井、喝药自尽者为数亦多。其中,合肥名医朱寿山"敌至时驱家人尽逃,分家产与贫民,自则于城陷时领药自杀,以身殉城"②。北洋时期国会议员张敬文亦服药自尽。三育中学教师黄海三全家投塘殉难。年近七旬的文字学家刘启琳老夫妇亦投塘自尽。更有甚者,日军还肆意奸淫妇女,犯下灭绝人性的暴行。"每至夜晚,日军踰墙入户,奸淫妇女,虽十岁幼女,七旬老妇亦难幸免,号哭呼救之声惨不忍闻,拒奸被杀或受辱自尽者,比比皆是。当时的合肥城不啻一座人间地狱。"③

日军占领合肥后,还对城区内外进行毁灭性破坏。为了防止游击队利用城郊房屋隐蔽、袭击县城,日军将大小东门、北门和大西门外的所有房屋焚烧后夷为平地。大火燃烧数昼夜,火光冲天,数十里外可见。并将前后大街、北门大街无人居住的临街房屋全部打通。6月中旬,日军司令部为便于岗楼哨兵瞭望,炸毁了城内最高的建筑物四牌楼,附近大量民房也被震塌。日军还公然抢掠,挨户搜查,将金银器皿、玉器细软、古董字画、图书古籍、家

---

① 刘秉钧:《沦陷期间的合肥城》,见合肥市政协《合肥史话》采编组:《合肥史话》,合肥:黄山书社,1985年,第118页。
② 安徽省档案馆:《安徽民众抗日事迹选编》,内部资料,2005年,第10页。
③ 刘秉钧:《沦陷期间的合肥城》,见合肥市政协《合肥史话》采编组:《合肥史话》,合肥:黄山书社,1985年,第118页。

具衣物等洗劫一空。

日军的暴行不仅仅局限于合肥城内,还殃及四乡及庐江、巢县等周边地区。

1938年5月14日,攻占合肥的当天,日军一部便进占南乡三河镇,到6月初共屠杀无辜民众百余人,烧毁商店民房几千间。7月至8月,日军数次洗劫西乡花子岗,全镇200户人家、3000多间房舍尽数化为灰烬。同时,另一队日军袭扰南乡义兴集,走一路、烧一路,一直烧到离城15里的观音庙。到义兴集后,日军又在农民贾润泉家放火,致使大火蔓延吞没全镇,最后仅剩下一座孤零零的火神庙。

▲ 被日军飞机轰炸后的合肥城畜牧厂厂房

在东乡,1938年至1939年,西山驿、大圣庵、半店、撮镇等地因遭日军连续"扫荡"轰炸，被炸毁的房屋达数千间。无辜百姓遭到血腥屠杀，仅石塘、梁园遭杀害者就达 300 多人。1938 年秋，日军将撮镇东北的杨岗村焚毁后，又抓捕老百姓 20 多人，用铁丝穿锁骨，押往镇东街公开施用火烫、犬咬、灌辣椒水等酷刑，接着又将其中 16 人绑至郑家祠堂牌坊边集体坑杀[①]。1939 年 2 月 8 日，日军到磨店集"扫荡"时，贺大郢村的贺明华、贺六户、贺泽林等被日军机枪射杀，陶大姐等 8 人被炸死。日军还将磨店乡 18 人抓到合肥小书院日军司令部，后将其全部杀害[②]。

在北乡，日军占领淮南铁路线后，在下塘集设立特别区，推行保甲制，在铁路两侧 5 里范围内，大肆拆民房、建碉堡。下塘集东伍家岗村民李乾增、李如太、裴祥林、李如全、刘华珍等，因护房被日军杀害。刘华珍因言辞激烈，竟被日军刀劈八块。伍家岗民房全被焚为灰烬。在下塘集西松林和王陈树棵等村庄，上万棵合抱树木被日军砍伐殆尽，24 户几十名护林村民被杀害。1941 年 4 月，日伪军扫荡吴山庙，遭到抗日军民抵抗。日伪军占领后将吴山庙大半个街市烧毁，枪杀军民 200 余人。1943 年 3 月，日军占领庄墓后，实行野蛮的"三光"政策：街道房屋烧光、财产掳光、居

[①] 安徽省肥东县地方志编纂委员会：《肥东县志》，合肥：安徽人民出版社，1990 年，第 457 页。
[②] 《肥东县磨店乡贺泽鹏口述（2007 年 12 月）》，见中共合肥市委党史研究室：《抗战时期合肥市人口伤亡和财产损失》，内部资料，2009 年，第 13 页。

留人口杀光;仅该镇孟朗仙两家佃户就被杀 27 人。①

庐江东汤池和上东湾惨案。1938 年 6 月 15 日,日军由舒城开往桐城大关,途径庐江东汤池,在傅家井屋枪杀了农民沈成道的母亲,在下街枪杀平民王麻子,在黄家老屋,日军又打死村民黄传锡等 4 人,打伤 1 人。至 6 月 21 日,短短数日,东汤池即有 21 名无辜群众被杀害,附近村庄、店铺被掳去财物、杀死牲畜不计其数。② 1938 年 7 月 24 日,盘踞在三河镇的日军 17 人,窜到庐江境内上湾村,企图强奸妇女,被村民打死 2 人,余下 15 人仓皇逃回三河。次日晨,日军 100 多人荷枪实弹,到上湾村挨门挨户搜查,共烧毁 150 户的房屋 500 余间、粮食 2200 余石,打死孙家尚、孙家善、高本应等数人。7 月 26 日,日军又侵入胡家湾村,打死村民 6 人,烧毁房屋数十间。③

巢县温家套惨案。1938 年 10 月 7 日,侵华日军坂井支队一部对巢湖北岸大匡圩南侧的河口、孙村和温村 3 个村庄(统称温家套),进行了惨绝人寰的大屠杀。9 月 24 日,驻下朱村据点的一日军班长,乘船来到孙村,企图强奸民妇,被愤怒的村民打死。10 月 7 日凌晨,100 多全副武装的日伪军,分水陆两路包围了温家

---

① 中共长丰县委党史研究室:《中国共产党长丰地方史·第一卷》(1919—1949),合肥:安徽人民出版社,2010 年,第 88—89 页。
② 中共庐江县委党史研究室:《中国共产党庐江历史·第一卷》(1919—1949),北京:中共党史出版社,2013 年,第 88—89 页。
③ 中共巢湖市委党史研究室:《中国共产党巢湖地方史》(第一卷),合肥:安徽人民出版社,2003 年,第 108 页。

套,进村后,见人就杀,逢屋便烧。温村、河口村有 70 多人冲出村外,准备与日军拼命,被日军机枪悉数射杀。温村百余名村民被日军赶到一个大院里,先用机枪扫射,然后放火焚尸。血腥的屠杀一直持续到下午 3 时许,3 个村总计被杀害 316 人,烧毁房屋 900 余间、渔船 18 条。劫后的温家套成为一片废墟,到处断壁残垣,尸骨累累,棘草丛生,满目疮痍,成了荒无人烟的"无人区"。① 直到 1945 年日军投降,才有幸存的村民陆续归来。

▲ 巢县温家套惨案幸存者丁祖兰哭诉日军血洗温家套的暴行

整个抗战期间,日军在合肥地区烧杀奸掠,累累暴行罄竹难书,合肥人民遭受了巨大的人身伤亡和财产损失。据统计,日军侵占合肥的七年间,共损毁平民住宅 23728 户、31791 间;共造成合肥人员伤亡 15506 人,其中死亡近 12676 人;共造成合肥财产损失 3.58 亿元法币(1937 年币值)。②

---

① 安徽省档案馆,蚌埠市档案馆:《日本侵华在安徽的罪行》,内部资料,1995 年,第 45—50 页。
② 中共合肥市委党史研究室:《抗战时期合肥市人口伤亡和财产损失》,内部资料,2009 年,第 23、35、36 页。(此统计不包括庐江、巢县地区)

二、抗日救亡运动的兴起

(一)民众总动员

全面抗战爆发后,在民族生死存亡的危急关头,中国共产党捐弃前嫌,以民族利益为重,发表了抗战宣言和抗日救国"十大纲领",号召全国人民总动员,停止内战,一致抗日,推进了抗日民族统一战线的全面形成。在安徽,中共组织主要通过建立各级动委会和抗日群众团体来推动统战工作。安徽省抗日民众总动员委员会的成立,是国共合作在安徽的具体体现。

1938年1月25日,第五战区司令长官李宗仁兼任国民党安徽省政府主席,开始了新桂系对安徽的统治。在中共地下组织和安徽各界进步人士的推动下,李宗仁为了表示开明及坚决抗日的决心,于2月23日在临时省会六安,成立了第五战区民众总动员委员会安徽分会①(简称省动委会),动员开展抗日救国群众运动。代理省政府主席张义纯出任省动委会主任,周新民、张劲夫、童汉璋、翟宗文等中共党员和进步人士都在省动委会负责重要工作。中共还在省动委会设立党的地下组织,张劲夫任书记。在最初两

---

① 1938年10月廖磊就任安徽省政府主席后,取消第五战区民众总动员委员会安徽分会的名称,明确改称第五战区安徽省民众总动员委员会。

年里,以共产党员为核心的进步力量在省动委会占据了绝对优势。张劲夫回忆说:"省动委会当时是以省政府名义办的,实际上是在我地下党领导下的统一战线组织,可以完全按地下党意图办事、处理问题的。"①省动委会成立后,党利用该组织部署各县成立相应的地方动委会,并向各县派去指导员(均为中共党员),担任负责实际工作的副主任。合肥县动委会成立于1938年6月,地点在合肥西乡临时县政府所在地鸽子笼(镇),它是由中共安徽省工委书记彭康委托耿家书等人筹建的。起初,由于领导不力,县动委会一度被国民党合肥县党部把持。次年10月,通过省动委会安排,中共六安中心县委派遣中共党员田兰田到合肥县动委会担任指导员。党组织还调来地下党员常诚、赵平、陈超,协助田兰田工作,在合肥动委会内成立了中共党支部,初步打开了工作局面。

▲ 安徽省动委会中共组织负责人 张劲夫

1938年3月,庐江、巢县动委会相继成立后,中共党组织充分利用这一机构,开展合法活动,并通过多种渠道派遣茅垫、冯郁、肖习琛、王光祖、徐文华、郑曰仁、

---

① 张劲夫:《抗战初期我党领导的大别山抗日救国群众运动》,见合肥市新四军研究会:《合肥地区抗日民族统一战线》,内部资料,2000年,第19页。

钱昌乐、郑家祺等一批共产党员参加动委会组织,逐步掌握了动委会领导权。庐江县还相继成立了4个区、17个乡镇动委会,成为全县抗日民族统一战线的中坚力量。在动委会名义下,党员有了合法身份,庐江党组织的活动甚至由秘密转为公开状态。群众称:"县政府是国民党的,动委会是共产党的。"[①]在开明县长马忍言(又名冯宏谦,冯玉祥侄子)的大力支持下,巢县动委会指导员和骨干力量几乎都是共产党员,党实际上掌握了动委会的领导权,为在巢县贯彻抗日民族统一战线政策,推行全民抗战提供了组织保证。

在动委会的指导下,合肥、巢县、庐江地区相继成立了抗敌协会、妇抗会、青抗会、战地服务团等基层抗日群众团体。许多外地流亡合肥的青年学生,也成立了各种救亡团体或工作团,广泛开展抗日宣传,在合肥地区迅速掀起了抗日救亡运动的热潮。

(二)抗日救亡运动

1938年初至1940年3月,合肥地区的动委会在中国共产党的组织和推动下,广泛开展抗日救亡运动,团结进步力量,组织抗日团体,培养青年干部,发展抗日武装,开辟了抗战初期合肥抗日救亡运动的新局面。

抗日救亡运动主要以工作团为基本力量。省动委会先后派

---

① 中共庐江县委党史研究室:《中国共产党庐江历史·第一卷》(1919—1949),北京:中共党史出版社,2013年,第80页。

遣 7 个工作团到肥西开展工作。工作团通过演讲活动、排演抗日话剧、教唱革命歌曲等多种形式宣传抗日。1938 年冬,上海流亡青年抗日宣传团来到三河,在街头和附近农村散发传单,书写标语,刊出"还我山河"大幅宣传壁画,演出《松花江上》《放下你的鞭子》等抗日戏剧。三河还乡青年还组织起来开展军事训练,高唱"军人军人要雪耻,日本侵略我,东北同胞做奴隶,赶快赴前线,杀尽倭奴,收复我山河!"①工作团所到之地,人民群众抗日情绪高涨。动委会的抗日宣传还得到了合肥地区上层人士的积极响应。先后担任六安县和合肥县县长的唐晓光,大力支持合作抗日,为动委会开展工作提供帮助,成为中共组织的可靠朋友。他还率县警备队,配合国民党军队连续拔除西乡周新集和烟墩集两个日伪据点,鼓舞了西乡民众的抗日信心。唐晓光不久后加入了中国共产党,于 1940 年进入新四军皖江抗日根据地。

在动委会的指导下,各地纷纷组织抗日后援会、抗敌协会、战地服务团等抗日团体,开展抗日宣传。1938 年 6 月肥东沦陷后,热血青年张帜、许用思、张学功、丁植民、王焯、王仲一等在石塘地区组织起了合肥东乡抗日救国会。同年秋,救国会在省动委会第 22 工作团的指导下,在阚集召开全县青年参加的抗日动员大会。与此同时,由共产党员裴济华率领的新四军战地服务团,在青龙厂、造甲店一带演话剧,街头演说,指导当地爱国青年组建青龙厂

---

① 中共肥西县委党史研究室:《中国共产党肥西地方史·第一卷》(1919—1949),合肥:安徽人民出版社,2008 年,第 136 页。

青年抗敌协会,活动范围扩大到广兴、古城等地。很快,合肥东北乡的大小集镇几乎都建立起青年抗日救国团体,参加青年数千人。青龙厂开明人士褚峻斋在中共统战政策感召下,深明大义,主动让新四军第四支队官兵进驻自家的庄园褚老圩,并积极为部队筹集给养——原来的地主庄园变为当地开展抗日救亡运动的中心。1939年春,新四军第四支队第八团政工队,与国民党梁园镇公所联合召开了梁

▲ 新四军第四支队女子宣传队

园各界抗日总动员大会,动员民众有钱出钱,有人出人,有枪出枪,支援抗战。到1939年夏,肥东地区的工抗、农抗、商抗、妇抗等抗日团体,如雨后春笋般迅速建立起来。

在合肥北乡,1937年底,张如屏、曹云露受党组织派遣,从延安回到家乡杨家庙一带,宣传中共抗日救国方针,在瓦埠上奠寺召开了抗日救亡大会,成立了由共产党领导的寿东南各界抗日后援会,建立抗日民族统一战线,组建抗日武装,团结起来共御外辱。1938年春,曹练白、曹伦等倡导组织了"醒狮"话剧团,在杨家庙、石家集、瓦埠街、保义集、三觉寺等大集镇上演抗战剧,教唱抗战歌曲,唤起民众抗日救国斗志。

1938年春,东北流亡抗日挺进队、新四军第四支队一部先后来到巢县地区开展抗日救亡宣传。5月初,中共皖中工委委员张恺帆和冯文华在炯炀河组建了一支抗日游击队,并于6月在巢北汪桥成立了临时县政府,公推民主人士李继康任县长,结束了巢县无政府状态。1939年4月7日至10日,县动委会在柘皋镇西门天主教堂公演《黄浦江边》《扫射》《在烽火中》《阳关之战》《枣花店》等抗日剧目,轰动一时,四里八乡的群众成群结队前往观看,收到了很好的宣传效果。由中共掌握的县动委会,在巢北地区举办了多期抗日军政干部训练班,培训了二三百名青年抗日骨干,对推动巢县抗日救亡工作,建立和发展抗日武装起到了很大的作用。中共巢县县委通过动委会这个合法组织,抓紧有利时机,在巢北地区大量发展党员,建立党的基层组织,使党领导的革命力量得到空前的发展和壮大。

在动委会的掩护下,庐江党组织积极发展抗日武装,先后组建了白石地区的魏兆宇游击队、石咀头地区的何泽洲游击队、柯家坦地区的叶雄武游击队、庐北林家圩的林宗盛游击队。1938年8月,新四军第四支队东进皖中抗日时,将这些抗日武装编入了第四支队游击纵队。县动委会还成立了各种民众抗敌协会。到1939年7月,全县建立各种抗日组织17个,会员6100多人。党组织还从动委会抽出一批党员骨干,参与国民党地方政权组建,掌握了部分基层政权。

(三)国民党军队抗击日军

全面抗战开始后,在统一战线的旗帜下,驻合肥地区的国民党爱国官兵,顺应潮流,与日本侵略者展开了殊死的搏斗。新四军鼎力相助,谱写了国共合作新篇章。

大蜀山争夺战。1938年5月14日,日军占领合肥后,出兵占领了西郊门户和制高点大蜀山,欲以此为依托,继续向六安方向进攻。为阻止日军西犯,进而威胁合肥城内日军,国民党第二十六集团军总司令徐源泉决定,集中罗树甲为师长的第一九九师和合肥警备司令宋世科所属兵力约8000人,夺取大蜀山阵地。防守大蜀山的为日军第四师团第八联队岛叶中村部。5月19日拂晓,第一九九师和合肥警备司令部各两个团分别由三十岗和城西桥秘密抵达二十埠、打鹰岗一线。9时40分,第一九九师与日军遭遇交火。位于十八大井方向的日军从侧翼将第一九九师包围,并派出飞机俯冲扫射。由于宋世科部没有及时对日军发起攻击,致使第一九九师两面受敌,伤亡惨重。师长罗树甲当机立断,命令师部预备队从南北两路援击。参战官兵抱着决死之心,与日军激战1个多小时,终于击溃强敌,迫使大蜀山日军丢弃阵地,向十里庙败逃。驻合肥城日军闻讯后,立即集合重兵,配备重型火炮,于当日下午4时许发起反攻。由于日军炮火猛烈,守山官兵伤亡较大。罗树甲见难以抵挡,遂命令部队撤出战斗,日军再次占领大蜀山。

5月22日晚,徐源泉总司令来到第一九九师驻地,命令该师夜间再攻大蜀山。经过5个小时的激战,再次收复大蜀山,并一度攻入合肥城,歼敌500余人。次日上午9时,日军又集中兵力,分两路向大蜀山疯狂反扑,密集的炮弹炸得树倒石飞,山上硝烟弥漫,战况异常惨烈。守山的第一九九师两营挺进队官兵英勇阻击,誓与大蜀山共存亡。由于援兵受阻,挺进队爱国官兵与日军鏖战2小时后,终因寡不敌众,全部战死在大蜀山阵地上。

下塘集遭遇战。1939年7月初,国民党第一三八师第四一二团奉命从大别山押运弹药至肥东梁园镇。5日晚宿营高庙店时,获悉日军将进攻吴山庙。为安全起见,该团决定改变行军路线,绕道寿县三义集,经钱集、下塘集方向前进。8日晨5时行至下塘集附近,与日军尾崎旅团田川联队先头部队遭遇。双方发生激烈战斗。日军投入兵力1500多人。由于第四一二团预先有所准备,各部协同作战,主动出击,将日军团团围住,四面攻击。田川联队孤军作战,多次突围都被粉碎。持续到晚间,日军乘着夜幕突围。此役共击毙日军大队长大泽阁以下官兵300余人。第四一二团伤亡、失踪近百人。

农蜀歼敌战。1940年1月3日晚9时许,日军合肥警备司令三浦中佐,率两个中队的兵力,出德胜门向西乡农兴集"扫荡"。次日拂晓,日军进至农兴集附近的周老圩时,被圩丁发现鸣枪警告。枪声惊动了到此赴宴未归的国民党第一三八师第四一四旅旅长郭少文。郭派警卫员向附近的第四一二旅旅长龙炎武求援。龙炎武命所属第八二三团驰援周老圩,同时电请驻合肥东乡新四军第四支队,越过淮南铁路,在大西门与大蜀山之间伏击打援。第八二三团紧急赶到周老圩,与日军展开激战。郭少文突围后率领所部反攻夹击日军。日军陷入包围,死伤大半,残部企图突出农兴。龙炎武旅分兵两路,穷追不舍,乱枪击毙三浦中佐。残余日军似丧家之犬,争相逃命。新四军第四支队政委戴季英亲率一部,于1月4日傍晚越过淮南铁路在城西十里店设伏。5日凌晨,日军派部队出城支援,刚走十余里,就进入新四军第四支队包围圈。一时枪声大作,数十名日军当场被击毙,残敌仓皇逃回合肥城。当日上午,日军小琦少将奉命从蚌埠乘火车赶到合肥指挥,也被龙炎武旅炮火击中丧命。农蜀之战,日军惨败。是役,共歼灭日伪军300余人,缴获六零炮数门,轻机枪数挺,步枪300余支。

梁园保卫战。梁园是皖东重镇,历来兵家必争。1941年2月18日下午,日军从淮南铁路沿线抽调兵力1000多人,包围了合肥东乡梁园镇,先用炮火猛烈轰击,然后发起攻击。驻守梁园的国民党第一三八师第八二八补充团副团长李丕成,率一营官兵浴血抗击,从下午战至夜间,打退敌人数次进攻,仅在北头岗碉堡的前沿阵地上,日军就陈尸百余具。次日拂晓,日军炮毁碉堡上层,蜂拥而上。据守碉堡的一营一连官兵,利用堡下掩体顽强抵抗,又击毙日军100多人。至午后,连长卢明负伤,几名排长相继阵亡,全连仅剩下24人,才不得不撤出阵地。日军进占梁园后,疯狂报复,杀人放火,抢掠财物。此时,闻讯赶来支援的新四军第四支队第八团第二营,在营长朱绍清率领下,分兵两路,从镇东、北两面突袭日军。日军仓皇逃离梁园。此役,国共两军共歼灭日军300多人,重伤数十人。梁园镇中街2000多间民房全部被日军烧毁,无辜群众160多人在战火中丧生。

1943年1月27日,日军再次进犯梁园。在6架飞机的掩护下,日伪军4000人分别从古河、合肥、下塘等据点分四路于当晚逼近梁园,次日凌晨发起猛攻。驻守梁园的国民党第一七一师第五一一团两个营,在副团长谢吉方指挥下,依托碉堡、壕沟等工事,打退日伪军多次进攻。

▲ 梁园保卫战阵亡将士纪念碑

从镇西北管湾村进犯的日军600多人,被埋伏在张圩、陈岗两村之间的机枪二连四排死死压制,80多人被击毙。四排长方良才和机枪手李子荣先后阵亡。驻守镇北的二营四连击退了800多名日军的进攻,打死日军数十人。南边的一营二连打退日军的多次进攻。拂晓后,日军从四面同时发起强攻,战况趋于白热化。国民党守军与日军展开了激烈的肉搏战,一营副营长和4个连长相继阵亡,副团长谢吉方亦身负重伤。由于防守镇西的肥东办事处中队长徐敬三畏敌弃阵,致使日军从西部攻入。国民党两营官兵

伤亡过半,于当日深夜突围撤出梁园镇。29日凌晨,处于外围防守的新四军第四支队第九团第二营,在营长徐佩洲率领下赶来支援。日军见势不妙,随即弃镇向合肥逃逸。是役,国共两军共歼俘日伪军800多人,己方也付出了伤亡500多人的代价。

(四)地方武装的抗日斗争

面对日本侵略者的暴行,合肥、庐江、巢县地区广大民众及爱国人士,在中共党组织的指导和帮助下,纷纷组织起来,拿起武器,保卫家园,开展广泛的群众性抗日游击战争。

淮南抗日义勇军。1938年9月,进步青年张帜、许用思与爱国人士阚伯衡等,在新四军第八团民运干部周利人的帮助下,在合肥东乡成立了淮南抗日义勇军大队,阚伯衡任大队长,拥有100多人、80余支枪。队伍成立后,立即在石塘、马集、阚集、王铁、桑园、龙城一带开展了抗日锄奸的游击斗争,并组织和发动群众,为新四军筹措粮款,解决给养问题。1939年11月,张帜等人以淮南抗日义勇军一部为基础,联合在肥东石塘桥一带活动的共产党员和进步青年,成立了石塘地区抗日游击大队,张帜任大队长,新四军江北游击纵队第二大队委派张灿明任教导员。

舒(城)六(安)合(肥)抗日支队。该支队的前身是合肥游击队,成立于1938年5月合肥沦陷之时,队长桂俊亭。这支抗日武装经常活动在合肥西乡大潜山地区,在抗日斗争中不断发展壮大。同年7月,扩编为舒六合抗日支队,下辖三个大队、一个特务中队,有队员700多人。扩编后的舒六合抗日支队,在三县边界地区广泛开展抗日游击斗争,不断打击日本侵略者:夜袭日军驻桃溪的师团部,毙伤日军20余人,烧毁敌军在桃溪的汽油站,炸毁日军军用仓库;在花子岗合安公路伏击烧毁日军军车3辆,车上20多名日军全部被击毙。1939年7月,舒六合抗日支队整编为新四军第五支队第五团第二营,开赴皖东敌后战场。

肥南抗日游击队。全面抗战开始初期,共产党员赵干臣等人以合肥县动委会名义组织了一支抗日游击队伍。1938年5月,日军大举进攻肥南时,马实、宋德渊受安徽工委书记曹云露派遣来到肥南,帮助赵干臣将这支武装改编为肥南抗日游击队,赵干臣任队长,有队员500多人。游击队配合新四军第四支队多次在合安公路伏击西侵日军。接着,又在第四支队第九团支持下,突袭南乡烟墩集地方反动武装,夺取重机枪2挺、轻机枪4挺及其他一些枪支弹药,改善了游击队的武器装备,给当地的亲日土顽分子以沉重打击。1939年春,肥南抗日游击队整编为新四军第四支队第九团第三营,随主力部队东进抗日。

安徽人民抗日自卫军第二路军。这支部队成立于1938年3月,由各路民众武装1000余人组建而成,爱国人士李武德任司令,指挥部设在合肥北乡下塘集。日军占领合肥后,为进攻武汉,常有大批装载物资的军车沿合安公路西进。为迟滞日军西犯,抗日自卫军多次破坏公路,伏击日军。此后,自卫军还在防虎山、官亭、三十岗等地,多次袭击日军营地,毙伤日军多人,缴获一批枪支弹药和其他军用物资。1939年春,国民党安徽省政府以改编为名,将自卫军撤销。自卫军大部分解散,一部分参加了新四军。

巢县民众抗日游击大队。该部队由黄山抗日游击大队和巢县人民抗日自卫军游击大队两部分组成。1938年5月,巢城沦陷后,共产党员冯文华、张恺帆在西撤难民中挑选13名青壮年,成立了巢县抗日游击队,在黄山西峰一带袭击日军、收缴反动的大刀会的武器、抢夺日军军粮分给农民,受到群众热烈拥护,许多爱国热血青年踊跃加入游击队,队伍很快扩展到200多人。同年夏,由马忍言、舒政海在霍山组建的巢县人民抗日自卫军游击大队,与省动委会所属第32工作团,一同返回巢县开展抗日救亡运动。1938年9月,两支队伍合并,成立了巢县民众抗日游击大队(简称"巢抗"),吴华夺任大队长,张恺帆任教导员。新四军第四支队还抽调一批骨干,充实到"巢抗",队伍很快发展到400多人。9月下旬,"巢抗"配合第四支队第八团第一营攻击柘皋日军,从傍晚战斗到深夜,共毙敌30多人、缴枪10余支,把日伪军赶出了柘皋。1939年2月,"巢抗"再次配合第四支队第八团,在巢北、肥东交界的方老人洼、东山口地区,粉碎了日伪军700多人的"扫荡",歼敌百余人。"巢抗"的一系列胜利,极大鼓舞了巢北地区抗日军民的斗志,震慑了敌军。在抗日军民的打击下,驻巢日伪军不敢远离城镇,仅龟缩在淮南铁路沿线的中垾、烔炀河、桥头集等几个大的据点碉堡中。

庐江地方抗日武装。1938年夏,由国民党庐江县常备队撤出的部分武装和沙溪地区农民协会一支自卫队合编，组建了庐南郑子争游击大队。开始只有30多人，后经发展壮大，于1938年10月改名为新四军第四支队江北游击第一大队，下辖3个中队，有180余人、近百条枪，郑子争任大队长。同月，游击大队在军铺公路截击日军，击毙日军2人，缴枪2支。11月，在无为县黑沙洲击沉日军橡皮艇一只，击毙日伪军10多人，缴枪8支、子弹百余发。其后，游击大队相继到桐城、浮山一带剿匪，生擒匪首杨角乌。同年底，日伪军自芜湖侵犯太阳洲，国民党军队不战自退，游击大队由无为襄安渡出击，毙伤日伪军10人，追击10余里，残敌仓皇逃遁。庐北何泽洲游击大队（又称舒庐无桐四县游击大队），成立于1938年6月，由白石山一部分农协会员组成，大队长何泽洲，政委林英坚。游击大队在无为、庐江、巢县边界地区活动，后编入新四军第四支队第二游击纵队、新四军江北游击纵队。

三、党组织的重建和发展

（一）中共安徽工委及合肥北乡党组织的建立和发展

抗日战争时期的中共合肥地方组织，是在第二次国共合作的基础上，随着抗日救亡运动的全面兴起而恢复发展起来的。抗战爆发前，一直在皖中地区坚持秘密斗争的有中共皖西北特委、合肥特区委等地方党组织。

全面抗战爆发后,中共中央非常重视南方各地党的工作,指示各地党的秘密组织,改变领导方式和工作方法,重新训练党的干部和党员,号召"共产党员及其所领导的民众和武装力量应该最积极地站在斗争的最前线,应该使自己成为全国抗战的核心,应该用极大力量发展抗日的群众运动"。[①] 1937年夏,在合肥、巢县一带秘密活动的中共皖西北特委负责人刘敏、曹云露、张如屏、孙仲德等先后赴延安与中共中央取得了联系。1937年底,中共中央为了迅速恢复皖西北地区各级党组织、开展敌后抗战工作,把正在延安学习的曹云露、张如屏提前派回安徽。1938年1月,中共安徽工作委员会在寿县杨家庙(今属长丰县)成立,书记曹云露,组织部长兼统战部长张如屏,宣传部长宋天觉,隶属中共河南

▲ 中共安徽工委旧址纪念碑

---

① 《中国共产党为公布国共合作宣言》,1937年7月15日。

省委。安徽工委主要活动于寿县、霍邱、六安、合肥、凤台等县,担负着恢复、重建和发展党组织的艰巨任务。

安徽工委成立后,先后在寿县、霍邱、六安等县恢复了董吉贤、曹云鹤、邹同礽、涂仲庸等人的党籍,发展罗平、汪胜文、孙以瑾等人入党。后随着党员人数的增加,成立了中共六安县委,邹同礽任书记。工委还在寿东南地区相继建立了中共杨庙、茶庵集两个区委和霍邱特支,以及14个基层党支部,同时组织了青抗会、农抗会、动委会等抗日团体。

此外,安徽工委还积极发展抗日武装,于1938年1月成立皖北抗日游击支队(后改称凤阳抗日游击大队),集中200多人,由张如屏率领,开赴抗日前线,于5月2日攻打了凤阳城。这是安徽工委领导的抗日武装在安徽打响的第一仗,政治影响很大,国民党《武汉日报》也给予了报道,称赞游击队"进袭凤阳城,颇为得手"。①

1938年2月,日军侵入安徽后,国民党安徽省会由安庆迁至六安。中共中央根据这一情况,及时发出开辟大别山区工作的指示。中共中央长江局先后派彭康等一批党的干部到六安,于同年4月成立中共安徽省工委,由彭康任书记,李世农任组织部长(后改为刘顺元),张劲夫任宣传部长,谭光廷任军事部长。原中共安徽工委撤销,在隐贤集组建了中共寿县中心县委,书记曹云露,委

---

① 中共安徽省委党史研究室:《中国共产党安徽地方史》(第一卷),合肥:安徽人民出版社,2000年,第280页。

员张如屏、涂仲庸、董吉贤。1938年8月,中共皖北中心县委(黄岩任书记)成立,负责寿县、凤台、合肥、六安、霍邱等地党的工作,原中共寿县中心县委改建为中共寿县县委,涂仲庸任书记。

(二)合肥西乡党组织的建立和发展

中共合肥工委。1938年12月,皖北中心县委为开辟合肥西乡党的工作,根据安徽省工委的指示,在肥西建立了中共合肥工委,宋天觉任书记,宋德渊等人为委员,隶属皖北中心县委。为适应新四军向津浦路东发展的形势,1939年3月,根据鄂豫皖区党委的指示,将寿县、合肥划归中共苏皖省委领导,合肥工委奉命撤销。

中共肥西工委。1938年6月,合肥县动委会在县政府所在地鸽子笼(镇)成立后,一度被国民党合肥县党部把持。为了打开肥西抗日运动的局面,1939年9月,中共党组织通过省动委会推荐,由省主席廖磊委派进步青年唐庆甫(唐晓光)出任合肥县长,同时,六安中心县委还通过省动委会,将共产党员田兰田派到合肥县动委会担任指导员,利用合法身份开展革命工作。前来协助工作的赵平、赵翅生、李维知、夏冰流等共产党员,均被安排在国民党县政府、动委会及抗日工作团体中担任要职。

同年10月,中共肥西工委在西乡大潜山毛竹园(今属铭传乡)成立,田兰田任书记,李维知、赵翅生等为委员。肥西工委在县动委会和工作团中设立了党支部。工委的主要任务有两个:一是宣传党的抗日主张,通过省动委会派来的工作团,动员、团结各阶层民众合力抗战;二是发展党组织,成立了中共大潜山地下工作小组,先后在雷麻、高刘、中派、聚星、雀儿山等地恢复和建立了党的小组、支部。1940年初,田兰田因身份暴露,撤离到津浦路东抗日根据地,夏冰流接任工委书记。随着抗战进入相持阶段,国民党顽固派不顾抗日大局,不断制造反共"磨擦"。为避免冲突,减少损失,1940年4月,肥西工委成员陆续撤离肥西地区,工委活动终止。

(三)合肥东乡党组织的恢复和发展

1938年5月合肥失守,日军打通津浦、淮南铁路线后,国民党势力纷纷退入大别山及以西地区,淮南铁路沿线及皖东地区几乎成了真空地带,中共在这一地区的政治力量非常薄弱,形势迫切需要党在淮南线以东地区动员组织民众,开展敌后游击战争,建立抗日根据地。5月22日,徐州失守后,中共中央指示长江局:"在津浦以东、陇海以南、长江以北的江北广大地区内,即应建立一个能独立领导工作的工委,其任务为发展游击战争。"[1]1938年8月,根据中央指示,长江局决定成立中共皖东工作委员会(1939年4月改为苏皖省委),任命刘顺元为皖东工委书记,李世农为组

---

[1] 中共中央书记处:《关于徐州失守后华中工作的指示》,见中国人民解放军历史资料丛书编审委员会:《新四军文献(1)》,北京:解放军出版社,1994年,第114页。

织部部长,喻屏为宣传部部长,谭光廷为民运部部长。皖东工委成立后,主要活动在津浦路西地区,包括巢县、全椒、定远、滁县、含山、和县和寿县、合肥部分地区。

1938年9月,新四军第四支队第八团东进抗日,越过淮南铁路进至合肥东乡梁园一带后,派出民运股股长周利人等深入乡村,动员组织广大民众奋起抗战,并在梁园地区发展了一批党员。1939年春节后,谭光廷以教书先生身份从巢县柘皋来到梁园,与周利人汇合后,于3月在小陆岗村成立了中共肥东工委(4月更名为合肥工委),谭光廷任书记,下辖合二区委和梁园区委,并相继建立了大陆岗、小陆岗、大张村、梁园镇、石塘、阚集、王铁、龙城等基层党组织。肥东工委成立后,主要任务是组织各界抗日团体,发展抗日武装,为新四军输送力量,动员各阶层人士为部队筹粮、筹款,购买枪支弹药。1939年6月,谭光廷离开梁园后,新四军第五支队第八团政治处副主任何绪荣接任合肥工委书记。

为进一步放手发动群众、扩大抗日武装、建立抗日根据地,1939年11月,苏皖省委指示撤销合肥工委,在肥东青龙厂褚老圩成立以涂仲庸为书记,时生、许文虹、何绪荣为委员的中共合肥中心县委,下辖合二区委和造甲店区委及合肥独立游击大队。此时,国民党顽固派在皖东地区不断制造"磨擦"事件,局势已十分紧张。合肥中心县委除了开展民运工作和发展党组织外,当时的主要任务是接送从大别山撤出来的党政干部、动委会和工作团人员,把他们安全转移到皖东地区。从1939年冬到1940年春,国民党在全国发动了第一次反共高潮。华北第一次反共高潮失败后,蒋介石将反共中心转向华中,重点是皖东地区,密令李品仙部与韩德勤部以对日军发动冬季攻势为名,从东西两面夹击皖东新四军,进攻抗日根据地。1940年3月,国民党军队炮轰褚老圩,公开挑起"磨擦",形势趋于恶化,合肥中心县委随新四军江北纵队第二大队撤至定远县朱家湾。

随着合肥中心县委驻地被炸,国民党已由政治上反共发展到军事上进攻。1940年春,为策应韩德勤反共,国民党桂系第一三八师和安徽省保安第八团分别越过淮南铁路,进入合肥东乡梁园、元疃、草庙集、花张集、八斗岭和王子城一带,多次进攻新四军皖东根据地,整个皖东地区大部分被国民党军队占领。

为了坚持敌后斗争,同年5月,津浦路西省委决定抽调干部到肥东广兴集一带活动,并成立中共合肥县委,书记岳炎(严佑民),同时建立了合六区抗日民主政府。1940年6月初,国民党桂系部队大举进攻古城一带,合肥县委被迫撤离肥东,岳炎调任新四军江北指挥部教导大队教导员。为打退国民党掀起的反共高潮,6月中旬,新四军第四、第五支队集中主力,在古城地区展开猛烈的自卫反击战,取得了反顽斗争的重大胜利,迫使国民党军回撤。经过谈判,双方达成以淮南铁路为界的停战协议,皖东抗日根据地推进到王子城、梁园、石塘桥附近。

1940年7月,皖东军政委员会书记郑位三、津浦路西省委宣传部长喻屏,在定远县界牌集召开会议,成立中共肥东县委,指派

省委组织部干部科科长曾昭生担任县委书记。县委成立后,主要以广兴集为活动中心,发展党组织,建立抗日民主政府,组建抗日武装。9月初,国民党军第一三八师、第一七六师乘日伪扫荡津浦路东之机,复占王子城、广兴集、界牌集等地,曾昭生调任凤阳县委书记,肥东县委活动停止。

9月中旬,岳炎等人重返肥东地区,在王子城恢复了合肥县委的工作,建立了合二、合六两个区委,推动成立了合肥东南各区联合办事处,童汉璋任主任,下辖合六区和合二区两个抗日民主政府。办事处成立后,发动群众支前和救护伤病员,为部队筹粮筹款;团结一切抗日力量,广泛推行民主;贯彻减租减息、合理负担政策;开办学堂夜校,帮助贫苦儿童和农民提高文化水平,等等。此时,由于敌我力量悬殊,津浦路西根据地一再缩小,大部分干部、家属和伤病员都已撤到津浦路东。岳炎随同留下坚持斗争的一支武装,本打算去开辟寿东南地区,因形势变化,于11月底转移到凤阳县。

1941年1月皖南事变后,国民党掀起第二次反共高潮,江淮大地乌云笼罩。1月上旬,桂系第一三八师、第一七六师相继进犯肥东周家岗、界牌集、广兴集等地。与此同时,日伪军也于1月下旬调集3000多人,分两路向淮南津浦路西中心区全面扫荡。根据地军民奋起反击,粉碎了日伪军的进攻。由于桂系第一三八师在日伪军的扫荡中损失较大,调回大别山休整,津浦路西"磨擦"暂趋缓和。4月,合肥县委恢复了在肥东广兴集的活动,艾天白、岳炎、刘鸿文先后担任县委书记。同时,津浦路西联防办事处决定,以广兴集为中心建立合肥抗日民主政府,刘鸿文任县长。合肥县委、县抗日民主政府开展了根据地各项建设,建立了"三三制"政权,扩大了抗日民族统一战线,受到各界群众的欢迎。大力开展民运工作,成立了农抗、商抗、青抗、妇抗等群众组织,动员青壮年参加抗日队伍。开荒种地,修筑塘坝,开展大生产运动,解决根据地的供给困难。1940年10月,桂系部队为策应淮北汤恩伯集团东犯,再次侵占了广兴集、王子城、周家岗等地,合肥县委、县政府被迫撤离肥东,转移到全椒县孤山地区活动。

(四)合肥跨区域党组织的建立和发展

中共全合县委。作为通向皖东、皖江根据地的重要通道,国民党从未放松对合肥的控制,多次侵犯广兴集、古城、周家岗等合肥县委和新四军活动的中心区域。到1942年初,合肥的大部分地区被国民党控制。有鉴于此,津浦路西区党委决定取消合肥县建制,另成立全(椒)合(肥)县。同年4月,转移至全椒孤山地区的合肥县委,与全西工委合并,成立全合县委,刘鸿文任书记。

中共定合县委。1942年是淮南抗日根据地最艰难的时期,日伪军频繁扫荡,桂系李品仙部不断挑起反共"磨擦",加上严重的旱情,根据地面积缩小到7200平方千米。8月,津浦路西区党委决定撤销全合县,另成立定合县委和定合县抗日民主政府,刘鸿文任县委书记兼县长。定合县委、县政府成立后,加强党的建设,积极发展优秀分子入党,巩固、扩大统一战线,开展生产互助运动,减租减息,改善人民生活,加强民兵建设,工作卓有成效。

中共合巢工委。皖南事变后,为了开辟新四军第二师、第七师之间的交通线,原合肥县委书记岳炎,奉第二师领导命令,率淮南游击支队到肥东西山驿、山王集一带开辟新区,并于1941年10月成立了中共合巢工委,书记岳炎,委员林轩、宣济民、王焯,隶属津浦路西区党委领导。1942年1月,淮南游击支队打掉了国民党王铁地乡公所后,遭到国民党军队的围攻,撤往巢南高林桥。因与第二师失去联系,武装划归第七师,工委改属皖中区党委领导。

中共巢合庐中心县委。1942年5月,淮南游击支队与在巢南地区活动的桂俊亭、程明远两支游击队合并,成立巢湖独立营,并成立中共巢合庐中心县委,程明远任书记,隶属皖中区党委领导,原合巢工委撤销。同时成立了巢合办事处,张帜任主任。办事处按照"三三制"原则,建立了磨店区政府、西山驿区政府;成立了护商大队,护送往来商人及保护税收工作,保证军需供给;扩大武装,动员青年参军,组织生产,征粮筹款。11月,巢湖独立营改编为巢湖独立团,团长顾鸿,政委杨杰英,下辖三个大队。

1943年2月,新四军第七师师部决定所属部队地方化,建立了四个支队,其中在巢湖独立团基础上建立巢湖支队,司令员唐晓光,政委余再励。同年春,根据中共中央《关于统一抗日根据地党的领导及调整各组织间关系的决定》和华中局的统一部署,皖中区根据地实行党政一元化领导,区党委对巢合庐中心县委作了相应调整,由余再励任书记。县委先后建立了7个区委,其中合肥境内的有西山驿、磨店、肥南、吴店和西黄5个区委。

中共巢合县委。1943年3月,为了开辟与淮南津浦路西新四军第二师的交通线,巢湖支队奉皖中新四军第七师命令,由巢南转向巢北,进入肥东白龙厂南部地区活动,更名为巢北支队。7月,巢合庐中心县委也由巢县高林桥迁到肥东白龙厂,改名为中共巢合县委,书记程明远。巢合县委下辖9个区委,合肥5个、巢县4个。10月,为了便于工作和协调指挥,新四军军部决定,巢北支队驻巢北地区的第一、第二大队划归第二师管辖,巢合县委改属津浦路西地委领导。

巢合县委、巢合办事处管辖范围南濒巢湖、北到白龙厂、东至巢城、西到合肥城边,牢牢控制着新四军第二、第七师的交通联络线,一直到抗战胜利。1945年9月,日军投降后,为了贯彻中共中央提出的"向北发展,向南防御"的方针,皖中解放区的党政军人员奉命北撤,巢合县委撤销,一部分人员和地区并入定合县。巢合办事处亦于11月北撤时停止活动。

抗战时期,合肥地区日伪顽及地方势力错综复杂,形势变化多端,中共各级组织变动频繁。尽管如此,党在复杂斗争形势中,依然在合肥地区深深地扎下了根,显示了无限的生命力。上述各个跨区域党组织的建立和演变,正是适应斗争环境变化而变化的。党还在这些地区建立了各级抗日民主政权和根据地,领导人民群众开展大生产运动和减租减息运动,组建各级地方武装和抗日群众组织。根据地半数以上的青壮农民参加了区乡抗日武装和民兵自卫队,百分之八十的农民群众参加了农抗、青抗、妇抗等群众组织。所有这些,对开辟抗日游击区,保护新四军第二师、第七师之间的交通联络通道发挥了极其重要的作用,为巩固皖东、皖中两个抗日根据地做出了积极贡献。

(五)巢县和庐江党组织的建立和发展

巢县党组织的恢复和发展。1937年8月中旬,中共党员张恺帆、桂蓬从国民党苏州监狱获释,回到张恺帆老家皖中无为县从事抗日活动。11月,南京中共中央代表团派李世农到无为,成立中共皖中工作委员会,李世农为书记,张恺帆、桂蓬为委员,奔赴巢县、庐江、舒城等地开展工作。1938年初,李世农、桂蓬、张恺帆等先后来到巢县,协助冯玉祥的胞侄、进步人士马忍言开展抗日救亡运动。1938年7月,安徽省工委派中共党员时生到巢县建立党组织。9月,中共巢县特别支部成立,时生任书记。巢县特支成立后,以巢县动委会名义,在巢北举办军政干部培训班,培养抗日骨干力量,吸引了一批爱国青年走上革命道路。

7月下旬,舒政海、罗希林领导的巢县抗日人民自卫军游击大队(巢抗大队)来到巢南地区,与共产党员魏兆雨汇合,成立了中共巢南工作委员会,魏兆雨任书记,同时组建了巢南行政办事处,舒政海任办事处主任,在巢南地区代行政府职责,为党在巢南立足和开展抗日救亡工作铺平了道路。由于日军占领巢城和淮南铁路线后，巢县被分割成南北两块，巢北虽有国民党政权机构，但无法管理巢南事务，所以巢南工委及行政办事处的建立，对稳定民心、维护地方秩序发挥了重要作用。

1938年5月日军占领淮南地区后，以刘顺元为书记的中共皖东工委，在新四军第四支队的配合下开展党的工作。1938年底，皖东工委由舒城经庐江迁到皖东，并在巢县柘皋驻扎了4个月时间。皖东工委之所以停驻柘皋，是因为当时巢县国共两党合作抗日的形势很好，有利于工委开展工作。当时，日军只占领了巢县县城和淮南铁路沿线，巢湖南北广大地区均为国共两党所控制。巢县党组织积极与时任国民党县长马忍言团结合作，使得巢县民众动员工作扎实、深入，人民群众抗日情绪高涨。党领导的巢县抗日游击大队在对敌斗争中得到了锻炼，已具有一定的作战能力。

皖东工委的到来，促进了巢县党的发展和组织建设。1938年12月，皖东工委将原巢县特支改为巢县县委（书记鲍有荪），并抽调工委机关党员干部充实到县委中。巢县县委成立后，开展抗日宣传，建立工、农、青、妇、商、文等抗敌协会，并在巢北地区农村集镇大量发展党员，建立组织，使巢县党的组织和党员队伍获得了前所未有的发展。到1940年底，先后建立了3个中心区委、8个区委以及24个党支部，发展党员五六百人，党员和党组织遍布巢北乡镇。

庐江党组织的恢复和发展。抗战爆发后，庐江籍中共党员何泽洲、胡延沐、夏长根、杨继武、魏兆群等，积极响应党的号召，纷纷纷返回家乡,从事抗日救亡活动,并通过各种途径寻找党的关系。1938年初,皖中工委负责人李世农、桂蓬分别赴庐南、庐北地区指导工作,并通过党掌握的庐江县动委会和抗日救亡团体,团结、吸引了大批进步青年,为党组织的恢复奠定了基础。1938年春,胡昌耕与进入庐江的新四军第四支队第八团政治处取得了联系。经中共安徽省工委审查批准,恢复了杨继武、胡昌耕、马本龙、吕汉祥等5人党籍,并组建了中共庐江工委,书记胡昌耕。庐江工委成立后,接收了新四军第四支队掌握的庐江各地的党员组织关系,加快了党组织的恢复和重建工作。至1938年秋冬,庐南已建立11个支部,党员发展到300余人,庐北恢复和建立了14个支部,发展党员200余人。

1939年2月,舒城中心县委改为舒无地委(书记黄岩,地委机关驻庐江东汤池)后,在庐江金牛镇召开舒城、庐江、无为、桐城、巢县5县党的代表会议,提出当前的主要任务是继续发展党的组织、扩大武装、巩固抗日统一战线。3月,舒无地委决定将庐江工委改为庐江县委,书记胡昌耕(后改为王心波),委员先后有孙湘、桂林栖、李岩、郑曰仁、张平。庐江县委成立后,先后建立发展了庐南、庐北、沙溪、黄泥河4个区委及42个基层支部。

1939年秋,国民党安徽省当局奉行"溶共、防共、限共、反共"政策,桂系军队在皖中不断制造反共"磨擦"事件,反共浪潮波及庐江县,形势不断恶化。9月,县委书记王心波在从庐城回东汤池的途中失踪。为了适应新的斗争形势,舒无地委决定将庐江县委一分为二：庐城以北地区，另成立巢庐县委（亦称庐北工委），书记桂林栖；庐城以南地区成立新的庐江县委（亦称庐南工委），书记郑曰仁。巢庐县委成立后，以庐北白石山为中心，沿巢湖向东西方向发展，恢复和发展党组织，开展敌后游击斗争，保障从大别山向皖东根据地撤退人员的安全。

1940年春，国民党桂系军队在皖中公开挑起武装冲突，袭击新四军江北指挥部驻庐江东汤池留守处，进攻新四军江北游击纵队。5月，舒无地委及江北游击纵队大部撤往皖东根据地，巢庐县委奉命留下坚持工作。7月，为了统一领导皖中党的工作，津浦路西省委决定成立巢湖地委，书记周新武，副书记纪正。巢湖地委由江北游击纵队巢县独立营掩护，在巢县西北的淮南铁路两侧发展党组织，开展抗日游击斗争，并指导中共和含巢无中心县委、桐庐潜怀中心县委和巢庐县委的工作。与此同时，由桂林栖领导的巢庐县委，在庐北白石山组建了巢湖游击队，活动于巢湖水上及沿岸的白石山、盛家桥、快林咀一带，伺机恢复巢湖周边及巢县、庐江地区的抗日游击根据地。

第六章

挥师东进

　　1938年春,国共合作建立抗日民族统一战线后,在鄂豫皖边区坚持三年游击战争的红军游击队,被改编为新四军第四支队,东出大别山,开赴舒城、合肥、庐江、巢县等皖中抗日战场。第四支队抵达皖中敌区后,迅速实施战略展开,取得蒋家河口等一系列战斗的胜利。新四军江北指挥部成立后,指挥部统一指挥新四军江北部队,贯彻了新四军东进抗日的战略方针,开辟了淮西抗日游击区,推动了皖东、皖中根据地的建立和发展。皖南事变发生后,重新组建的新四军第二、第七师,放手发动群众,大力发展武装力量和扩展游击区,推动解放区的政权建设,同时开辟了新四军第二、第七师的交通联络线,使皖东(淮南)、皖中(皖江)抗日根据地得到进一步巩固和发展。

一、新四军第四支队东进抗日

(一)第四支队的组建

新四军第四支队是在 1938 年 2 月组建的。第四支队的前身是在大别山鄂豫皖边区坚持三年游击战争的红二十八军,以及桐柏山鄂豫边区的红军游击队。

卢沟桥事变爆发后,中国共产党发出通电,呼吁实行全民族抗战,促成了第二次国共合作。在这种形势下,鄂豫皖边区党和红军的最高领导人高敬亭①,适时进行战略转变,主

▲ 新四军第四支队司令员高敬亭

动与国民党地方当局进行谈判。双方于 1937 年 7 月 27 日达成停战协议,初步实现了区域性的国共合作。从 1937 年 8 月上旬开始,红二十八军所属部队陆续向湖北黄安七里坪集结。

---

① 高敬亭(1907—1939),河南省光山县董店(今属新县)人,1929 年加入中国共产党。曾任中共中央鄂豫皖分局委员、鄂豫皖省委常委兼组织部长、鄂豫皖边区苏维埃政府主席。1934 年 11 月,红二十五军长征北上后,高敬亭奉命重建红二十八军并任政治委员,在大别山坚持了三年艰苦卓绝的游击战争,成为鄂豫皖边区党和红军的主要领导人。

1937年10月,在中国共产党的努力争取和积极推动下,国共谈判达成协议,将原活动在南方八省边界地区的红军和游击队,改编为国民革命军新编第四军。1937年12月,新四军军部在汉口成立。1938年1月,新四军军部移驻南昌。1938年1月22日,中共中央长江局决定,由高敬亭、郑位三、吴先元、郑维孝、林维先、胡继亭及政治部主任7人组成新四军第四支队军政委员会,高敬亭为主席。[①]

1938年2月,根据中共中央指示,红二十八军和鄂豫边区红军游击队正式被改编为新四军第四支队,高敬亭任司令员,林维先任参谋长,肖望东任政治部主任(后由戴季英接任)。支队下辖第七团、第八团、第九团、手枪团和一个直属队,共3100余人。其中,第七团团长杨克志、政委曹玉福,第八团团长周骏鸣、政委林凯,第九团团长顾士多、政委高志荣,手枪团团长詹化雨、政委汪少川,直属队包括传令排、特务连和学兵连。

1937年底至1938年初,由于国民党军队节节败退,日军沿长江和津浦路长驱直入,致使华中东部地区大部沦陷。针对抗战初期的华中形势,中央军委和毛泽东于1937年12月底电示周恩来、项英:"高俊[敬]亭率部可沿皖山山脉进至蚌埠、徐州、合肥三

---

① 《中共中央代表团与长江局关于鄂豫皖工作的决议》(1938年1月22日),见合肥市新四军历史研究会:《新四军第四支队组建与发展》,合肥:安徽人民出版社,2003年,第98页。

点之间作战"①,抓住有利时机,尽快开赴抗日战场。

遵照中央军委指示和新四军军部关于东进皖中的命令,1938年3月8日,第四支队第七、第九团从湖北黄安(今红安)七里坪,第八团从河南信阳邢集分别誓师东进,于3月下旬在皖西立煌县(今金寨县)流波疃汇合。4月上旬,第四支队在高敬亭司令员的率领下向皖中地区挺进。途中,因高敬亭生病,经中共中央长江局批准后留后方养病,部队由戴季英、林维先率领经霍山、六安继续东进,4月中旬在庐江、无为、舒城、桐城和巢县地区展开。5月,高敬亭病愈后,率手枪团和后方机关进至舒城东、西港冲指挥部队作战。至此,第四支队全部进入皖中地区,揭开了东进抗日的序幕。

(二)首战蒋家河口

1938年5月初,新四军第四支队抵达皖中地区后,迅速开展抗日活动。第九团一分为二,团长顾士多率团部和一营在庐江、巢县交界处的盛家桥、槐林咀一带发动群众,开展抗日宣传;政委高志荣带领团侦察队和二营进入巢县银屏山敌占区,侦察敌情,寻找战机。

连接巢湖和长江的裕溪河,两岸土地肥沃,物产丰富,素有"鱼

---

① 中国人民解放军历史资料丛书编审委员会:《新四军文献(1)》,北京:解放军出版社,1994年,第371页。

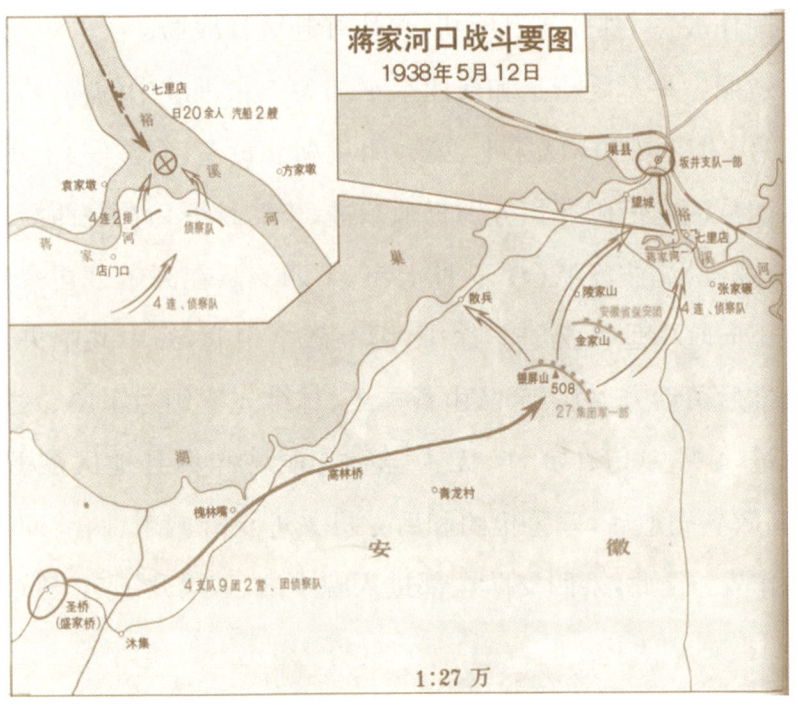

▲ 《蒋家河口战斗要图》

米之乡"的美称。可是此时的裕溪河已大部沦陷,村村有哭声,处处有难民,到处一片凄凉景象,老百姓纷纷逃难。日军占领巢县后,不断派出小分队,下乡"扫荡",到处抢掠。老百姓愤恨至极,盼望抗日部队严惩日军。距离县城东南10余里,紧挨着裕溪河西岸的蒋家河口,是日军骚扰和抢劫的主要地区。日军几乎每天上午八九点钟都会从县城出发到蒋家河口,有时坐汽船,有时乘木船,每次十几人到几十人不等,上岸后就在附近的村庄抢掠家禽和财物,午饭前满载而归。

经过周密侦察,第九团侦察队已把日军的活动时间、地点、人数、武器装备和活动特点摸得一清二楚。团政委高志荣召集营、连干部开会研究,决定利用蒋家河口河道纵横、芦苇茂密、地形复杂的特点,打一个伏击战,挫一挫日军的锐气,并制订了具体的作战计划。5月12日拂晓,二营营长黄仁庭、团侦察参谋郭思进,率团侦察队和二营四连按预定计划进入埋伏地点:团侦察队隐蔽在河堤西岸河埂后面,从正面截击日军;四连二排隐蔽在团侦察队后面的小村庄里负责接应;四连一、三排潜伏在河口北面的小山脚下,随时准备阻击巢城方向的增援之敌。上午8时许,日军巢城守备队20余人分乘两艘汽船驶入蒋家河口。刚一靠岸,日军便遭到新四军的猛烈袭击,纷纷中弹倒毙。这场战斗,出其不意,干净利落,仅用二十几分钟便全歼日军20余人[1],缴获枪支10余支,日军军旗一面,新四军战士则无一伤亡。

新四军蒋家河口首战告捷,打击了日军的嚣张气焰,鼓舞了我军的抗日士气,戳穿了"日军不可战胜"的神话。消息不胫而走,各地纷纷致电祝贺。5月15日,长江局机关报《新华日报》刊出专讯,率先登载了这一胜利消息。5月16日,蒋介石致电叶挺、项英:"贵军四支队蒋家河口出奇挫敌,殊堪嘉慰,希饬继续努力为要。"[2]

1938年8月上旬,高敬亭在舒城西港冲召开会议,根据党中

---

[1] 此战毙伤日军人数说法不一,有数人、10余人、20余人、40余人等多种说法。

[2] 中国人民解放军历史资料丛书编审委员会:《新四军参考资料(2)》,北京:解放军出版社,1991年,第60页。

央和新四军军部的指示精神,部署了支队下一阶段的对日作战任务:第八团开赴合肥东北一带,与东北抗日挺进队会合,开展皖东抗日游击战争;第七团在合安、合六公路沿线出击,破坏日军的交通运输线。

(三)合安、合六公路伏击战

1938年夏秋之季,日军控制淮南铁路全线后,以长江为轴线,分多路向武汉进攻。驻合肥地区日军一个师团直趋安庆,溯江而上;另一路日军向六安进攻,由大别山北麓进犯武汉。为配合日军主力进攻武汉,驻合肥地区的日军分别沿合安、合六公路运送物资和人员。新四军第四支队挺进皖中地区后,为钳制西犯的日军,支队司令员高敬亭命令第七团在合安、合六公路全线出击,破坏日军的交通运输线。

9月11日,第七团首先在六合公路上袭击了300余人的日军辎重运输队,激战3小时,歼敌大部,缴获军马6匹、步枪120余支及其他军用物资。次日夜,日军150辆运输汽车自桃溪开往合肥,第七团一营在合肥西乡(今属肥西)花子岗路旁突然发起攻击,毙敌80余人,击毁日军汽车45辆,缴获步枪24支、轻机枪1挺、军旗1面、防毒面具12套及其他军用品。9月14日,日军汽车80余辆由合肥开往舒城,第七团一部在舒合公路五十里埠处伏击其尾部,炸毁汽车10辆,缴获步枪5支,杀伤日军27人。与此同时,日军1000余人由合肥沿合六公路向六安方向推进,第七团一部突袭其后卫部队,日军仓促应战。此战毙敌14人,伤敌130余人。9月15日,第七团一营在合肥西乡(今属肥西)三十里岗发现有大批日军骑兵露营,立即选派精干小分队潜入日军营区,猛掷手榴弹,炸毁帐篷数顶,杀伤日军近百人,并缴获军马数匹。9月16日,日军40辆汽车由合肥开往桃溪,第七团一营再次在花子岗设伏,截获敌车5辆,缴获汽油150桶及其他军用物资,毙伤日军35人。9月19日,第七团三营在合肥城郊袭击汉奸组织,破坏日军秘密机关数处,缴获长短枪52支、轻机枪1挺及其他战利品。接着,第七团二营又攻下了汉奸武装盘踞的周老圩,缴获100多支枪和大量财物。

经过大小数十次战斗,第四支队共毙伤日伪军1000余人,俘敌400余人(其中日军9人),击毁军车156辆,缴获长短枪1400余支、轻机枪17挺,战马20多匹。[①] 新四军英勇出击,有力地牵制了日军的西犯行动,配合和支援了国民党军队的正面战场作战。第四支队在猛烈打击日军的同时,还积极打击汉奸土匪武装,维护社会治安,保护人民群众的利益。其中,第七团先后歼灭无为石涧埠、巢湖姥山等地的汉奸土匪武装数百人;第八团消灭了庐江的土匪武装吴可庄部200多人;手枪团应爱国人士、舒城县县长陶若存的请求,围歼张母桥、天龙庵土匪武装300多人,活捉匪首罗大纲,为民除害,大快人心。

[①] 《合肥通史》编纂委员会编:《合肥通史·民国卷》,合肥:安徽人民出版社,2017年,第257页。

(四)庐江讨伐战

抗战爆发后,原庐江县县长李治强组织反动武装,勾结日伪,为非作歹,破坏抗战。为扫清敌后抗日的障碍,在安徽省民众总动员委员会的运作下,国民党安徽省政府撤销了李治强的县长职务,任命进步人士翟宗文接任。李治强拒不服从调动,并拒绝新县长接任。1938年10月初,李治强得知翟宗文前来接任县长职务后,怂恿国民党庐江县党部书记曾谷旸、财务委员马恒甫、商会主席杨致和、四个区区长及反动士绅10余人,联合电呈省政府,挽留李治强。当巢县人民抗日自卫军护送翟宗文行至庐江县城西郊八里岔时,遭到第一区区长夏墅田带领的反动武装100多人的袭击。夏墅田指挥队伍把翟宗文一行包围在村子里,并收缴了护送队员的枪支弹药。翟宗文电告省政府,请求新四军第四支队派兵护送。省政府复电同意。

10月5日凌晨,新四军第四支队参谋长林维先,率手枪团、第七团和特务营由无为奔袭庐江县城。部队包围庐江县城后,立即写信给李治强,阐明新四军奉省政府命令护送新县长上任,令其移交,不得抗拒。李治强拒不理睬,并将保安团千余人收拢到城内,企图负隅顽抗。于是,新四军发起攻击,特务营从西关首先突破。接着,第七团一、三营相继从北门和东门攻入城内,展开巷战。经过10小时的激战,第四支队占领庐江县政府,生擒警备司令。李治强化装从南门逃脱。此战共消灭反动武装1000多人,缴获长短枪2000多支、机枪10余挺,迫击炮2门,子弹20余箱、炮弹7箱、手榴弹10余箱及大批军用物资。新县长翟宗文上任履职。不久,因国民党顽固派的阻挠和挑拨,省政府以"擅起兵端"为由,免去了翟宗文的职务。国民党顽固派再次夺取庐江的军政权力后,积极执行反动的《防止异党活动办法》,整肃抗日自卫军,阻挠抗日群众运动,致使庐江地区抗日斗争的大好局面被扼杀。

二、巩固皖东抗日根据地

(一)抗日挺进队皖东抗日

最早进入皖东敌后的是东北流亡抗日挺进队,这支部队是由原东北军流亡官兵组成的。上海沦陷后,撤退到武汉的东北军一部80余人,由刘冲(中共党员)率领,辗转找到八路军办事处,要求加入中共的抗日队伍。经周恩来批示,新四军第四支队派他们到敌后开展抗日活动。1938年4月,第四支队到达舒城,给予该部"四支队东北流亡抗日挺进团"的番号,任命刘冲为团长兼政委,并指示该部进至淮南铁路以东地区活动。同年5月,挺进团抵达皖东敌后,随即在巢县、肥东、全椒一带开展抗日活动。6月至7月,冯文华、张恺帆领导的巢县抗日游击大队加入挺进团。

接着,挺进团又收编了刘子清的土匪武装,队伍很快发展到1000余人。7月底,新四军第四支队派原第九团政委高志荣、政治处主任任文明到该部队帮助工作,加强领导,并将挺进团改名为东北

▲ 新四军第四支队挺进皖东敌后

流亡抗日挺进纵队。纵队下辖3个大队,原东北流亡抗日挺进团为第一大队,巢县抗日游击大队为第二大队,刘子清部为第三大队。

东北流亡抗日挺进纵队打击日军、汉奸、土匪,大小战斗20余次,在战斗中日益壮大起来,引起了国民党顽固派的注意和忌惮。他们一面调集武装围攻挺进纵队,一面派特务潜入纵队内部,收买叛徒。10月,国民党部队进入该地区后,投机分子刘子清即煽动一个大队叛逃,致使部队思想混乱,大量减员。不久,冯文

华部也离开纵队,回到巢县地区独立活动,全纵队只剩下300余人。后来,新四军第四支队第八团进入肥东,与抗日挺进纵队会合。第四支队决定将纵队改名为挺进团,由第八团统一指挥。11月,因误信敌人散布的谣言,东北流亡抗日挺进团被第八团错误缴械,取消番号,人员编入第八团。

东北流亡抗日挺进团率先在皖东地区点燃了抗日烽火,发展了抗日武装。在近9个月的时间里,挺进团与地方游击队和新四军第四支队协同作战,打击了日伪军,为皖东根据地的开辟奠定了基础。

(二)第四支队挺进皖东

1938年5月徐州沦陷后,皖东敌后空虚,出现了新四军江北部队向东发展的有利时机。为了贯彻东进方针,新四军军部遵照中共中央指示,命令第四支队第八团率先挺进皖东,在肥东、巢北、定远、全椒、含山一带实施战略展开。

1938年8月,周骏鸣率第八团从舒城西汤池出发,9月越过淮南铁路,进入合肥东北乡(今肥东县境)梁园地区,在石塘桥与东北流亡抗日挺进队会合。会合后,两军以梁园地区为活动中心,积极寻机打击日军,围剿土匪,消灭汉奸,维护社会治安。12月15日,第八团袭击了龙城的葛传江、杨建舟汉奸武装,俘敌46人,毙伤30余人。26日,第八团再次击溃了盘踞在梁园、石塘桥、马集一带的葛传江残部。1939年1月11日拂晓,第八团一部突袭了磨店刘孟乙伪维持会汉奸武装200余人,俘虏百余人,生擒刘孟乙。2月上旬,第八团还多次袭击桥头集等淮南铁路沿线的日军据点,破坏铁路数十余里,直接威胁日伪中心据点合肥、巢县和淮南铁路的安全,被日军视为眼中钉。2月19日,日军调集巢县、合肥、烔炀河、桥头集、撮镇等地驻军千余人,趁春节之际,分两路偷袭梁园和东山口的新四军驻地,妄图一举消灭第八团。第八团在团长周骏鸣、参谋长赵启明的指挥下严阵以待,发起梁园和东山口反击战,以劣势装备打退敌人的多次进攻,毙伤日军330多人。此战使新四军军威大振,扩大了新四军在人民群众中的影响,为第四支队挺进皖东扫清了障碍。

1938年10月前后,撤退到大别山的国民党桂系省政府在站稳脚跟后,以抗日为名,抢先向皖东敌后派出专员、县长,恢复旧政权,收编土匪武装,扩充反动势力。在此情形下,为争夺皖东,督促第四支队主力继续东进,11月,新四军参谋长张云逸率军部特务营渡江北上,抵达皖中,向第四支队领导传达了军部指示。12月底,张云逸由戴季英陪同赴立煌县,与国民党第二十一集团军总司令兼安徽省政府主席廖磊谈判。双方就新四军江北部队的活动区域、军队给养等问题达成了协议。双方商定,第四支队留一部在皖中保持与皖南军部的联系,其余部队开赴皖东津浦路两侧活动。随后,第四支队主力陆续进入皖东地区。

为尽快实现在皖东地区的战略展开,第四支队在地方党组织的支持下,大力扩展武装力量。1938年底,第四支队恢复了7月间被撤销的第九团建制,将第七团二营与庐江、无为等地的游击队合编为第九团,由詹化雨任团长,胡继亭任政委。同时,将手枪团改为教导大队,由李世安任大队长,江岚任政委。1939年1月,在第四支队第二游击纵队的基础上组建了江北游击纵队,由戴季英兼任司令员。同月,淮南抗日游击纵队与寿合游击支队合编,仍称淮南抗日游击纵队,由郑抱真任纵队长,梁从学任副纵队长,汪少川任政委,隶属新四军第四支队。

1939年初,第四支队第七团特务营、淮南抗日游击纵队先后进抵淮南铁路东侧的合肥东北乡青龙厂、下塘集等地,第八团进入肥东梁园、巢县一带活动。2月,新四军参谋长张云逸由舒城到达皖东,直接指挥第八团等部开辟皖东根据地。3月,戴季英、林维先率第四支队司政机关到达合肥东北乡青龙厂、定远吴家圩子地区,指挥部队行动。高敬亭率支队后方机关、教导大队和第九团,仍驻皖中舒城西港冲。4月24日,第八团在全椒大马厂扩编为两个团,以一营为基础加上警卫营编为挺进团,由成钧任团长,祝世凤任政委。5月,叶挺、张云逸、邓子恢等人抵达青龙厂褚老圩,视察第四支队,指挥作战。5月底,第九团也开赴至青龙厂。在这期间,第四支队各部分散打击日军:第七团在淮南铁路两侧的桥头集、朱龙桥、谢家圩等地作战,共毙伤日伪军150多人;第四支队特务营在怀宁月山、汤口、十里铺等地毙伤日伪军400多人。6月4日,高敬亭率支队后方机关和教导大队到达青龙厂。至此,第四支队全部进入皖东地区。

(三)成立新四军江北指挥部

新四军江北指挥部于 1939 年 5 月在庐江县东汤池成立,至 1941 年 1 月皖南事变后解散。

1938 年 10 月武汉沦陷后,抗日战争进入战略相持阶段。国民党顽固派消极抗日、积极反共的面目日益暴露,不断制造摩擦事件,迫令已进入皖中和皖东的新四军开往江南,并调集兵力进攻这一地区的新四军,企图消灭中国共产党领导的人民武装。同时,江北地区的新四军队伍较为分散,缺乏统一的、强有力的指挥核心。为推动华中敌后游击战争,中共六届六中全会确定了"巩固华北,发展华中"的战略方针,成立了中共中央中原局,由刘少奇任书记。1939 年 2 月,中共中央军委副主席周恩来,专程赴皖南新四军军部传达中央精神,并与新四军领导人共同商定了"向南巩固,向东作战,向北发展"的战略任务。在此形势下,为了加强和统一指挥新四军江北部队,叶挺、项英于 3 月 30 日致电毛泽东、刘少奇,提出拟在江北设立指挥部的建议。中共中央迅速批准叶、项的建议,发出关于大力发展华中武装力量的指示,并指出:"华中是我党发展武装力量的主要地域,并在战略上华中亦为联系华北、华南之枢纽,关系整个抗战前途甚大。""新四军在江北指挥部应成为华中抗日武装力量之领导中心,除指挥我原有武装外,更有建立及发展新的队伍之任务。""希望东南局及新四军领导同志顾全全国局势及华中之重要,抽调大批干部到江北。"①4月24日,中共中央书记处再次明确指示:"目前我党我军在皖东的中心任务是:建立皖东抗日根据地,这是我们一切工作的中心

▲ 左起:叶挺、赖传珠、罗炳辉、张云逸在庐江东汤池新四军江北指挥部

和目的。"②

根据中共中央的指示,1939年4月27日,新四军军长叶挺率

---

① 中国人民解放军历史资料丛书编审委员会:《新四军文献(1)》,北京:解放军出版社,1994年,第127页。
② 《中央关于建立皖东抗日根据地的指示》,见中央档案馆:《中共中央文件选集》(12),北京:中共中央党校出版社,1991年。

政治部副主任邓子恢、第一支队副司令员罗炳辉、军参谋处处长赖传珠等人从皖南渡江北上,于5月6日到达庐江东汤池。5月中旬,新四军江北指挥部在庐江东汤池成立,张云逸兼任总指挥,邓子恢兼任政治部主任,赖传珠任参谋长。同时组建中共新四军江北指挥部前委,张云逸兼任书记。随后,江北指挥部和苏皖省委派朱绍清率第四支队第八团二营和战地服务团一部,随方毅先行到津浦路东一带进行战略侦察,发动群众,开展抗日宣传活动。新四军江北指挥部的成立,标志着新四军江北武装力量统一指挥中心确立,促进了新四军东进抗日战略方针的贯彻,推动了皖东根据地的建立和发展。

新四军江北指挥部成立后,叶挺到舒城西港冲召开第四支队干部大会,动员第四支队继续东进。1939年5月中旬,高敬亭命令第七、第九团向皖东挺进。在挺进途中,由于发生了第七团团长杨克志、政委曹玉福携款叛逃,投靠国民党桂系军队的事件,加之高敬亭在东进过程中的犹豫态度和抵触行为,从6月上旬开始,江北指挥部在第四支队中由开展反曹、杨斗争,继而发展为对高敬亭的批判。1939年6月15日,经中央批准,新四军军部决定撤销高敬亭的第四支队司令职务,另从延安派徐海东担任江北指挥部副总指挥兼第四支队司令员。6月24日,高敬亭在肥东青龙厂被错误处死。①

1939年7月1日,根据中央指示和新四军军部的决定,江北指挥部整编所属部队。整编后的江北指挥部下辖第四、第五支队和江北游击纵队。徐海东兼任第四支队司令员,戴季英任政治委员兼政治部主任,林维先任副司令员,谭希林任参谋长,下辖第七、第九、第十四团。以原第四支队第八团为基础成立第五支队,罗炳辉任司令员,郭述申任政委,周骏鸣任副司令员,赵启民任参谋长,方毅任政治部主任(后由张劲夫接任),下辖第八、第十、第十五团。江北游击纵队司令员孙仲德,政治委员黄岩,参谋长桂逢洲,政治部主任黄育贤(桂蓬),下辖三个大队。7月24日,鉴于国民党的反共倾向愈加明显,鄂豫皖区党委从立煌县迁到庐江县东汤池,与新四军江北指挥部一起行动,负责组织皖西地区几千名干部和进步青年的撤退工作。

部队整编后,在新四军江北指挥部的统一指挥下,第四、第五支队迅速开赴津浦路两侧广大地区,开始了创建皖东抗日根据地的斗争。经过几个月的连续奋战和艰苦细致的群众工作,部队初步打开了皖东敌后抗日局面。第四支队开辟了以定远县藕塘为中心的皖东津浦路西抗日游击根据地;第五支队开辟了以来安半

---

① 1977年4月27日,中国人民解放军总政治部发出《关于高敬亭同志平反的通知》,指出:"高敬亭同志参加革命后,在坚持鄂豫皖地区革命斗争中是有功的,虽在四支队工作期间犯有严重错误,但是可以教育的,处死高敬亭同志是错误的",应"给予平反,恢复名誉"。

塔集为中心的津浦路东抗日游击根据地；江北游击纵队则继续在皖中巢(县)无(为)庐(江)地区坚持抗日游击战争，保持江北指挥部与皖南新四军军部的交通联系。至此，新四军江北部队初步实现了向皖东敌后战略展开的任务。

1939年12月初，刘少奇率中原局机关抵达新四军江北指挥部新驻地定远县藕塘，直接领导皖东地区的抗日斗争。12月16日，赖传珠率江北指挥部直属部队和机关离开庐江东汤池，于下旬到达定远县藕塘与张云逸等会合。江北指挥部东移后，新四军在庐江东汤池设立了留守处。

三、创建皖中抗日根据地

(一)江北游击纵队的抗日活动

1939年1月，新四军参谋长张云逸与国民党安徽省政府主席廖磊商定：淮南路东各县及无为县划归新四军第四支队防区；为避免"摩擦"，以淮南铁路及无为县境为界，新四军不过淮南铁路线以西，国民党军队亦不过该线以东。廖磊还同意将新四军第四支队第二纵队改为江北游击纵队。江北游击纵队隶属新四军江北指挥部建制，成立初期辖三个大队及青年训练队和教导队。第一大队大队长余龙贵，教导员廖成美；第二大队大队长张学文，教导员杨效椿；第三大队大队长由桂逢洲兼任，教导员顾鸿。1939年9月，第一大队奉命开往和县、含山一带活动，第二大队进入定远、合肥地区，第三大队及纵队机关在无为地区活动。新四军第四、第五支队开赴皖东地区作战后，江北游击纵队由司令员孙仲德、政委黄岩率领继续坚持在皖中敌后抗日。

新四军江北游击纵队承担的主要任务是：建立巢无游击区，与新四军第三支队配合，维护与皖南、皖东的交通线。1938年下半年，巢南大刀会实行闭关自守、敌视新四军的政策，封锁了50多公里长的巢无边界线，阻断了皖东与皖中的交通联络。为了尽快进入山区，开辟皖中抗日游击根据地，中共舒无地委和江北游击纵队决定争取和改造巢南大刀会。他们一方面设法接近山区群众，廉价向他们供应粮食、布匹、食盐等紧缺物资，消除群众对新四军的戒备心理；另一方面派人在靠近封锁线边沿一带，开设许多商铺，大量收购土特产品，解决山区群众的困难。经过一段时间的工作，群众逐渐改变了对新四军的看法。与此同时，江北游击纵队委派统战科科长蒋天然、游击队队长任醒凡等人利用关系，打入巢南大刀会内部，结交大刀会首领，晓以民族大义，打开通道缺口。通过细致的工作，中共舒无地委于1940年春争取了巢南山区大部分大刀会员加入抗日队伍，并将其一部改编为新四军。进山通道打开后，新四军接连向日军进攻，"五打司家巷""三打巢县城"，袭击裕溪口、东关和撮镇的日军据点，基本控制了巢南山区。在改造大刀会的基础上，中共舒无地委还因势利导，建立区乡抗日民主政权,组织农民抗敌协会,掀起了抗日救亡的热潮,巢南山区的面貌焕然一新,"昔日黄幡飘摇的封建刀会王国,完全变成红旗招展的抗日根据地"①。

1940年初,江北游击纵队三个大队分别扩编为新七团、新八团、新九团,另增编了由大刀会改编的巢南独立团,共4000余人。4月下旬,桂系李品仙执政安徽后,擅自撕毁与新四军达成的协议,调集军队,兵分三路围攻巢无边境照明山江北游击纵队司令部及所属九团一部。纵队参谋长桂逢洲中弹牺牲,部队遭受重大损失,被迫撤离照明山,经无为县黄土寺渡裕溪河,穿过淮南铁路,向含山、巢北的新七团驻地转移。不久,江北游击纵队和中共舒无地委奉江北指挥部指示,由含山、巢北地区转至皖东津浦路西根据地休整。

1940年6月,为了增强江北游击纵队的领导力量,新四军军部任命谭希林为纵队司令员,孙仲德为政委,王集成为政治部主任,并将新四军第四支队第十四团编为纵队第一团,新七团和新九团经调整充实后编为第二团,新八团编入第四支队。纵队指挥部率第一、第二团活动于巢北、全椒、含山地区。7月,江北游击纵队再次进入无为、巢南地区,恢复巢无游击中心区,建立皖中抗日根据地。

---

① 蒋天然,林岩:《争取大刀会抗日》,见中共巢湖市委党史研究室,巢湖市新四军研究会:《烽火岁月——巢湖抗战回忆录》,合肥:安徽人民出版社,2015年,第322页。

(二)开辟巢南抗日游击区

位于巢湖以南的银屏、槐林二区,统称巢南,境内多山,易守难攻,是皖中地区的战略要地。日军占领巢城和控制淮南铁路后,国民党军队退居于此。1940年4月国民党桂系撕毁协议,进攻新四军江北游击纵队指挥部后,新四军和中共舒无地委一度撤出该区域。1940年7月中下旬,日军进占无为县城及周边乡镇,国民党军队纷纷败退至庐江以西地区,巢南再次沦为敌后,为新四军重新进入巢南,恢复和开辟抗日游击区提供了契机。不久,新四军江北游击纵队部分主力部队和地方武装相继返回巢南地区,开始了恢复、创建巢南抗日游击根据地的斗争。

1940年7月,廖成美率江北游击纵队第二团第二营率先进入巢南银屏山以南地区活动。8月初,在巢含边界活动的半湖乡游击队也进入巢南开展活动。当月,江北游击纵队警卫营营长桂俊亭受纵队派遣,带十余人返回巢南,在高林、散兵一带活动,队伍很快发展到百余人,并成立了巢湖游击大队。9月初,活动在含山小庙岗的江北游击纵队二团二营的两个连,在副营长任道济的带领下返回巢南山区。一直坚持在巢庐边界地区活动的巢湖游击队,在桂林栖、张家英的率领下,由庐北进入巢南,在巢湖水上及沿岸地区活动。9月中旬,巢湖地委书记周新武与江北游击纵队政委孙仲德,率纵队第二团一部南渡巢湖,进入巢无地区,与先期返回的部队及无为县委所属武装合编,以无为游击纵队的番号开展活动。9月末,活动在合肥、巢县边界的程明远游击队,因国民党桂系部队对巢北地区不断"清剿",奉命南渡巢湖。10月,巢县独立营第四连,在巢县县委代理书记贾世珍的带领下也转移至巢南。同时转移至巢南的还有巢一区、巢二区、合肥二区党组织负责人方茂初、张克东、徐清来等。

巢湖地委进入巢南地区后,立即着手恢复皖中地区党组织。1940年秋,继无为三区抗日民主政权建立后,巢县四区(亦称巢南区)在银屏山建立。9月底,含(山)巢(县)无(为)各区联合办事处在无为县三官殿成立,这是皖中敌后地区第一个由中共组织建立的县级抗日民主政权。至此,巢无抗日游击根据地的建设全面铺开。巢县四区在其区域内着手基层民主政权建设,先后在高林、南口、大岭等8个乡建立了抗日民主政权。

1941年1月皖南事变发生后,先期抵达江北的曾希圣与孙仲德奉命在无为沿江收容新四军突围人员,随后转移至巢南山区休整。同月,中共中央发布"重建新四军军部"的命令,将新四军整编为七个师,任命张鼎丞为第七师师长(未到职),曾希圣为政治委员。1941年3月17日,中原局和新四军军部决定:"孙仲德领导的(无为)游击纵队、林维先挺进团及现有散布在皖南和已突围过江之皖南部队均归七师编制。"①5月1日,新四军第七师在无为县白茆洲宣告成立。七师成立时,下辖第十九旅,挺进团,独立

---

① 安徽省新四军历史研究会:《驰骋江淮——纪念新四军成立60周年》,合肥:安徽人民出版社,1998年,第401页。

一营、三营和特务营,共约 2000 人。同月,华中局决定,成立以曾希圣为书记的七师党政军委员会,形成了皖中地区集中统一的坚强领导核心。随后,曾希圣率七师党政军机关由无为东乡迁入巢南山区。

巢南山区既是皖中根据地创建初期两个基本活动区域之一,也是新四军七师建立后的核心基地。早在七师组建前,为接应新四军军部渡江北移,这里在发展地方武装,建立区乡民主政权和抗日民主团体等方面,已具备建立抗日根据地的基础条件。七师和皖中区党委进驻巢南后,经过半年多的"隐蔽发展",逐渐站住了脚跟,根据地的范围不断扩大。至 1942 年末,已经"建立了南到长江,北临巢湖,东抵淮南铁路(巢湖至裕溪口段),西濒白湖(庐江)的人口 100 多万,10 个区,86 个乡,909 个保(村)的巢无中心区"①。其中属巢县境内的有银屏、槐林、关河三个区、19 个乡镇。新四军七师主力由小到大不断发展,由成立时不足 2000 人,至 1941 年底增加到 4000 人;地方武装及民兵力量发展到 4500 多人。以巢无中心区为依托,根据地稳步向四周扩展,基本实现了华中局和新四军军部对七师的战略部署,"七师各方面工作逐步走上了轨道,皖江地区的抗日斗争局面也一步步打开了"②。

---

① 安徽省新四军历史研究会:《驰骋江淮——纪念新四军成立 60 周年》,合肥:安徽人民出版社 1998 年,第 402 页。

② 曾希圣:《七师的抗日斗争》,见中国人民解放军历史资料丛书编审委员会:《新四军回忆史料(2)》,北京:解放军出版社,1990 年,第 434 页。

(三)巢无根据地反"扫荡"斗争

从1942年起,皖中根据地的发展进入了巩固和壮大时期。抗日力量在皖中地区的快速发展,引起了日伪势力的惊恐。1943年3月17日和4月底,日伪军接连两次对巢无根据地发动大"扫荡",企图消灭新四军主力部队,摧毁巢无中心区。新四军七师实行敌进我进、分散打击的策略,在人民群众的支援下取得了反"扫荡"斗争的胜利。

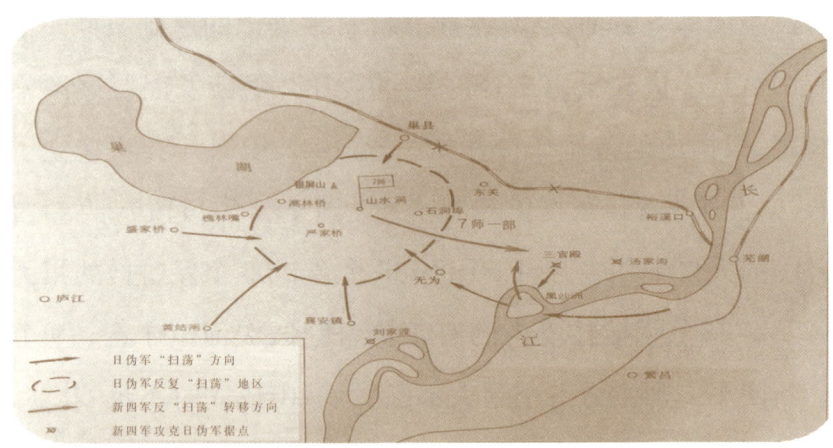

▲ 新四军皖中反"扫荡"战斗要图(1943年3月)

1943年3月17日,日军从南京、江浦、芜湖、铜陵等地抽调第一六六师团、第一六五师团及伪军6000多人,分别由巢县、东关、襄安、开城桥、横文桥、盛家桥、黄姑闸、散兵等地出动,兵分八路,从东、西、南三个方向,对巢无中心区奔袭"扫荡",企图把七师首脑机关和直属部队完全压缩在巢南山区聚而歼之。当时七师主力部队大部在外线作战,仅有师直属独立团留在严桥一带。师直机关及所属部队在无为大王家、石涧埠等地与敌激战后,趁黄昏沿山水涧北面向巢县银屏山区转移。日伪军随之以重兵包围了银屏山区。为避敌锋锐,保存力量,18日傍晚,七师政委曾希圣与正在七师视察的华中局组织部长曾山当即决定,独立团与师直警卫连在敌军进攻前突围下山,师直机关非战斗人员就地分散隐蔽。当夜狂风暴雨,天空黝黑,在当地民兵的引导下,独立团兵分两路,在团长熊应堂、政委罗保濂的率领下,分别突破日军防线,由高林桥一带渡过巢湖撤至巢北。

独立团突围后,曾希圣、曾山及师部机要人员等隐蔽在银屏山仙人洞内,躲过了敌人的搜捕,后在银屏区委书记李德友及民兵的引导护送下,连夜翻山越涧,转移至安全地带。另有百余名师直机关人员,化装成百姓,在区乡干部和山区群众的掩护照料下,就地隐蔽,平安躲过敌人的搜剿。

在日军围困银屏山区时,活动在外线的七师主力,趁敌人后方空虚,攻其老巢,于3月19日和20日,连续攻克三官殿、汤沟两个据点;七师和含支队攻击淮南铁路南段之敌;沿江支队以毛公山、猪头山为依托,同时从两翼袭击日军。3月下旬,先期突围的师直独立团在巢南大队的配合下,突袭了高林桥敌伪据点,毙伤敌伪军80余人,从巢城赶来增援的日伪军,也在途中遭受独立团重创。日伪军在外围频频挨打,前后方难以照料,遂于3月25日全部撤出巢南山区。

4月下旬,日军从芜湖等地调集2000余众,再次对严桥地区新四军七师机关进行"扫荡"。七师自第一次反"扫荡"后便认真总结教训,加强部署,常备不懈,将机关干部地方化,在敌人进攻前早已分散转移。日军在根据地山区四处打转转,找不到七师主力,不得不于5月6日全部撤出。此后,根据地军民又多次击退国民党顽固派的进攻,打出了七师的军威,有效地巩固了巢无中心区,使皖中根据地由小到大,不断发展壮大。

四、开辟第二、第七师交通线

1941年1月,新四军重建后,原新四军江北指挥部所属第四、第五支队改编为第二师,在淮南地区津浦路两侧活动,坚守皖东抗日根据地;第七师则活动在巢湖东南至南京以西的长江南北两岸,坚守皖中抗日根据地。介于二师、七师根据地之间的巢北、合肥、定远一带的大片地区,却被日、伪、顽三股势力所控制着,而新四军处于敌后游击状态。其中,古河、柘皋、梁园、马集分别驻有国民党桂系第一七一师、第十游击纵队;栏杆集、谢家圩子、王子城及草庙驻有土顽胡载之、谢少臣、王华锦和王柱东部;东关、巢城、中垾、烔炀、桥头集、西山驿、店埠、撮镇、钟油坊、合肥等城镇被日伪军据守,总兵力达2万人之多。所有这些都给新四军第

二、第七师之间的联络带来了很大的障碍,同时,与军部的往来亦不方便。因此,第二、第七师和军部都很重视开辟二、七师这条交通线路。

1941年9月,第七师政委曾希圣带领一个警卫排,去苏北盐城新四军军部,在经过肥东王铁时,遇伪军阻击,无法通过,被迫撤回巢南。10月,中共合肥县委书记严佑民奉新四军二师师长张云逸的命令,与宣济民率一个排的武装来到山王成立了中共合巢工委,试图开辟二、七师交通线,因被国民党军队跟踪包抄而无法立足,也被迫撤到巢南新四军第七师根据地。

1941年底,新四军军部致电第二、第七师,指示"七师首先应尽可能打通和保持与二师的联系,再以主力向西发展","否则,七师即有被敌顽完全截断不能交通的危险"。① 1942年2月,华中局书记刘少奇明确指示七师今后应以和含江浦为主要行动方向,以便与二师打通联系并控制巢北。同年5月,新四军军部再次强调第七师向巢北发展的重要性:"打通与二师部队地区之联系,不仅在整个战略上,就是应付将来反共高潮,都有很重要的意义。"②打通二、七师交通联络线已迫在眉睫。

开辟肥东、巢北游击区,是打通新四军第二、第七师交通线的

---

① 《关于目前形势与七师的指示(1941年12月25日,陈刘饶致曾何孙[即陈毅、刘少奇、饶漱石、曾希圣、何伟、孙仲德])》,见《合肥党史专题》(1919—1949),内部资料,第295页。

② 《对七师发展方向与部署的意见(1942年5月1日,陈饶赖致七师)》见,《合肥党史专题》(1919—1949),内部资料,第297页。

关键。1942年初,巢无庐中心县委书记桂林栖率武装北渡巢湖,在淮南铁路沿线开展反封锁斗争,先后在庙集、小昌、大罗、花园、小张、竹柯等村建立7个交通联络点,一方面搜集传递敌伪情报,另一方面接应新四军过往人员。与此同时,严佑民奉曾希圣指示,与在巢湖水上活动的程明远部会合,建立中共巢湖工委,负责领导巢北、肥东一带的党组织,为开辟经巢湖、肥东至定远的交通线扫清水上障碍。

1942年5月,皖中区党委决定以巢湖工委为基础,成立巢合庐中心县委,程明远任书记,同时将巢湖独立营扩编为独立团,顾鸿任团长,随中心县委向巢北、肥东地区发展。独立团二大队率先进入巢合交界地带活动,建立交通支点,组建情报站,发展游击武装,很快站稳了脚跟。同月,巢合庐中心县委派方茂初回巢北组建巢二区委,以肥东浮槎山为基地,建立党组织,配合二大队开辟巢合游击区。

同年冬,第七师副师长傅秋涛在巢南师部召开巢湖独立团负责人会议,研究加强巢北游击区的力量,会上决定成立巢北大队,直属师部领导,宣醒民任大队长,杨吉平任政治教导员。巢北大队的任务是开辟二、七师的交通联络线。同时,委任宣南生为七师特派员,前往巢北地区开展党的统战工作,配合巢北大队的武装斗争。

1943年2月,巢湖独立团扩建为巢湖支队(又称巢合庐游击支队),唐晓光任支队长,余再励任政委。巢湖支队的主要任务是扩展巢合游击区，保护新四军七师经巢北与二师的通道。与此同时，巢合庐合中心县委还成立了肥东西山驿区委（即合二区），组建了巢合交通情报站。巢湖支队在这条交通线上开辟了肥东店埠游击区，沟通了与皖东根据地西部前沿——青龙厂的联系。店埠游击区开辟后，经肥东磨店到达合五区（青龙厂区）的交通线，成为沟通二、七师联系的重要枢纽。

至1943年上半年，巢合庐游击区已建立磨店区、岗集区、西山驿区、烔炀区，以及北至巢湖、南到庐北的几块较大的游击区。巢北、合肥游击区的开辟，为打通新四军第二、第七师的交通联络创造了条件。到1943年底，已打通四条从巢湖以北经合肥进入皖东的交通线。不仅如此，交通线上的联络点还成为重要的情报基地，为新四军在巢合地区的抗日反顽斗争提供了极大的帮助。

巢湖支队主力开进巢北地区后，在地方党组织的配合下，扫清障碍，对开辟交通线起了重要作用。尤其是从巢湖边周家店经山王、西山驿、店埠、磨店到达青龙厂的长达75公里的交通线，自1943年春开通以来，一直没有中断过。1944年，桂系增兵皖江，封锁巢北中心区，大部分交通线被切断，唯一保持安全畅通的就是这条巢北经肥东的线路，并一直到坚持到1945年9月抗战胜利。

新四军第二师与第七师交通线的开辟，保证了皖中、皖东两个根据地之间人员和物资运输的畅通，沟通了第二师、第七师与军部的联系，对新四军坚持华中敌后抗战发挥了重要作用。

五、挺进淮西

淮南铁路线以西、寿县东南、合肥北部一带统称淮西地区。抗战初期,新四军四支队一部,曾进入寿东南下塘集(今长丰县域)开展游击战争。1938年5月,日军侵占合肥后,淮南铁路沿线的下塘集、水家湖等地相继沦陷。1939年1月,坚持在合肥北乡开展抗日斗争的安徽人民抗日自卫军第一路军第二支队司令郑抱真,拒绝接受国民党安徽省政府的改编,与共产党员方和平率部700余人参加了新四军,组建了四支队淮南抗日游击纵队。这是淮西地区为发展壮大新四军输送的第一批武装力量。

1939年春,新四军四支队七团进入合肥东北青龙厂、众兴集、造甲、吴山一带,与淮南抗日游击纵队一起,转战津浦路西、淮南铁路两侧广大地区。与此同时,四支队政治部进驻合肥北乡柘塘集,派出工作队深入造甲、双墩、杜集、朱巷一带广大农村,开展抗日宣传,发动群众参加抗日队伍。1940年2月,由原新四军江北游击纵队第二大队为骨干改编的新八团,进入该地活动,负责接送从大别山撤出的党员干部和青年知识分子,培训地方抗日武装。以定远藕塘为中心的皖东津浦路西抗日根据地建立后,淮西地区成为新四军江北游击纵队以及后来的二师六旅的活动区域,主要任务是保护抗日民主政权外围的安全。

皖南事变后,为贯彻"坚持路西,巩固路东"的战略任务,1941年3月18日,新四军第二师在天长赵庄召开全师政治会议,决定抽调部分武装配合地方开展敌后游击战争。第二师六旅十八团一直活动于淮南铁路两侧,对淮西地区情况比较熟悉,师部决定派第十八团政治处主任杨效椿带一个连到淮西地区,尽一切力量发展党组织,扩大群众武装,开展游击战争,打击日本侵略者,开辟寿东南新区。

当时寿东南地区的斗争形势十分紧张、复杂。东北面是日伪占领区,日军南以合肥、北以淮南为中心严密防守,并在下塘集、水家湖、孔店等重要集镇设立据点,由日军重点把守;其他各镇

▲ 杨效椿(中立者)率部挺进淮西敌后

由伪军进驻,控制住淮南铁路交通线。东南面是国民党军占领区,桂系第一九二师驻守吴山庙地区,地方自卫团分驻瓦埠、小甸集、李山庙等地,并在大顺集设立河东办事处。整个地区被日、伪和国民党部队割据,壕沟纵横,碉堡林立。

1941年6月,杨效椿率第十八团四连50余人,会同原寿县县委成员马曙、杨刚等计80多人挺进淮西抗日。为了统一领导,出发前组建了党政军委员会,由杨效椿任书记。6月5日夜,杨效椿一行从水家湖越过淮南铁路,进入寿县境内。次日拂晓,部队刚一进入水家湖西四五里的蒋家洼,就与伪军遭遇,激战一小时将敌击溃。当天下午,四连将水湖镇的伪军赶走。不久,四连又袭击了杨家庙,击溃伪军大队,摧毁了日军碉堡;后又在白桥湾与下塘集之间破坏日军的公路线,割取电话线千余斤。与此同时,六旅第十八团主力也由淮南铁路东向路西敌占区发展,进入造甲、柘塘、埠里一带寻找战机。同年10月,第十八团团长陈庆先、政委廖成美率一个营的兵力赴淮西参战,分别在蒋店和涂郢全歼寿县伪军、杨庙伪军各一个中队,俘敌50余人,缴获枪支80余支。杨效椿率部和路东来的部队协同作战,逐步开辟了寿东南游击区。

1942年6月下旬,以六旅第十八团四连为基础,改编了部分游击队,扩建成淮西独立团,李国厚任团长,杨效椿任政委。此后,淮西独立团在人民群众的支持下,在地方武装的配合下,活跃在淮河以南、合肥以北、瓦埠河以东、淮南铁路以西方圆200多平方公里的狭长地带,采取军事打击和政治攻势并举的策略,灵活机动、出其不意地打击敌人,开展游击战争,粉碎了日、伪、顽多次的"围剿"和"扫荡",进行了大小数十次战斗,共歼敌千余人,缴获大量战利品,队伍也不断壮大。到抗战胜利前,独立团已由当初的1个连80多人,发展到9个连1000多人,并为主力部队输送千余名战士。抗日政权从无到有,陆续建立了寿东南办事处(县政府)和4个区、20多个乡的政权①。

淮西独立团创建的寿东南抗日游击区,成为新四军淮南津浦路西抗日根据地前哨阵地,对巩固和坚持新四军路西根据地发挥了重要作用。到抗战胜利前夕,淮南铁路两侧解放区已连成一片。

---

① 合肥市新四军历史研究会:《新四军第四支队组建与发展》,合肥:安徽人民出版社,2003年,第38、39页。

第七章

反顽斗争

　　1938年10月武汉失守后,抗日战争进入战略相持阶段。随之,国民政府的内外政策发生了变化。1939年1月国民党五届五中全会确定的"溶共、防共、限共、反共"的方针,成为蒋介石集团由联共抗日转向消极抗日、积极反共的一个转折点。在安徽,新桂系在大别山站稳脚跟后,将共产党领导的抗日力量和民主根据地视为眼中钉、肉中刺,必欲除之而后快,并挑起了一系列的反共摩擦,接二连三地向新四军皖东、皖中抗日根据地进犯,多次掀起反共高潮。根据地军民在党的领导下,采取"有理、有利、有节"的原则,坚决击退国民党军的进犯,取得了反顽斗争的胜利。

一、皖中反"摩擦"斗争

(一)合肥西乡的反"摩擦"斗争

1939年10月,新桂系李品仙主政安徽后,反共活动日益加剧。他首先对省及各地的民众抗日动员委员会开刀,驱赶、清除乃至迫害在动委会工作的共产党人和进步青年,以达到完全控制全省各级动委会的目的,并在安徽各地不断制造迫害共产党人的事件。由于惧怕共产党员在动委会中的影响,国民党桂系安徽省政府规定,动委会工作必须以"三民主义"和本省1939年元旦颁布的施政纲领为准则,强硬规定动委会要辅助行政工作,并限制动委会的工作范围,使用刁难、限制、造谣、诽谤等手段,恶毒攻击和破坏共产党的抗日民族统一战线政策,鼓动甚至纵容国民党顽固分子的反动活动。

以国民党合肥县党部书记长路世奎为首的顽固分子,在合肥西乡不断挑起事端,制造摩擦。1939年秋,国民党合肥县政府举办了一期保甲训练班。中共肥西党组织根据国共合作的有关精神,派共产党员程希等人,以合肥动委会的名义参与其中,目的是宣传党的全面抗战主张和统一战线政策。而国民党县党部却认为共产党在搞异党活动。为了"防共""限共",国民党县党部利用

结业典礼之机,强迫全体学员加入国民党。路世奎在结业典礼讲话中张嘴"精诚团结",却满口反共言论。合肥县动委会指导员田兰田(中共肥西工委书记)按捺不住,在随后的讲话中,对受训的学员慷慨陈词,提出要"团结抗日,就要搞好国共合作,就要拥护孙中山先生的新三民主义,不要信仰假三民主义。国民党有的是真抗战,有的是假抗战,如信仰假三民主义的汪精卫就投降了日本人。今天你们已经宣誓加入国民党了,当然要做一个好的国民党员,不要做汪精卫那样的国民党员……"话未讲完,路世奎便跳起来叫嚷:"只有一个主义,就是三民主义,哪里又来什么新三民主义?这是汉奸理论!汪精卫我们已经开除了,现在再讲他是国民党人就是汉奸,田兰田是汉奸,把田兰田驱除出合肥!"①并对田兰田围攻动粗,田奋力还击。后在县长唐晓光等人的斡旋下,争斗才暂时平息。为了避免摩擦,减少不必要的损失,上级决定把田兰田、李维知等人立即转移到无为和津浦路东抗日根据地。接着,县工作团中一些身份公开、表现进步的党员撤至江北游击纵队驻地青龙厂。剩下的成员和县妇女工作团合并,由夏冰流任团长,在西乡大潜山毛竹园一带坚持斗争。

不久,国民党安徽省政府调省属各工作团去立煌县(临时省会)受训,企图借机"清剿"中共党员。为了保存抗日力量,从抗日大局出发,活动在合肥西乡的县动委会及各工作团人员,在党组

---

① 中共肥西县委党史研究室:《中国共产党肥西地方史·第一卷》(1919—1949),合肥:安徽人民出版社,2008年,第162、163页。

织的安排下,陆续撤离肥西,分别转移到皖中和皖东抗日根据地。

在李品仙消极抗日,积极反共政策的影响下,肥西的政治环境日趋险恶,一向靠近共产党的合肥县县长唐晓光被撤换,并以所谓"共党嫌疑罪"遭到逮捕。共产党员、县妇抗会主任童宜仙被叛徒出卖,亦遭逮捕,后在押送途中从容自戕,壮烈牺牲。为了直接控制合肥地区,李品仙还将其亲信刘文朝、陶松、隆武功先后安排充任国民党合肥县县长。在国民党顽固派的破坏下,合肥西乡的抗日民主运动一时转入低潮。

皖南事变后,新桂系再次掀起反共高潮,不断进犯皖东、皖中抗日根据地,破坏抗战大计。国民党合肥县政府为配合桂军"清剿"新四军根据地,在合肥西乡强化法西斯统治,加强保甲管理,实行五家连环保,缩小新四军的活动范围;禁止民众售粮给新四军,对根据地实行经济封锁;派遣大批特务,到处建立情报网,破坏地方抗日力量;在要隘路口设立盘查岗哨,企图阻断新四军和抗日民众的联系。在华中局和新四军军部的指挥下,皖东、皖中根据地军民与国民党顽固派进行了坚决斗争,多次取得自卫反击战的胜利。

(二)庐江"摩擦"事件

随着国民党"溶共、防共、限共、反共"的方针的确立,从 1939 年下半年开始,国民党顽固派不断在庐江制造事端,破坏抗日民族统一战线。特务机关严密监视县动委会、工作团以及民众抗日团体的活动,禁止发行进步书刊报纸,抢夺动委会的领导权,顽固地执行一党专制和片面抗战路线。抗日团体无端被强行解散,共产党人和爱国人士纷纷遭到逮捕,国民党军队公开挑起武装摩擦,制造了一系列流血惨案。

1939年9月,中共庐江县委书记王心波,从庐城返回东汤池途中被国民党特务暗杀。桂军第一七六师五二八团进驻庐江、桐城地区后,限制民运,登记新四军家属,监视和逮捕爱国青年,暗杀共产党人,"仅庐江县城一处的男女青年就有七八人被捕……在城郊活埋了7人"。"青年镇长宛敏树、女保长倪端云、妇抗会干部孙兰珍、《皖中日报》记者徐孝孺等,都被捕并毒刑拷讯。"①

由于皖西、皖中形势不断恶化,为了应付各种突发事件,准备武装自卫,鄂豫皖边区党委决定黄岩、桂蓬、孙仲德等全力专做部队工作,不再兼任地方党的领导职务。1940年1月,鄂豫皖边区党委转移至津浦路西后,中原局派何伟来皖中,在东汤池成立皖中军政委员会,领导和协调皖中地区党政军关系,并安排大别山地区党的干部和进步青年撤到皖中、皖东地区。江北游击纵队和地方党组织肩负起坚持皖中地区抗日斗争,保障皖南新四军军部与江北部队以及大别山党组织的交通联系的任务。国民党顽固派借此机会开始在庐江加速进行反共活动。

---

① 俞步祺:《廖磊、李品仙主持皖政概况》,见中国人民政治协商会议安徽省委员会,文史资料研究委员会:《安徽文史资料》(第30辑),合肥:安徽人民出版社,1989年,第86页。

1940年3月7日,国民党桂系军队以一个团的兵力,分七路进袭新四军江北指挥部驻庐江东汤池留守处,以及第四支队后方医院。新四军一个班留守武装及工作人员10余人,从留守处突围后,又被桂军包围于东汤池附近达20余天。留守处和后方医院牺牲1人,伤4人,所属物品被掠夺一空。

3月22日,国民党安徽省保安第八团,在无为无理扣押从皖南送往江北的新四军军饷7万元,以及新四军参谋长兼江北指挥部指挥张云逸的夫人、孩子和护送官兵20余人。张云逸为此打电报给国民政府主席林森和蒋介石、李宗仁、白崇禧,表示强烈抗议,要求"明令释放职妻、子与人员,归还所扣国币、枪支等项,并通令皖、豫、鄂各省地方政府,对于本军官兵家属一视同仁,给予优待,严办残害本军家属之地方公务人员,以安前方浴血将士之心"①。新四军江北游击纵队政治部宣传科科长田丰一行3人,赴无为县城与保安八团交涉,亦被扣押。后经叶挺、项英、张云逸多次向蒋介石、李宗仁、李品仙严正抗议和交涉,除张云逸夫人、孩子获释外,其余新四军官兵悉遭国民党军杀害。

(三)照明山战斗

1940年初,新桂系李品仙执掌安徽后,在皖中擅自撕毁与新四军达成的防区协议,派兵进占无为沿江地区。4月21日,桂系

---

① 中国人民解放军历史资料丛书编审委员会:《新四军文献(1)》,北京:解放军出版社,1994年,第426页。

安徽省保安第八团、第四团联合第一七六师一部共4000余人,乘新四军江北游击纵队主力参加津浦路西反顽战斗之机,兵分三路围攻驻巢无边界照明山的江北游击纵队司令部及所属新九团一部,一路自古楼经严家桥进犯大沈村,一路自开城桥进犯丁家牌楼村,一路自无为县城进犯牌楼、巢南山区。桂军以一部佯攻曹家山口,以主力强攻照明山。战斗于上午9时打响,江北游击纵队特务营、四连、五连在照明山奋起抵抗,用滚石、手榴弹、长枪打退了桂军的多次进攻。桂军集中1个团的兵力,猛攻照明山阵地。在激战中,特务连机枪手不幸中弹牺牲,参谋长桂逢洲亲自端起机枪作战,阻击冲上来的敌军,亦中弹牺牲。坚守照明山的部队与桂军战斗6个多小时,损失100余人。因众寡悬殊,为避免更大的牺牲,部队于傍晚向北撤退,经银屏山过淮南铁路,到达皖东根据地界牌集一带。巢南独立团也因形势险恶,撤离巢南山区。

新四军江北游击纵队和舒(城)无(为)地委机关撤出巢南地区后,以桂林栖为书记的巢庐县委留下坚持斗争,在巢湖沿岸和水上与敌周旋。1940年6月,江北游击纵队于合肥东乡三官集一带整编后进抵含(山)和(县)全(椒)和巢县北乡一带,待机收复巢无中心区。7月,日军进攻无为县城,桂军西撤至庐江以西,江北游击纵队奉命南下收复无为、巢南,重新恢复皖中抗日根据地。

(四)磨盘山战斗

1943年7月,日军对巢无中心区发动的两次大规模"扫荡"失败后,被迫实行战略收缩,有计划地从皖中地区撤掉15个据点,其中就包括紧邻巢无中心区西侧的盛家桥、黄姑闸两处据点。不久,桂军龙炎武部从新四军手里抢占了这两个据点。这样,新四军同桂军就形成了直接对峙的局面。国民党顽固派占据了盛家桥、黄姑闸后,取得了进攻皖中根据地的前进基地,不久就引发了磨盘山战斗。

磨盘山位于巢县南端,横跨巢湖、白湖之间,地势险要,是皖中根据地中心区西部的屏障。其西面10公里处为盛家桥据点,东面20公里的山水涧、团山是新四军七师师部和皖中区党委所在地。桂军占据盛家桥据点后,一步步向磨盘山推进,企图打开根据地中心区的西大门,实现蓄谋已久的摧毁第七师首脑机关和根据地的目的。为了加强七师的领导力量和军事实力,9月,新四军军部调二师六旅旅长谭希林率第十六团来皖中任七师代师长,第十六团归建七师,成为师部直接指挥的主力团,番号"巢大"。

1943年10月,国民党桂军第一七二师第五一五团及第八游击纵队进占庐江县北部地区,以龙炎武为皖中"剿匪"司令,率部进犯皖中根据地。11月2日,桂军第一七六师第五二八团突然从笑泉口侵入巢无中心区严家桥等地烧杀抢掠,根据地军民奋起自卫,激战两日,桂军被击退。11月20日,桂军再次调集第五一五团、第五二八团及第八游击纵队3个支队共14个营的兵力,从盛

家桥出发,分三路由槐林咀、笑泉口、魏家坝一线发起进攻,企图摧毁巢无中心区后,以第八游击纵队长期占领巢南山区,夺取皖中富源地区,截断新四军第二、第七师的联系通道。上午 10 时,左路桂军第二支队郑其昌部进抵磨盘山脚下,在炮火掩护下,强攻磨盘山两侧的丁家山、黄泥山。新四军第七师沿江支队白湖团第二营在营长桂俊亭的指挥下英勇还击,在迟滞敌军后,撤至磨盘山主阵地,依托有利地形沉着应战,连续击退桂军的 18 次冲锋。下午 4 时,桂军增加兵力,相继攻占部分侧翼阵地,危及主阵地。危急关头,隐蔽在银屏山区的"巢大"(第十六团)赶到磨盘山增援,一举收复失地,并趁势发起夜间攻击,击毙桂军 160 余人,生俘支队长郑其昌及以下官兵 400 余人,缴获八二炮 1 门、轻机枪 4 挺、步枪 400 余支,桂军左路基本被歼灭。23 日上午,桂军右翼第五一五团向七师独立团阵地发起进攻。在"巢大"一部的配合下,独立团坚守阵地,毙伤敌军数百人。桂军始终未能前进一步,不得不于黄昏后全线撤退。至此,新四军取得了巢南自卫反击战的完全胜利。

磨盘山战斗,桂军损兵折将,反共气焰有所收敛,暂时在军事上采取守势,新四军七师及皖中根据地赢得了大半年的安宁和发展机会。

二、皖东反"摩擦"斗争

(一)古城反击战

1939年底,华北第一次反共高潮被打退后,蒋介石把摩擦的矛头转向华中,进攻的重点放在皖东。为截断新四军与八路军的南北联系,蒋介石先无理要求皖东新四军开赴江南,企图借日军之手予以歼灭,遭到中共的严词拒绝。一计不成,蒋介石又密令苏皖两省军队夹击江北新四军,妄图一举歼灭。为此,国民党政府军令部制订了围歼皖东新四军的方案:"以李品仙、韩德勤之各一部,进出于淮南铁路以东及洪泽湖以南地区,将该地区之异党压迫于大江以南或相机歼灭之"①。

1940年2月至3月,桂军李品仙部第一三八师越过淮南铁路,以其先头部队一个团配合地方武装第十、第十二游击纵队共6000余人,围攻驻合肥以北、津浦路西的新四军第四支队和驻定远东南的江北指挥部。韩德勤则积极调动兵力,向津浦路东的新四军第五支队进攻。新四军江北部队在刘少奇和江北指挥部的指挥下,挫败了国民党顽固派的反共挑衅,相继取得了定远保卫

---

① 中共安徽省委党史研究室:《中国共产党安徽地方史》(第一卷),合肥:安徽人民出版社,2000年,第347页。

战和半塔保卫战的胜利。

到1940年2月,新四军江北部队由5000余人扩展到1.5万余人,地方游击队也发展到5000余人。抗日武装的发展,为夺取反摩擦斗争的胜利创造了条件。皖东抗日民主力量的迅速发展壮大,引起了国民党桂系顽固派的恐慌和不安。1940年6月,趁着日伪军对根据地进行"扫荡"之机,桂军又蠢蠢欲动,调集军队向皖东津浦路西根据地进犯。桂军以第一三八师为主力,加上国民党安徽省第五专区专员兼第十游击纵队司令李本一部,以及地方武装约7000余人,部署于梁园、柘皋、古河一线。6月16日,桂军以第一三八师五一一团、五一二团为第一线,第十游击纵队从梁园跟进,分别向肥东古城、王子城进攻,6月17日占领古城,并企图向广兴集进犯。

面对国民党顽固派的进攻,新四军江北指挥部遵照中央"对顽固分子,必须坚决进行斗争,绝不轻易让步"的指示,一面继续呼吁团结抗日,一面本着"人不犯我,我不犯人,人若犯我,我必犯人"的原则,积极准备自卫。新四军第四支队、从津浦路东赶来增援的第五支队,以及地方武装4000余人,早已严阵以待,随时准备痛击来犯之敌。

在江北指挥部指挥张云逸的指挥下,新四军第四支队第七团、第九团进驻于西王、广兴集一带,第五支队第八团集结于肖家圩地区。1940年6月17日夜,第七团、第九团悄然向古城接近,次日拂晓从东、北两个方向突然发起攻击,激战经日,给予李本一第十游击纵队以毁灭性打击,毙、伤、俘敌 1000 余人,李部残余向八斗岭方向仓皇逃窜,第七、第九团收复古城。6 月 19 日晚,第八团和第九团二营,向盘踞在王子城的桂军第一三八师五一一团发起攻击,激战 3 小时,攻占王子城,毙伤敌军 600 余人,敌军余部逃向八斗岭。6 月 20 日上午,第四、第五支队合兵一处,全线追击溃逃顽军至八斗岭。由于桂军第一三八师主力及第十游击纵队余部集结于此,新四军经过连续两日战斗,亦有较大伤亡,江北指挥部遂命令部队停止追击,战斗至此结束。

▲ 新四军二师政委、黄疃庙战役指挥谭震林

古城反击战沉重地打击了国民党顽固派,迫使桂军同意停战,双方商定以淮南铁路为界,达成分区抗日的协定。此战一举扭转了津浦路西的抗战局面,为皖东抗日根据地的建设和巩固,提供了安全屏障。

(二)黄疃庙战役

黄疃庙位于合肥东北的边缘地区。黄疃庙战役是抗战末期新四军在淮南津浦路西展开的一次较大规模的反摩擦斗争。此战粉碎了国民党顽固派进犯、蚕食抗日根据地的图谋。

抗日战争进行到最后阶段,国民党桂系军队及地方反动武装,加紧制造反共摩擦,不断蚕食和"进剿"抗日民主根据地,气焰十分嚣张。1944 年 7 月和 1945 年 1 月,国民党桂系第一七一师两次进犯江(浦)全(椒)地区,切断了新四军第二、第七师的交通线,使皖江根据地的第七师处于日、伪、顽夹击的态势之中。1945 年 2 月,国民党桂军李本一部第一七六师主力,大举进犯巢无中心区,占领了严家桥、石涧埠等地,新四军第七师部队牺牲两名团长,损失很大。与此同时,为策应巢南进犯之敌,桂军第一七一师和省保安三团各一部还进入含(山)和(县)地区骚扰。同年 3 月,李本一调集三个团的兵力再次进犯巢南。在皖东地区,桂军第一七二师五一五团和第一七一师炮连等侵入定远藕塘中心区,3 月中旬,相继占领了肖家圩、界牌集、周家岗等地。新四军第七师与第二师和军部的交通完全断绝,形势十分危急。

为了巩固皖中,解除第七师部队被桂军两面夹击的困境,并相机打开津浦路西局面,新四军军部决定成立淮南津浦路西野战司令部,任命谭震林、彭明治为正、副指挥。第二师第四、第六旅及津浦路西军分区部队,第三师第七旅列入津浦路西作战序列;第七师主力及含(山)和(县)独立团为南面策应部队;第三师淮海新区独立旅为南下增援部队,统一归野战司令部指挥。野战司令部对战局进行了分析,决定采取围点打援的战法,力求在运动中歼灭桂军第一七一师主力,以解决津浦路西问题。具体部署为:

以第二师第五旅一部及第六旅第十八团分别围攻王子城、唐井子桂军据点,第四、第七旅全部及第五旅一部集结于王子城两侧之

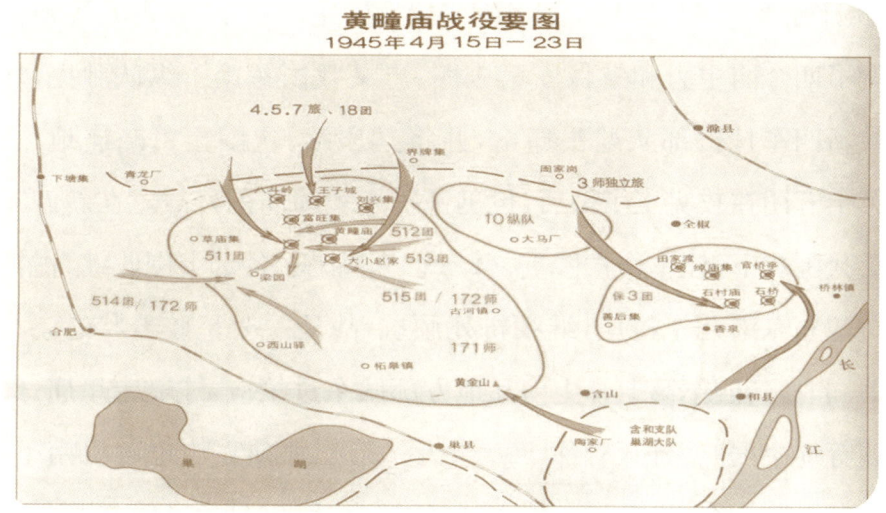

▲ 黄疃庙战役要图

富旺集、鹰子集、陈集西南地区构筑工事,待机打击增援之敌;第七师以一部游击巢无地区,一部控制含山西北地区,威胁桂军东西交通,主力则与南下的第三师独立旅会合,攻击江(浦)全(椒)地区的顽军,打通第二、第七师的联系。

战役首先从围攻王子城发起。王子城地处合肥东北乡,是国民党第一七一师驻地的前哨门户,由第五一一团一个加强营及土顽牛登峰部近千人把守。1945年4月15日晚,新四军第二师第五旅第十五团两个营在炮火的掩护下,率先向王子城发起攻击,激战两昼夜,王子城守军除一个团长、两个营长等数人逃脱外,其

余全被歼灭。

黄疃庙战役打响后,双方不断增兵,厮杀异常激烈。从4月15日晚至20日,国民党桂系四次增援,先后从梁园、古河等地抽调了四个团主力和省保安第三团、忠义救国军第十纵队驰援,均被新四军打援部队迎头痛击,并将其压缩、包围至黄疃庙地区。第十五团在攻克王子城后,也迅速投入黄疃庙围歼战。在新四军重兵围攻下,桂军伤亡惨重,第一七一师援军各部突围收缩,占据黄疃庙东南几个村庄,继续拼死顽抗,战局一时呈胶着状态。与此同时,新四军第七师主力和地方部队东进策应,连克十里庙、绰庙等6个据点,歼灭守军300余人。第三师独立旅也趁机南下,与第七师会合,进击巢南桂军,收复江全地区,打通了第二师与第七师的交通线。此时,桂军第一七二师主力已从淮南线以西东援至古河等地。鉴于战役目的已基本实现,继续攻击于我不利,野战司令部遂命令所属部队主动撤出战斗。

黄疃庙战役持续6昼夜,双方投入兵力各达1万人。经过9次战斗,新四军重创桂军,先后攻克王子城、八斗岭、黄疃庙、古城、广兴集、鸡鸣桥等13处据点,毙伤桂军3900余人,俘虏1300余人,缴获大批武器弹药及军需品,新四军亦伤亡2500余人。[①]黄疃庙战役胜利后,桂军残部撤至肥东梁园。为迫敌西撤,扩大战果,巩固津浦路西根据地,新四军各部经短暂休整后,再次出

---

① 《1945年4月26日张饶赖报毛朱刘并报陈电报(摘要)》《二十一军军史(摘要)》,见《合肥党史专题》(1919—1949),内部资料,第315—317页。

击:第二师第四旅逼近陈家湾桂军据点;第七旅进抵三官集威胁草庙之敌;第五旅进驻黄疃庙;第六旅第十八团占领八斗岭;巢北支队一部越过淮南铁路向西游击,另一部回到肥东西山驿地区;淮西独立团返回淮西地区开展游击战争。至此,津浦路西新四军和国民党桂军双方的态势发生了根本性变化,淮南抗日根据地得到了进一步巩固。

(三)白龙厂守备战

抗战胜利前夕,国民党以两个主力团袭击新四军肥东白龙厂防地,巢北支队以一个连的兵力与之展开了一场艰苦卓绝的守备战。

黄疃庙战役后,桂军第一七一师遭受重创,被调至石婆店整训补充,全部防地由第一七二师接替。1945年5月初,师长朱乃瑞率第一七二师各部先后开抵梁园附近,全师分别驻扎于三官集、大龙山、富旺集、杨店一线。经过近3个月苦心经营后,7月23日,国民党皖东指挥部指令该师集中4个主力营的兵力,加上定远、肥东两县的两个自卫中队,意欲一举冲破肖家圩、响导铺、吴家圩、花张集、许庙、宁庙、白龙厂等新四军防线。桂军以少数兵力钳制据守宁庙工事的巢北支队第四连,企图以其主力围攻、强占白龙厂阵地,达到逐次向津浦路西根据地推进的目的。

据守白龙厂阵地的巢北支队第三连,在副连长俞步门、副指导员张韬的指挥下,以大无畏的英勇气概,凭借坚固的工事,以及

1挺机枪、五六十支步枪、200多颗地雷、4000多枚手榴弹和2000余发子弹,与装备精良、十倍于我的国民党军队展开了殊死的战斗,激战三个昼夜依然坚守阵地。外围增援部队因力量悬殊,一时无法接近阵地。战斗至第五日拂晓前,桂军第一二一师师长朱乃瑞亲临前沿督战,并调集了山炮排,配合步兵强攻白龙厂阵地,三连指战员沉着应战,有效杀伤进攻之敌。战至当晚,三连连续击退桂军5次冲锋。此时,守备官兵几乎弹尽粮绝、岌岌可危。危急关头,新四军第五旅、第六旅第十八团及巢北支队主力分别从乌金山、藕塘、响导铺连夜赶来增援。随着增援部队的不断增加,新四军分兵数路,一面解除白龙厂之围,一面以主力对桂军实施分割包围。士气低落的桂军恐被围歼,不敢恋战,主力部队迅速脱离战场,向草庙、梁园方向撤退。新四军第五旅十五团紧紧尾随追击,歼灭桂军一个营,缴获大批武器弹药。至此,白龙厂之围彻底解除。

  白龙厂守备战,狠狠地打击了国民党顽固派的嚣张气焰,创造了新四军以少胜多的佳绩,坚守住了津浦路西根据地的前沿阵地,是一次具有战略意义的战斗。

三、迎接曙光

1945年春,世界反法西斯战争已经处在最后胜利的前夜,中国人民经过14年的抗日战争,迎来了胜利的曙光。1945年4月23日至6月10日,中国共产党第七次全国代表大会在延安召开,发出了"放手发动群众,壮大人民力量,在我党的领导下,打败侵略者,解放全中国,建设一个新民主主义的中国"的号召,全国革命形势不断高涨。

在皖中地区,1945年春夏之交,新四军第七师主力先后攻克了无为县塔桥等十几个日伪据点;沿江支队独立团三渡巢湖,袭击日伪军据点,接连获胜。7月下旬,重新组建的第十九旅接连拔除了巢湖南岸巢(县)盛(家桥)公路沿线的日伪据点,歼灭日伪军600余人,彻底打通了巢无中心区与巢北、肥东游击区的联系。在皖东地区,新四军二师主力和地方武装向日伪军发动强大攻势,把敌人逼到津浦、淮南两条铁路沿线孤立据点之内,缩小了敌占区,扩大了解放区。

1945年8月8日,苏联对日宣战,出兵中国东北,中国抗日战争进入全面反攻阶段。8月10日至11日,朱德总司令向各解放区发布全面反攻的命令。新四军第七师遵照军部命令,立即对辖

区内日伪军占据的城镇和据点发起进攻。8月12日,第十九旅五十六团向拒绝投降的巢县望城岗守军发起进攻,歼灭日伪第二军四师十二团大部和巢县保安团一部共计1300余人,俘虏副团长及以下官兵数百人,缴获轻重机枪30余挺、步枪700余支。随后,第七师各部又接连攻克40多处日伪据点,给盘踞在巢县、庐江、合肥地区的日伪军以最后的打击。

新四军第二师沿津浦、淮南两条铁路线向日伪占据的据点及重要城镇发起进攻。8月下旬,活跃在寿县东南和合肥北部的淮西独立团,奉命承担淮南铁路沿线部分日军据点的受降任务。该团先后攻克了日伪军的朱家寨、大古堆据点,随后在其他部队的配合下,收复了朱巷、下塘集和水家湖等地,将淮南铁路路西、路东的游击区连成一片。

8月14日,日本政府正式照会苏、美、中、英四国政府,接受《波茨坦公告》。15日,日本天皇以广播《终战诏书》的形式宣布无条件投降。9月2日,在东京湾的美国密苏里号巡洋舰上,日本天皇、政府和帝国大本营代表在投降书上签字。至此,中国抗日战争胜利结束。消息传来,合肥、巢县、庐江地区人民奔走相告,一片欢腾,庆祝中国人民抗日战争和世界反法西斯战争的最后胜利。

淮南、皖江地区是抗日战争时期,由中国共产党领导的全国敌后19块抗日根据地中两个重要的解放区,为中华民族的解放和反法西斯战争的胜利作出了重大贡献。新四军第二师主力部队和地方武装由四支队建立之初不足4000人,发展到近5万人,共歼灭日伪军2.5万人;淮南解放区共建立2个专员公署、17个县级抗日民主政府,拥有人口330余万,解放区面积达2万平方公里。新四军第七师主力由组建之初不足2000人,发展到2万多人,地方武装发展到7100多人;皖江解放区建立3个专员公署、14个县级抗日民主政府,拥有人口约300万,面积达3万平方公里。①

巢县、合肥、庐江地处淮南、皖江根据地的中间地带,既是两大根据地的组成部分,也是广阔的游击区和重要通道。巢南、庐东与无为大部构成了皖江根据地的中心区域。巢北与合肥东南开辟为巢北游击区。合肥东北地区扼守津浦路西门户,是淮南根据地西部的前哨阵地和重要屏障,并与巢北游击区一起,构筑了一条连接新四军第二、第七师的交通线,保障了两个根据地的人员和物资往来。寿县东南、合肥西北的淮西地区,成为新四军二师出击淮南铁路线的重要游击区。

合肥地区虽地处日、伪、顽三方夹击之中,但中共组织仍在合肥东北、东南、西北先后建立了合肥县、定合县、寿东南办事处、巢合办事处四个县级抗日民主政权。在中国共产党的领导下,在新四军的支持下,抗日民主政府在根据地内开展减租减息和大生产运动,建立群众抗日组织和地方武装,动员群众交纳公粮,配合新

---

① 中共安徽省委党史研究室:《中国共产党安徽历史大事记(1921年7月—1949年9月)》,合肥:安徽人民出版社,2017年,第276、277页。

四军反击日伪军"扫荡"及开展反顽斗争。其中,巢合办事处由最初的两个区政府发展到七个,所辖范围南至巢湖边,北至白龙厂,东到巢城,西到合肥城边。寿东南根据地的范围随着军事斗争的胜利不断扩大,到抗战后期,建立了南至合肥以北的吴山庙,北到凤阳、怀远边界,东起淮南铁路以西的下塘集、朱巷、水家湖,西濒瓦埠湖,长约五十多公里、宽约二十公里的寿县抗日民主政权和三十多个乡政权。抗日民主政权的建设不仅为合肥地区抗战取得最后的胜利,奠定了稳固的群众基础和物质基础,也为巩固淮南、皖江两大根据地作出了积极贡献。

第八章

解放战争

全面内战爆发后,国民党桂系集团和地方武装,不断对合肥地区的中共活动地域进行"清剿"。中共组织及武装力量,依靠人民群众,开展游击战争,度过了解放战争最艰难的时期,并先后开辟了淮西、肥东、巢北、肥西南、庐江等游击根据地。与此同时,合肥国统区民主运动兴起,成为反抗国民党地方反动统治的另一条重要战线。合肥解放前夕,民盟组织奔走斡旋,为合肥和平解放作出了积极贡献。渡江战役总前委进驻合肥东乡瑶岗后,运筹帷幄,取得了渡江战役的伟大胜利。为巩固新生的人民政权,合肥军民在中国共产党的领导下,展开了剿匪反特、稳定金融经济等一系列斗争。古城合肥迎来了历史发展新时期。

一、重建淮西根据地

(一)寿六合霍工委挺进淮西

抗战刚胜利,国民党就迫不及待地抢夺胜利果实,占领各大城市,进犯解放区。为顾全大局,中共在重庆谈判作了一些让步,主动撤出包括皖江、皖南在内的8个解放区。1945年9月开始,新四军皖江根据地第七师全部,皖东根据地第二师主力,以及两个根据地的党政机关陆续北撤苏北和山东,只留下少数部队和人员坚持斗争。10月初,还在重庆谈判期间,国民党桂系第一七六师和安徽省保安第五团,联合向寿东南地区发动进攻。新四军淮西独立团和地方武装被迫撤退到津浦路西定远藕塘地区。寿县东南、合肥西北一带的区乡党组织和党员转入地下活动。

1945年11月,撤退到津浦路西的淮西独立团改编为新四军第二师六旅十七团,彭济武任团长,杨效椿任政委;寿县区乡武装改编为两支武工队,分别由杨刚、冯道生任队长。十七团和武工队均归华中第四地委和四分区①直接领导。根据地委指示，武工队派出侦察小组三进淮西，了解情况，联系地下党组织，为返回淮西开展游击斗争作准备。

1946年1月3日，华中第四地委和军分区负责人黄岩、陈庆光、李国厚、杨效椿等在定远老人仓召集赵凯、杨刚、曹云鹤、董完白（未到）、冯道生等人谈话，听取关于淮西情况的汇报，商量返回淮西、坚持长期敌后武装斗争的问题。地委、专署、军分区还决定，成立中共寿（县）六（安）合（肥）霍（邱）工作委员会，指定赵凯任工委书记，杨刚任副书记兼组织部长，曹云鹤、董完白、冯道生为委员；成立寿六合霍县政府，赵凯兼任县长，董完白任副县长；组建寿六合霍县游击总队，冯道生任总队长，赵凯兼任政委。地委要求游击队进入淮西后，与地下党组织密切配合，发动群众，团结各方力量，坚持敌后斗争，打击反动武装，摧毁敌区

▲ 中共寿六合霍工委书记赵凯

---

① 1945年10月24日，中共中央华中分局成立，下辖苏中、淮南2个区党委及8个地委，原津浦路西成立华中第四地委，书记黄岩。同时成立新四军华中军区，下辖苏中、淮南军区及8个军分区，第六旅兼四分区，六旅旅长陈庆先兼军分区司令，黄岩兼军分区政委。10月29日，苏皖边区政府成立，下辖8个专署，津浦路西为第四专署，专员郑抱真。

乡政权,恢复和发展根据地;活动范围不要局限于原寿东南,要扩大到寿六合霍四个县的大片区域,充分发挥游击队灵活机动的优势,在大圈子内开展游击战与敌人周旋,并做好长期艰苦斗争的思想准备。

定远老人仓谈话不久,寿六合霍县游击总队迅速组建。队伍主要以杨刚、冯道生领导的武工队为基础,又从部队抽调部分战士组成,共120多人。其中,党员70多人,大多来自淮西的基层干部,政治素质高,熟悉当地情况,历经抗日烽火的洗礼,精明强悍,战斗经验丰富。经过两个月的整训,1946年3月9日晚,赵凯率工委和游击队从定远吴家圩出发,疾行70余里,连夜穿过淮南铁路,次日拂晓到达杨庙大松棵(今长丰县域),与当地党组织接上联系,由此拉开了淮西地区三年武装斗争的序幕。

(二)开展敌后游击斗争

寿六合霍工委到达淮西后,迅速与地下党组织取得联系,逐步建立通讯联络网,掌握了基本敌情。同时大力开展敌后统一战线工作,要求党员和游击队员利用各种社会关系,既要做好群众的宣传工作,又要团结一些有声望的中上层人士,以有利于游击队立足和开展活动。经过一段时间的努力,群众消除了顾虑,积极支持游击队活动。庄墓的群众把一挺缴获的日伪机枪送给游击队;许多热血青年投身革命队伍;不少中上层人士经过考验,最终踏上革命道路。

淮西地区紧邻国民党安徽省省会合肥,寿六合霍工委的活动和游击队的到来,引起了国民党桂系省政府的极大不安。国民党急忙调集省保安团和桂军一个团的兵力,向寿东南分路进剿,欲趁游击队立足未稳之际将其一举消灭。寿县特务头领王济川费尽心机建立情报网,派遣特务,利用叛徒,妄图里应外合摧毁游击队。

在严峻的形势下,寿六合霍县游击总队依靠党组织和群众,采取游击战术和敌人兜圈子。1946年4月,敌军还在寿东南反复"清剿"时,游击队已渡过瓦埠湖,夜行60里绕到霍邱境内,瞅准机会,在六安、霍邱交界处,打掉了国民党霍邱花果园乡公所,缴获步枪数十支,随即又迅速东渡淠河进入到六安马头集。当敌人把追剿目标转向霍邱、六安时,游击队早已撤离至合肥西乡金桥山洼里隐蔽起来。游击队根据敌情变化,随机应变,遇强敌则化整为零,隐蔽于百姓之中,遇弱敌则集中出击,抓住战机歼灭敌人,在寿六合霍四县3000平方公里的土地上,驰骋往来,声东击西,飘忽不定,把敌人拖得晕头转向。敌保安团长唉声叹气道:"共匪难剿,民匪难分啊!"[①]由于游击队跳出敌人包围圈,在敌后做大范围的游击运动,使进剿之敌两三个月都捕捉不到目标,不得不收兵回城,寿县自卫大队长因此被革职。

1946年初夏,为了解决部队给养问题,游击队频频出击,智取

---

① 赵凯:《战斗在淮西》,见中共长丰县委党史研究室:《中国共产党长丰地方史・第一卷》(1919—1949),合肥:安徽人民出版社,2010年,第180页。

了六安、合肥交界的大地主王三横的圩子,缴获长短枪 4 支、子弹 1000 多发及大批银圆、金圆券等。在大井庙附近,截获了国民党寿县县大队运送粮食的 170 辆手推车,将这些勒索摊派来的 160 多石粮食,全部分给周围百姓。6 月中旬,县总队向肥西与六安交界处的牛尾山一带行动,驻扎在山脚附近的郭家圩子。由于村里保长告密,国民党六安县杨鹏山自卫队从椿树岗偷袭过来。游击队发觉后,迅速抢上牛尾山,居高临下,击溃了敌军,打死、打伤敌官兵 50 多人。

1946 年 7 月至 1947 年 8 月,在皮定均旅一打高刘集乡公所后,寿六合霍县游击总队又两次攻打高刘集,三战三捷。高刘集是肥西大镇,有人口 3000 多人,既是当地区域经济中心,又是国民党地方的重要据点。1946 年 7 月 16 日,从中原突围的皮定均旅东进途经肥西,第一次打掉了国民党高刘集乡公所,并在游击队的帮助下,越过淮南铁路,顺利抵达苏皖边区。1947 年 3 月,寿六合霍工委率游击队二打高刘集,解除乡公所的反动武装,建立了民主乡政权,周围农村的一些保长也主动给人民政府缴纳公粮和税款,建立了基层两面政权。后国民党合肥县政府又委派中统特务王德祥为高刘乡乡长,组织反动武装进行反扑。同年 8 月,赵凯率游击队第三次攻打高刘集,缴获长短枪 60 多支,处决了特务乡长王德祥。三打高刘集有力地震慑了地方反动势力的嚣张气焰,为扩大和巩固两面性政权建设减少了阻力。

1947 年秋,晋冀鲁豫野战军(以下简称刘邓大军)进入大别山后,淮西的革命斗争形势日渐好转。为了扩大游击区,建立红色政权,1948年2月,赵凯率200多名游击队员,一举端掉了高塘集伪乡公所,镇压了反动乡长。高塘集是国民党合肥第三十九区分部所在地,反动势力肆意横行。捣毁了伪乡公所后,高塘地区的局面很快就打开了,不到两个月时间,该地区就建立了高塘、金罗、双墩、北外、双庙5个红色乡政权。

寿六合霍工委及其领导下的游击队挺进寿东南后,在人民群众的支援下,粉碎了国民党的军事围剿,镇压反动势力,不断摧毁敌人保甲政权,逐步建立了区乡隐蔽政权,开辟和扩大了红色区域,队伍不断壮大,使游击斗争的熊熊烈火,迅速燃遍淮西大地。游击斗争的不断胜利,还支持了国统区人民反内战、反饥饿、反迫害的斗争,牵制了敌人的兵力,配合了主力部队正面战场作战,使合肥城内的统治者经常处于"一夕数惊"的困境。

(三)淮西游击区的政权建设

正当寿六合霍工委领导淮西军民同敌人进行英勇斗争的时候,全国战局开始发生根本性变化。从解放战争第二年开始,中国人民解放军由战略防御转为战略进攻。1947年6月底,刘邓大军一举突破黄河天险,千里跃进大别山,拉开了全国性战略反攻的序幕。刘邓大军进入大别山后,第三纵队在地方武装的配合和群众的支援下,解放了皖西广大地区。1947年11月上旬,刘伯承、邓小平主持召开太湖刘家畈高干会议,讨论皖西地区党政军机构设置等重大问题。会议决定成立皖西区党委和皖西行署,同时组建皖西军区,从第三纵队抽调5个团与皖西人民自卫军组成军区部队,共1万多人。皖西区党委、行署下辖三个地委和专署①,其中皖西三地委管辖舒六、独山、霍山、岳北、六合、肥西等县。

1947年冬,寿六合霍工委书记赵凯和副县长董完白等先后进山,与皖西三地委取得了联系。年底,皖西区党委派宋孟邻、张慕云等6人到淮西帮助工作。1948年2月,寿六合霍工委、县政府、县总队改为寿六舒合县委、县民主政府和县总队,领导成员未变,增补张慕云为县总队副总队长。到1948年底,寿六舒合县委、县政府先后成立瓦埠、曹庵、吴山庙、陶楼、寿合五个区委和区民主政府以及两个区级办事处,46个乡级政府。县游击总队发展到1500多人,区、乡分别建立了区大队和乡中队等武装。此后,淮西解放区一派新气象,军民团结,政权稳固,新区群众为迎接全国解放的到来而欢欣鼓舞。

---

① 1947年11月15日,皖西区党委、行署、军区在岳西县汤池畈正式成立。11月29日,皖西一、二、三地委,专署和军分区成立。1948年2月,皖西四地委、专署和军分区成立。

二、合肥、庐江地区的游击斗争

（一）肥东敌后游击斗争

1. 抗战胜利后肥东的形势

抗战胜利后，肥东抗日武装及政权机构随新四军主力北撤，国民党安徽省政府和合肥县政府先后迁至合肥。肥东地区的区乡保甲政权随之建立起来，国民党合肥县党部、中统调查室、常备大队、反共行动队等机构所属的反共党团骨干、特务武装遍及肥东县境。1945年成立的国民党"滁定合边区联防司令部"所辖三个大队，分别占据王子城、八斗岭、响导铺等战略要地。1947年合肥县联防司令部成立后，在肥东撮镇成立了联防区。原日伪"清乡"团陈俊之、程玉山部，摇身一变成为国民党保安队，盘踞在长临河、长乐集一带，称霸巢湖。1948年，国民党合肥县总队第三大队进驻店埠、石塘、西山驿等地。省保安团及其他反动武装轮番到肥东"清剿"游击队，搜捕新四军留守人员，残害革命家属，抢劫财物，拆毁房屋，制造白色恐怖；对广大人民群众则实施苛捐杂税，抓夫拉丁，敲诈勒索，无所不为。刚刚摆脱日寇铁蹄的肥东人民，又笼罩在国民党的反动统治下。

新四军主力北撤后，淮南津浦路西地委先后派遣一些人员到

肥东地区坚持敌后斗争。以杨霭庭为书记的巢北工委,带领10多名武工队员,到肥东王铁、西山驿、山王等地开展游击斗争。由于国民党部队大肆"清剿",形势险恶,工委委员吴谷山及武工队长先后投敌。1946年2月,武工队和巢北工委相继解体。由童怀修(抗战时期任店埠民主区政府区长)率领的另一支游击队,在肥东店埠地区坚持斗争。由于国民党军队步步"清剿",不久,这支游击队被打散,童怀修亦因叛徒告密而被捕牺牲。

1945年10月,受华中四地委、四分区指派,宣醒民和董俊武重返巢合地区,在肥东山王集一带,寻找部队失散人员,积蓄革命力量,很快组织了一支精干的游击队,活动于撮镇、山王、西山驿、石塘一带,惩处叛徒,打击反共分子,受到人民群众的拥护和支持。国民党军队多次来"清剿",游击队员们在群众的掩护和帮助下转危为安。1946年5月中旬,华中第四地委再次指派李刚组建皖江联络队,进入巢北开辟游击区。不久,新四军第二师六旅定滁全支队司令吴万银率支队独立营,由皖东地区转移至巢县东黄山地区,与李刚领导的皖江联络队会合后,两次来到肥东山王地区,与宣醒民领导的游击队取得联系。几支队伍南北呼应,相互支持,逐步把巢北、肥东游击区连成一片,形成对敌作战的合力,斗争形势趋于好转。

2.建立地方民主政权

1947年5月,根据中共中央华中分局2月来信指示,为了加强对巢合地区的统一领导,重新组建巢北工委,吴万银任书记,方茂初、李刚、王光前、宣醒民为委员。同年秋,随着解放战争形势的发展,中共中央华东局①陆续组织干部南下合肥地区重建根据地。

早在1947年春,在淮西坚持斗争的寿六合霍工委,为了开辟根据地,派人到合肥东北造甲店地区,建立了中共淮东工委,孙祝华任书记。在淮东工委的领导下,建立了一支武装游击队以及双桃、造甲等一批乡政权。年底,淮东工委撤销,改建合五区,孙祝华为书记,同时成立五大队。1948年3月,程明远带领干部南下时,在肥东北留下俞布门等一批人在青龙厂地区开展敌后斗争。他们在合五区的帮助和支持下,于同年5月成立了合四区,俞布门任书记。为加强对肥东北地区斗争的领导,经江淮四地委批准,1948年5月成立了中共肥东北工委,孙祝华任书记;同时成立肥东北办事处,褚让三任主任。

1948年初,受华东局指派,唐晓光率领一个干部大队由山东南下抵达合肥东南,与坚持在这一地区的吴万银等游击队会合。2月间,为了恢复和开辟皖江根据地,经皖西区党委批准,正式成立皖西第四地委、军分区和专署,唐晓光任地委书记兼军分区政委,吴万银任军分区司令,赵孟明任专员。在东到裕溪河、西到白

---

① 中共中央华东局:1949年12月,山东分局和北上的华中局合并组成中共中央华东局,统一领导山东、华中两大战略区的党政工作,饶漱石任书记,驻地在山东临沂。

湖、南濒长江、北临巢湖之间,建立游击根据地,统一领导巢县、无为、和县、含山、庐江、合肥等县的武装斗争,并成立了肥东工委和全合工委。

1948年3月,肥东工委及肥东大队,在皖西第四地委的支持下,充实了一批南下干部,进入肥东南地区,不断打击和分化敌人,发展武装力量,推动政权建设。1948年8月,肥东办事处成立,先后恢复和建立了西山驿、长临河、石塘、店埠、大兴等区政权。

1948年4月,以王光前为书记的全合县委,以肥东的古城、广兴集,全椒的西王集为中心,深入发动群众,开展游击斗争。5月,江淮军区副司令梁从学率部南下路过全合,批准成立了全合县政府,王光前兼任县长,隶属江淮四专署领导,同时组建全合县总队。随着斗争的发展,全合县政府相机恢复和建立了古城区和孤山区,并在古城区建立了一批乡政权。为加强全合县的武装斗争,江淮第四军分区还抽调一个中队,配合全合县总队行动。此后,全合县武装力量在战斗中不断壮大。1949年1月,全合总队随华东野战军先遣纵队进驻梁园,建立了梁园区等一批乡政权。

3. 游击队频频出击

1947年5月,巢北工委成立后,为扩大游击斗争,在工委的统一领导下,将坚持在巢北、肥东敌后斗争的游击队组成三个大队,一大队由宣醒民负责,坚持在巢合地区斗争;二大队在李刚的带领下,沿长江、巢湖北岸向巢含地区发展;吴万银、王光前带领三大队向东运动,开辟全合游击区。活动在巢合地区的一大队,放手发动群众,积极扩大武装力量,乘着刘邓大军挺进大别山,合肥地区国民党兵力空虚之机,在肥东南一带收缴地方枪支,建立了数支游击队。

1947年10月下旬的一天,吴万银、王光前率领三大队在巢合边界合浦公路上,伏击了国民党军车一辆,俘虏了国民党合肥城防副司令刘文潮等20多人,缴获了一些枪支和物资。次日,国民党军队调集一个营的兵力到巢合边界围剿三大队。二大队李刚、一大队宣醒民先后率部赶来支援,三个大队会合于铜鼓山,一举击退了敌人的进攻。1948年2月,王光前带领三大队转移北上,与坚持在凤阳山区斗争的游击队会合,并在江淮军区南下部队的帮助下,从定滁全沿途拔掉余家圩、周家岗等敌人据点。巢北工委领导的三支游击队,与敌人周旋于巢合地区,横跨皖东数县,游击地域方圆几百里,西到肥东山王集、王铁、马集、马家湖,东至含山、和县等地,南至巢县的黄山、花集,北到全椒的管家坝、小马厂,驰骋往来,频频出击;时而正面出击,攻其不备,时而绕到敌后,突然袭击,打得敌人惊慌失措、防不胜防。

1948年3月,肥东大队针对国民党军队不分白天黑夜大举"清剿"、特务活动猖獗的情况,将两个中队集中于外围游击;另派一些队员坚持内线斗争,内外结合,寻机歼敌。1948年夏,肥东大队二中队在梁园附近击溃国民党合肥县常备队,缴获长枪10余支。同年秋,国民党军队一个营从巢县柘皋向肥东进犯,遭到游击队的迎头痛击,被毙伤数十人。同年冬,肥东大队还先后攻打了巢县魏子桥、肥东龙城和昂集乡公所,缴获枪支40余支。淮海战役胜利后,肥东大队奉命于合浦、合裕公路沿线打击国民党沿途抓丁拉夫的溃军,保护群众安全。合肥解放前夕,肥东地区国民党地方武装惶惶不安,肥东大队政委杨吉平派人做梁园商团团长工作,敦促其放下武器;又通过上层进步人士争取撮镇联防区区长方瑞初投诚。在其影响下,其他一些地方武装和土顽也相继缴械反正。

肥东地区游击斗争的开展,不仅牵制了敌人的主力,策应了正面战场的作战,也为合肥的和平解放创造了条件。

(二)肥西南游击区的开辟

1. 肥西(南)工委及游击队的建立

刘邓大军挺进大别山后,第三纵队继续向江淮丘陵地区推进。为了适应迅速发展的革命形势,皖西党政领导机关适时派出干部,进行民主政权和人民武装建设。1947年9月底,中共皖西工委选派宣育华等南下干部,到合肥西部地区开展活动,筹建党的组织。同年12月,中共肥西(南)工委成立,宣育华任书记,同时成立了肥西南办事处,郭崇毅任主任。肥西(南)工委、办事处分别隶属皖西第三地委、第三专署领导。鉴于敌我力量悬殊,工委成立之初,以双河为中心,采取隐蔽方式活动于山南馆、焦婆店、大潜山、中派河、上派河、官亭等地区。因基层党组织多数未恢复，工委的主要任务是宣传党的政策，扩大影响，做好统一战线工作，并建立了焦婆店、周新街、中派河、义城集、五十埠、大潜山几个联络点，收集敌方情报，负责交通联络，为解放军筹集钱粮等。

为尽快开辟肥西游击区，配合刘邓大军作战，1948年3月，皖西第四军分区①派施大仓带领一支20多人的武工队来到肥西。队员都是从主力部队挑选出来的，能征善战，很有战斗力。武工队的到来，使肥西（南）工委如虎添翼。武工队分两个班，在工委的领导下，经常出没在焦婆、山南、大潜山一带打击敌人。不到一个月，武工队就发展到80多人，拥有70余条枪，由两个班扩编为两个中队。

同年4月，皖西第三军分区所属六合支队一行16人，在邹德胜的带领下进入六安、合肥交界的双河、官亭一带，组织农会，发动群众开展武装斗争，待机进入肥西地区。6月，三分区司令部进驻六安椿树岗后，国民党集中数个团的兵力前来攻打，并调集驻扎于肥西的省保安团一并参加围攻，企图一举剿灭三分区部队。乘肥西守敌空虚之机，三分区司令部指示六合支队跳出包围圈，转入肥西创立敌后游击区，开展游击战。不久，六合支队在肥西周老圩与宣育华、施大仓领导的武工队会合，改编成立了肥西游

---

① 皖西四地委、四专署、四分区管辖临江、湖东、湖西、无为、无南、和含、巢合、肥西、肥东等县。

击队,转战于上派、双河、山南等地。经过一个时期的统战工作,游击队还与这一带的20多个乡公所建立了联系,民盟地下成员、国民党官亭区长龚衡军及其他一些乡镇长,经常为游击队递送情报、筹备粮草,掩护过往人员,有的主动献出隐藏的枪支弹药。8月初,游击队改编为肥西支队,后扩编为四个中队。到1949年5月,肥西支队已发展到1600余人,成立了肥西独立团,由黄明任团长,宣育华任政委。

2. 创立游击区粉碎敌人"清剿"

肥西连接合肥与皖西,合六、合安公路直贯肥西县境,在军事上具有重要的战略地位。肥西游击队的活动和游击区的开辟,等于在敌人胸口插上了一把尖刀。因此,在肥西游击区创立不久,国民党安徽省主席李品仙即调集桂系第七十七师一个团和省保安团前往"清剿"。与此同时,国民党合肥保警队也进入南乡三河一带进行"剿共"。

1947年12月3日,国民党中央行政院致电安徽,要求省政府通力合作,动员"戡乱",充实自卫组织,严防"共匪"叛乱。刚接任国民党安徽省政府主席的夏威下令,部署国民党第四十六师负责"清剿"淮南铁路以西、淮河以南,寿县、霍邱、立煌、六安、霍山、舒城、合肥等各县游击区,限月底彻底肃清各区内的中共武装。接着,国民党省保安一团、二团、六团等配合第四十六师进驻肥西等县。除此之外,合六公路交通线上的官亭驻有国民党合肥县自卫队第四中队,高刘集驻有国民党省保安团郭坚部。大批敌人占领乡镇,控制交通线,扶植地方反动武装,轮番向游击区"清剿",迫害进步人士,屠杀革命干部,强迫群众自首,广大人民群众的生命财产毫无安全保障。

面对敌人的疯狂进攻,肥西(南)工委遵照皖西三地委提出的"开展游击战争,发展与坚持肥西游击根据地"的指示,放手发动群众,坚持游击斗争,寻找战机,袭击反动武装,摧毁敌区乡政府,扩大革命武装,恢复和扩大根据地。敌人白天"清剿"封锁,工委及游击队便夜晚活动,经常风餐露宿,睡野地,盖稻草,饿食野菜,渴饮凉水,生活极为艰苦。尽管如此,队员们依然保持着旺盛的精神和斗志,在地方党组织和人民群众的帮助下,不断粉碎敌人的"清剿"。游击队根据敌情变化,采取机动灵活的战术,忽隐忽现,忽西忽东,聚散不定,伺机出击,不仅摆脱了敌人的多次"围剿",保存了革命力量,而且有效地打击了敌军,鼓舞了游击区人民必胜的信心。

1948年秋,解放战争进入到第三个年头,随着解放区各战场的节节胜利,形势越来越明朗,曙光已经在望。此时,国民党为了加强江防,控制淮南、津浦路交通,维持其摇摇欲坠的统治,又向游击区发起新的进攻。国民党安徽省保安六团团长钟经麟在南京向蒋介石保证,在20天内消灭巢合地区的中共游击武装。钟回到合肥后,立即集中保安六团、自卫队、"清乡队"等共两个团的兵力,配合国民党四十六师采取轮番战术,紧紧追击游击队。另

外,舒六合三县联防特别区主任彭越带领一支突击大队约300人,串扰唐湾、界河、袁店、唐家圩子一带,掠夺群众财物,捕捉中共干部及家属。山南联防区主任郭弼带领联防中队50余人,与合肥县党部特务队十六中队联合行动,不断骚扰顺河店、长岭岗、吴小郢地区。企图造成白色恐怖,使游击队无法展开游击斗争。

面对敌人最后的疯狂和挣扎,在全国革命胜利形势的鼓舞下,肥西党组织和武装力量,毫无畏惧,以必胜的信念和灵活的战术,与敌军展开最后的搏杀。从1948年8月到年底,肥西支队与国民党四十六师、省保安团及地方武装进行了数次战斗,均取得了胜利,不仅解救了被敌军绑去的30多名妇女,夺回了被国民党抢去的部分群众财产,而且力量不断壮大,为争取肥西最后的解放奠定了基础。

(三)坚持庐江地区游击斗争

1.皖西工委领导下的游击斗争

1945年9月底至10月初,新四军第七师北撤前,遵照华中局"主力北撤后,应留下一定武装分散坚持"①的指示,由中共湖东中心县委书记桂林栖、第七师沿江团二营教导员钟大湖等奉命率领七连、九连和手枪队共300余人,依据山地湖泊,在国民党统治薄弱地区坚持游击斗争。与此同时,巢湖工委委员张家英等人,也

---

① 中共安徽省委党史研究室:《中国共产党安徽地方史》(第一卷),合肥:安徽人民出版社,2000年,第494页。

组织了一支游击队,在庐江地区坚持斗争。10月上旬,部队整编为皖西大队,向大别山转移,途径庐江金牛乡时,遭到国民党省保安团一个营的阻击。为保存力量,皖西大队迅速甩开敌军,撤退至桐城、潜山、舒城交界的西岭山区,与舒桐潜工委领导的游击队会合。10月中旬,两支队伍的领导人在桐城蒋铁乡孙家湾开会,决定成立皖西工委,直属华中分局领导,由桂林栖任书记;两支队伍合并为新的皖西大队。会后,鉴于形势紧张和游击区范围缩小,工委及皖西大队决定分散隐蔽活动。次年3月,桂林栖率手枪队10余人前往苏北华中分局请示汇报工作。

▲ 皖西工委书记桂林栖

1946年6月下旬,国民党发动全面内战,首先调集几十万大军进攻中原解放区和苏皖解放区。苏皖四分区定滁全县总队独立营,跳出包围圈,插入皖中敌后开展游击战,其第一、第三连渡过巢湖后,于7月中旬到达舒桐潜边区与皖西大队会合。10月,根据华中分局的指示,皖西大队扩建为皖西支队,下辖3个大队。皖西支队放手发动群众,在潜山、舒城、庐江边区大力开展敌后游击战争,以武装斗争配合政治斗争和经济斗争,度过了战略防御阶段最艰苦时期,部队有了很大发展。

1947年2月,桂林栖带领一批干部从苏北返回皖西。根据形势发展和斗争需要,为了配合解放军的战略反攻,皖西工委决定成立潜太、岳北、舒六县委和桐庐、庐北工委。余平任桐庐工委书记,张家英任庐北工委书记。皖西支队编为5个大队,分别随各县(工)委活动。其中,第四大队与桐庐工委一起,主要活动于庐江西南和舒城东乡一带;第五大队与庐北工委一起,主要活动于庐江东北的白石山、盛家桥等地。

1947年春,庐北游击大队化装袭击了国民党金牛大五冲、韩家桥乡公所,缴获枪支11支;随后,又在巢湖边歼灭国民党水上大队,缴获盐船两只和部分钱物。5月20日,游击队智取国民党黄蜀山乡公所,俘敌18人,缴获长短枪18支。同月,张家英在购买武器时不幸被捕牺牲。皖西工委派姚守永回庐江任庐北工委委员兼游击大队队长。姚守永带领队员一方面展开政治攻势,分化敌方阵营,一方面在军事上不断袭击敌人,打击顽固派。面对国民党桂军的进剿,游击队采取灵活机动的战术,昼伏夜出,避实击虚,接连消灭了国民党两个县中队和一个清乡队,继而又袭击了国民党罗家埠、铺子岗两个乡公所,缴获枪支20多支。

与此同时,桂林栖直接指导桐庐游击大队转战于桐庐一带,先后突袭了庐江的七桥、砖桥、陡岗以及桐城的石河、上界河等国民党乡公所,缴获一批武器。1947年6月,游击大队在岱鳌山附近,击败国民党庐江、桐城县自卫队两个中队,缴获机枪2挺,长短枪28支,毙敌10余人,俘虏20多人。8月,游击大队再次歼灭庐江自卫队一个中队。随后,又在界河张家小圩消灭庐江常备队一个排,生擒敌排长,缴获各种枪支近300支,有力地打击了地方土顽势力。随着军事斗争的不断胜利,庐江地区游击斗争的局面基本得到改变,根据地和人民武装不断壮大,为刘邓大军进入庐江创造了有利条件。

2.刘邓大军两占庐江与根据地建设

1947年8月底,刘邓大军千里跃进大别山后,迅速实施战略展开,第三纵队"全部在皖西作战",放手歼敌,攻占城镇。9月初,三纵八旅攻占金寨后,第二十三团向合肥方向猛追逃窜之敌,第二十二团沿合安公路向南进攻桐城,第二十四团攻打庐江。9月11日,第二十四团由舒城出发,沿合安公路经南港至汤池地区隐蔽集结,12日晚攻占庐江城。庐江解放后,根据上级指示,成立了民主庐江县政府,任命二营教导员牛步高为代理县长,同时建立了城关、白山、汤池、黄泥河4个区政府。9月下旬,第二十四团奉命移防桐城。25日,国民党青年军第二〇二师进占庐江城。10月上旬,第二十四团参加六安张家店战役后,挥师东进,再次解放庐江城。进城后,第二十四团组建了武工队,帮助地方政府开展土地改革,组织区乡武装,保护群众利益。地方政府则动员群众踊跃支前,为部队筹措粮款,赶制冬装。不久,因战斗需要,第二十四团撤离庐江,开赴新的战场。

1947年秋冬之际,奉皖西二分区指示,随刘邓大军南下的几批干部,在马力、程继贤等人的带领下,到桐庐地区开辟敌后游击根据地,配合、支援主力部队的正面作战。该敌后游击根据地包括桐城县菜子湖以东、无为三官山以西、庐江城以南、长江以北的广大地区。这期间,庐北和桐庐游击大队配合刘邓大军第三纵队一部,解放了庐江西南大片地区,并建立了区乡政权,为根据地建设打下了基础。1947年10月中旬,在庐北、桐庐两个游击大队的基础上,加上野战军的两个连,组建了桐庐基干团,胡广任团长,马力任政委。12月初,皖西第二地委、第二专署在庐江大凹口成立中共桐庐县委、县民主政府,马力任书记,程继贤任县长。12月下旬,中共湖西县委、县民主政府在庐江葛家庙成立,书记侯振东,县长余平。根据皖西二分区指示,桐庐基干团一分为二,分别成立桐庐独立团和湖西独立团,跟随桐庐、湖西县委活动。桐庐独立团主要活动于庐南的大凹口、罗昌河、砖桥和桐东一带,湖西独立团则转战于庐北的柯坦、汤池、白石山、盛家桥等地。

桐庐、湖西县委和县政府成立后,在皖西第二地委的领导下,派遣干部到各地开辟新区,建立基层民主政权,不断扩大游击区和根据地。其中,桐庐县先后建立大凹口、黄泥河、罗昌桥、桐东、昆山等8个区委、区政府,湖西县建立了汤池、柯坦、白山、罗埠、盛桥5个区委、区政府。县委、县政府发动群众,开展土地改革,建立贫农团组织,筹措粮款,缝制棉衣,支援刘邓大军作战;发展地方武装,在广阔的湖泊、山川、丘陵地带开展机动灵活的游击战,粉碎敌军的轮番"清剿",度过了解放战争最艰苦的岁月,使游击根据地不断巩固和扩大。到1948年下半年,人民解放军战略反攻捷报频传,庐江地区的革命形势全面好转,进入了迎接全面解放的新时期。

三、国统区的民主运动

(一)反饥饿、反迫害斗争

全面内战爆发后,国民党政府不仅在军事上遭受沉重打击,而且在经济和政治上也陷入了严重危机:政治上,实行独裁统治,不得人心,失道寡助;经济上,大肆巧取豪夺,竭泽而渔,民不聊生。据统计,1946年合肥市场零售物价总指数比抗战前上升1380倍[①]。由于国民党的专制统治和发动内战而带来的物价飞涨,引发了国统区广大人民的求生存斗争。一个以学生运动为先导,工农运动为主体,包括各阶层人士参加的反美和反饥饿、反内战、反迫害的群众运动蓬勃发展起来。

1947年5月,合肥米价自京沪涨风传来,一日数升,引起民众的恐慌不安。从5月至6月,反饥饿、反内战、反迫害运动扩大到国统区60多个大中城市,形成了全国性的学生运动的高潮。学

---

① 合肥地方志编纂委员会:《合肥市志》(1),合肥:安徽人民出版社,1999年,第29页。

生运动促进了整个民主运动的高涨,形成了解放战争期间打击国民党反动统治的第二战场。合肥地区的民主运动也随着全国形势的发展而发展,工人罢工、饥民抢米、学生游行示威、商人请愿斗争等风起云涌,接连不断。

1947年上半年,外地巨商大批抢购合肥地区粮食外运,致使合肥米价猛涨,市民再也无法忍受,掀起了抢米斗争的高潮。4月27日,某粮商自合肥县沈洪昌、信和丰等米行购得绿豆、米、花生等粮食约200余石外销,以图暴利。粮船行至城郊卫杨村时,"附近饥民百余人蜂拥而来,将米商所载运粮食全部抢劫一空"①。5月16日,国民党军押运粮食出境时,因遭遇市民拦截,押粮卫兵鸣枪示警,致使一江姓少女毙命。次日上午,合肥东门外又有米商将300石粮食外运出境,粮船行经南淝河宋斗湾附近,被当地居民拦住不予放行。在群众的压力下,国民党合肥县县长汪庭霖只得接受严惩凶手等三项要求,并派军队将这批粮食运回。5月30日,国民党三河军粮采购处,由双河镇押运军粮两船至三河,行至南乡丰乐集,"突有饥民数百人,蜂拥涉水上船抢粮,一瞬间,船上粮食抢之一空"②。

合肥学生还举行了反对国民党青年军暴行的游行示威。1947年5月的一天,合肥中学学生谢维尧在看电影时,因座位纠纷遭青年军七八人拖至驻地拘押殴打。全校学生闻讯义愤填膺,

---

① 《皖报》1947年5月1日。
② 《皖报》1947年6月11日。

纷纷要求严惩青年军。次日,学生罢课并联络城内外各中学学生举行游行示威。学生们张贴标语,高呼"反内战、反饥饿、反迫害"口号,很快形成了全城性的罢课、罢市运动。在广大群众及各界人士的声援下,国民党青年军被迫接受学生提出的登报道歉、严惩肇事者、医治被打学生以及保证不再发生类似事件等要求①,事件方才平息。同年6月,合肥肥西初级中学进步学生孙哲等数十人,以反对事务处主任刘某贪污学生伙食费为导火索,进而揭露出校长吴某吸食鸦片、贪污腐败等种种劣迹,从而掀起肥西地方学潮,迫使该校长辞职。

工人、市民及公教人员的罢工、请愿斗争亦时有发生。1946年秋,安徽日报印刷厂排字车间工人,抗议报社强迫加班,经常拖欠薪水,而合理要求却被置之不理,终于忍无可忍,愤而罢工,致使报纸停刊两个多月。同年,三河镇榨油工人不堪贫苦,要求增加工资。叶明友、蒋敦举、杨大法等人串联附近七八十家油坊共800余名工友,团结斗争,挫败了国民党工会和县政府的恐吓威胁,坚持罢工4天,迫使资方承诺日工资增加50%的条件②,罢工取得胜利。1947年4月22日,合肥县银行全体职员因不堪生活重压,请求银行方面提高待遇未获结果,遂举行罢工。5月17日,

---

① 关天植:《1947年合肥中学学生反青年军暴行经过》,见《合肥党史资料专题(1919—1949)》,内部资料,第357页。
② 《合肥工运史研究资料》,见《合肥党史资料专题》(1919—1949),内部资料,第355页。

合肥各机关工资微薄、难以糊口的公教人员230余人,整队前往国民党县参议会请愿,要求发放平价米,增加薪金五成,斗争最后取得了胜利。同日,合肥城区商业同业公会,因为直接税过重,无力缴纳,组织了请愿团,向当局申述,不达目的绝不终止。1948年1月,合肥木瓦业工人为增加工资全体罢工,迫使资方让步。同年7月,国民党妄图阻止人民解放军解放合肥城,强行征收城防费,激起市民强烈反对。各界人士300余人集会并派代表前往县参议会请愿,不料却遭到一位副议长拒绝。消息传来,群情激愤,将副议长拖出游街至国民党省政府。最后,国民党当局慑于公愤,被迫取消该项费用。此外,民盟成员、肥西焦婆乡乡长郭崇毅在雷麻、焦婆一带发动贫苦农民,组织了"兄弟联谊社"和"中国民主自卫军第十二支队",武装抵抗反动势力的压迫。1948年底,在中共政策的感召下,国民党合肥县自卫总队副总队长龚衡军,肥西江夏乡乡长刘学素,弃暗投明,先后在合肥解放前夕率部起义,加入革命营垒。

解放战争期间合肥地区的爱国民主运动,冲击了摇摇欲坠的国民党地方统治的根基,反映了历史大趋势下的民心向背——蒋家王朝已无可挽回地走向了灭亡的末路。

(二)民盟组织在合肥的活动

解放前夕,民盟合肥组织与中国共产党风雨同舟,密切配合,为推翻国民党反动统治,促进合肥和平解放作出了贡献。

早在1946年春,民主人士李湘若即以民盟总部委任的安徽盟务联络员的身份秘密来肥,发展盟员,建立组织,先后发展郭崇毅、吴伯敏、周介如、龚衡军、项有群、董光升、殷乘兴、哈庸凡等人为中国民主同盟盟员。不久,郭崇毅到肥西发动群众,参与组建肥西南游击大队。1948年春,合肥民盟组织与皖西军区三分区取得了联系,郭崇毅被任命为三分区联络科长兼任肥西南办事处主任。遵照中共指示,民盟成员利用自己的社会关系,在国民党军政人员中积极进行策反工作,在城市策划和领导爱国民主运动,在农村组织农民武装参加解放战争。与此同时,民盟合肥组织还在合肥城内、六合边区、庐江等地建立秘密联络站,为中共转送情报,购买物资。

1948年以后,为了配合人民解放军南下,民盟合肥组织主要做了两件事:一是策动利用盟员龚衡军出任合肥西乡官亭联防区主任之职,举行地方武装起义,成立合肥支队;二是举荐龚兆庆担任合肥最后一任县长,促成了合肥和平解放。龚衡军于1947年担任合肥县自卫总队副总队长时,在接到皖西军区三分区政委唐晓光的策反信后,便开始酝酿起义。1948年春,龚衡军出任国民党合肥县官亭区联防主任,并通过龚兆庆将县自卫队武装大部调入肥西,为起义做准备。同年冬,时机成熟,在民盟组织的配合下,龚衡军率领国民党合肥县自卫总队的两个大队和官亭区一个大队1000余人,在肥西官亭地区举行武装起义。起义后,部队改编为皖西军区合肥支队,龚衡军任支队长,唐晓光兼任支队政委。

不久,合肥支队被编入解放军二野部队,随军渡江南下。

1948年11月淮海战役打响后,随着时局日益紧张,桂系安徽省军政人员纷纷南逃,国民党合肥县县长朱廷辽上任不足一个月便借病逃遁。对此,民盟合肥组织认为机不可失,多方运作,力促民盟成员龚兆庆谋得国民党合肥县县长一职。龚上任后,安排殷乘兴、董光升、哈庸凡等担任县政府主要职务,合肥民盟组织实际上已掌握了县政府政权,为合肥和平解放创造了条件。

12月中旬,国民党刘汝明兵团在宿县被解放军击溃,残部退守合肥,大肆抓兵屯粮,企图作困兽斗,闹得合肥城内人心惶惶、鸡犬不宁。面对这一严重情况,龚兆庆等拟写一个《保存实力,迎接解放》的方案,派人送往解放区。皖西三分区立即派敌工部部长蒋树民秘密潜入合肥城内,与民盟组织协商解放合肥的具体事宜。经协商决定利用刘汝明故旧、合肥人朱幼农出面,劝说刘汝明早日南撤。

1949年1月20日,举棋不定的刘汝明见大势已去,加之解放军先遣部队已逼近合肥,最终放弃负隅顽抗的念头,在农历小年前夕匆匆南逃而去。刘汝明部队撤离后,合肥情况趋于稳定。龚兆庆等一面布置城防,维持地方治安,保护仓库物资,等候解放军接管,一面派人和解放军联系,迎接曙光的到来。

▲ 率部起义的龚衡军

四、最后的胜利

(一)合肥和平解放

1949年初淮海战役胜利结束后,中国人民解放军华东野战军先遣纵队奉命担负解放合肥的任务。1月19日,先遣纵队总部及四支队在纵队政委谭启龙(纵队司令员孙仲德未到任)的率领下,由定远县藕塘进驻合肥东乡梁园。当晚,谭启龙电话命令国民党

▲ 1949年1月24日《江淮日报》报道合肥解放消息

合肥县政府县长龚兆庆,要求其在解放军即将到达前,负责保护

全城市民生命财产安全,维护社会秩序,听候接管。龚兆庆报告了城内情况,并派出代表前往解放军司令部,表示服从命令,欢迎解放军进城。

1月20日,国民党军刘汝明部开始撤离合肥,先遣纵队总部随即命所部四支队一大队向合肥进发,侦察敌情。1月21日,侦察部队在合肥东门外飞机场附近与刘汝明后卫部队交火。刘部无心恋战,随即向巢县方向撤退。当日午后,一大队队长李锡峰和政委齐平率部进至合肥威武门(今大东门)城下,守城的县自卫队得到龚兆庆指示,立即打开城门,合肥城和平解放。先遣纵队四支队一大队进城时,城内鞭炮齐鸣,居民纷纷涌向街头,夹道欢迎解放军入城。当晚,谭启龙率先遣纵队大部队进入县城。随着合肥全境及周边地区的相继解放,中共组织的活动也由地下转为公开。合肥人民在中国共产党的领导下开始重建家园,千年古城迎来了新生。新华社对合肥和平解放的方式给予了积极评价,称赞道:"合肥国民党政府人员保护资产,等待接收,这种遵照人民解放军命令的做法,值得各地国民党政府人员效法。"①

解放初期,合肥党组织面临的形势十分严峻复杂,困难很多。合肥解放时,江北战斗刚结束,人民解放军准备渡江,国民党陆海空军严密封锁长江,敌机日夜在合肥上空及沿江、江北城市进行侦察、扫射,引起百姓恐慌。国民党遗留下来的残余武装和潜伏

---

① 1949年2月1日新华社蚌埠电,载《江淮日报》1949年2月4日。

特务对于失败的命运并不甘心,这些人伙同农村中的地主恶霸、反动会道门头子和城市中的封建把头、帮会骨干以及地痞流氓沆瀣一气,为非作歹,无恶不作,反革命活动十分猖獗,严重危胁着人民的生命财产安全。

抗战胜利后,合肥成为国民党安徽省的省会,既是合肥县政府久驻之地,也是全省的政治、文化、军事中心,一些市民长期蒙受国民党的反动宣传,对共产党半信半疑,抱着观望态度。解放军入城后,市内各私营公司、商店、牙行(商行)均闭门无人,工商业处于瘫痪状态。国民党统治下造成的无止境的通货膨胀,物价飞涨,使"金圆券"成为废纸,城区百姓生活无着、困苦不堪。在农

▲ 人民解放军进入合肥城

村地区,地主和富农占有大量土地,广大农民只有少量土地或没

有土地,为了养家糊口,他们只好租佃地主的土地耕种,忍受着地主的剥削和压迫。

在思想领域,帝国主义、封建主义、资本主义的腐朽落后思想,还在毒害着人民群众。广大妇女受着封建婚姻制度的压迫,包办婚姻仍然盛行。吸毒、贩毒、卖淫嫖娼和聚众赌博等社会丑恶现象严重存在。这些状况如果不加以彻底改变,社会秩序就得不到巩固,社会生产力就不能得到解放,人民生活水平就得不到改善和提高。合肥解放后,即将建立的人民政权面临着极为严峻的考验。

(二)对城市的接管

1949年1月22日,合肥解放的第二天,中国人民解放军合肥临时军事管制委员会(以下简称军管会)宣告成立,孙仲德任主任,宋日昌、黄岩任副主任,负责全城治安管理等事宜。2月5日,华东军区所属江淮军区司令部、政治部电令:"为确立革命秩序,保障全体人民生命财产,维护社会安宁,着令正式成立合肥市军事管制委员会,为该市军事管制时期之最高权力机关,统一全市军事行政管理事宜,任命孙仲德、黄岩、宋日昌、郑抱真、王善甫、王长俊、李广涛为委员,以孙仲德为主任,黄岩、宋日昌为副主任。"①军管会内设宣教部、公共事业部和财经部。与此同时,为防

---

① 《江淮日报》1949年2月11日转载新华社江淮分社合肥支社电。

止国民党残余部队的反扑和空袭,军管会决定以华野先遣纵队机关和四支队一大队为基础,组建华东野战军合肥城防司令部,先遣纵队副司令彭德清兼任司令员。

合肥解放之前,解放军和地方党组织就已经系统地学习了中共中央和华东局关于城市接管的相关指示和政策。合肥解放之际,国民党合肥县县长龚兆庆等人弃暗投明,县衙的档案文书及物资保存完好,由先遣纵队入城后一并接收。临时军管会成立后,中共江淮区委又陆续派干部入城,加强合肥的接管力量。军管会正式成立后,对刚刚解放的合肥实施军事管制,按照"自上而下,按系统,原封不动,整个接收"的原则,对旧政权机构和金融、交通、邮政、文教等各行各业展开了全面接管。

1949年1月下旬,江淮区党委派遣丁伟、黄建中等日夜兼程,先后赶到合肥,会同先遣纵队干部大队接管了国民党安徽省警察局留守处、合肥

▲ 合肥军管会主任孙仲德

县警察局。接收的200余名旧警察,在城防司令部集训审查,录用其中95人分别担任交通警和消防警,其余均遣散回家。2月11日,合肥市工商税务局成立,章佐任局长兼华中银行合肥分行行长,负责接管国民党合肥县税务局、稽查所和所有银行,接收残余档案物资,对旧职人员限期登记,愿留者全部接收,对技术人员

则一律按原职原薪安排工作。文教部门接收了省立中学3所、县立中学1所、私立中学4所和小学10余所,安排了原有教职工的工作。此外,军管会还接管了"中华邮政"合肥邮局、国民党"中央交通部第四运输处合肥汽车站"、"安徽电信局"、"省电话局"及"合肥县电话管理处"、"合肥灯泡厂"等官僚资本。对全市所有官僚资本一律实行没收政策,并在此基础上建立了"合兴贸易公司"等国营机构。

在接管工作进行的同时,针对解放之初社会秩序一度混乱的情形,合肥城防司令部将强化社会治安管理、维护社会秩序作为首要工作来抓。一是组织纠查队,夜巡市街,取缔赌博、烟馆、暗娼等活动,各街口要道设立检查站,盘查可疑行人;二是协助军管会接收国民党各部门档案、房产、资产,查清散存物资,保护公共建筑和设施;三是登记与管制国民党军政人员,密查特务组织,追缴枪支弹药,发动群众举报坏人;四是发布公告,宣传党的城市政策和大好形势,追辟谣言,涂盖反动标语,张贴新标语和宣传画;五是加强旅社、公寓、公共场所的管理,清查户口,维护交通安全;六是协助金融机关兑换伪币,严禁抢购货物,避免引起波动。此外,还动员商店复业、工厂复工、学校复课,逐步建立基层人民政权和基层组织。

1949年2月中旬,合肥市公安局成立,全市三区二镇皆设公安分局,街道设公安派出所。2月16日,市公安局根据市军管会发布的自新登记布告,在全市设立2个登记处和8个登记室,办理国民党和其他反动组织人员自新登记手续。此项工作对于瓦解敌人阵营以及加强对自新人员的管制具有重要作用。同年3月,市公安局在全市范围内开展整顿户政、登记户口等工作,基本上掌握了社会情况,为社会稳定创造了条件。

由于军管会实行了正确的接管政策,在很短时间内便将合肥的政治、经济、军事、金融、文教诸方面皆纳入新生政权的掌握之中,全市工商业迅速复苏,社会秩序逐步稳定。"各商店、商行、摊贩们纷纷放鞭炮开张营业。各种挑担、推车的夜食,半夜仍走街串巷叫卖。银行营业部、各工商税所、合兴公司门庭若市,原旧职人员纷纷报到要求安排工作。来往行人川流不息,各行各业一派繁荣,人们喜气洋洋,谈笑风生。银行、工商税所、合兴贸易公司日夜繁忙。人们焕发了新的面貌,由于安定人心的措施得力,取得了人民的信任,市场经济繁荣。"①

▲ 中共合肥市委首任书记黄岩

(三)建立人民政权

1949年1月31日,经江淮区党委决定,中共合肥市委成立,

---

① 章佐:《合肥市经济工作接管情况的回顾》,见中共安徽省委党史研究室:《城市的接管与社会改造·安徽卷》,合肥:安徽人民出版社,1997年,第116页。

黄岩任书记,李广涛任副书记。合肥市委成立之初将市委机关设在段家祠堂,1949年7月迁至原国民党合肥县政府所在地(今安庆路省博物馆西侧)。

1949年1月合肥全境解放后,江淮区党委、行署决定,撤销合肥县,将原合肥县分拆为合肥市、肥西县、肥东县三个独立行政区,合肥为江淮区直辖市。2月1日,合肥市人民政府成立,郑抱真任市长,树海任副市长。4月,皖北行署在合肥成立,合肥为皖北行署直辖市。与此同时,肥西、寿合、肥东、三河、巢县、庐江等合肥周边的县(市)政权亦相继建立。

1949年1月8日,经中共皖西区委决定,中共肥西(南)工委改为中共肥西县委,马力任书记;肥西南办事处亦改为肥西县民主政府,周心抚任县长。同年6月,县党政机关由紫蓬山区迁至上派镇。

1949年1月下旬,中共江淮第四地委决定在合肥北乡下塘集(今属长丰县)建立中共寿合县委、县人民政府,董积贤任县委书记,董完白任县长。此时设立寿合县,主要是适应渡江战役支前工作的需要。下塘集是淮南铁路线上的重镇,淮南铁路是直达长江北岸的重要通道,在下塘集设立县政府,便于组织指挥铁路沿线的区乡人民保护铁路安全,同时把人员和物资快速地运送到渡江前线。同年6月,寿合县与寿县合并,中共寿合县委撤销。

1949年2月1日,为了统一领导肥东地区的党组织,加强政权建设,支援渡江战役,江淮区党委决定撤销肥东工委、肥东北工委和全合工委,拟成立中共肥东县委、肥东县人民政府。2月3日,经江淮五地委决定,正式成立中共肥东县委、肥东县人民政府,韦宾任县委书记,唐立贤任县长。

1949年2月2日,中共皖西区党委决定,建立中共三河县委、三河民主县政府,荚厚友任县委书记,余衡任县长。同年3月,三河县委、县政府分别改建为三河市委、市政府。1950年下半年撤市设置三河区,后撤区建镇,隶属肥西县。

▲ 合肥首任市长郑抱真

1949年1月,巢县全境获得解放。1月22日,江淮五地委决定撤销巢含县委和巢含办事处,成立中共巢县县委和巢县人民政府,曹树华任县委书记,方茂初任县长。

1949年1月22日,庐江解放。6月26日,原湖西、庐江2县合并为庐江县,隶属巢湖地委、专署,侯希仁任县委书记,陈化群任县长。

中共合肥市委、合肥市人民政府及地方各级人民政权的建立,为统一领导合肥地区渡江战役的支前工作,医治战争创伤,恢复工农业生产,建设新家园奠定了政治和组织基础。

五、风驰瑶岗

(一)总前委进驻瑶岗指挥渡江作战

1949年1月10日,淮海战役胜利结束后,中原野战军和华东野战军遵照中央军委关于全军统一整编的命令,分别改编为中国人民解放军第二、第三野战军,旋即投入到渡江南进的准备工作中。1949年2月11日,中央军委为加强对渡江作战的统一指挥和统筹华东、中原、华北三大战略区对渡江战役的支援,决定原淮海战役总前委照旧行使领导渡江战役前线军事和作战的职权,总前委成员不变,由刘伯承、邓小平、陈毅、粟裕、谭震林5人组成,邓小平为总前委书记。

经过三大战役,国民党反动统治败局已定。国民党反动政府为了达到继续统治江南半壁河山的目的,一面组织残余兵力,妄图凭借长江天堑和海、空军的优势,阻止中国人民解放军渡江;一面派出和谈代表与中国共产党谈判,以求拖延时间,部署江防,作"东山再起"之举。同时,美、英帝国主义军舰游弋长江下游,准备随时干预中国内政。更有一些人主张以长江为界,搞所谓的"南北朝"。中共中央洞察了敌人的阴谋,在政治上通过谈判以揭露国民党利用和平为幌子,拖延时间,企图卷土重来的诡计,在军事

▲ 渡江战役总前委五人合影，左起：粟裕、邓小平、刘伯承、陈毅、谭震林

上则加强渡江作战准备，以完成解放全中国的伟大使命。根据中共中央、中央军委的指示，第二、第三野战军在总前委的统一指挥下，积极准备渡江作战。3月20日前后，总前委、华东局及第二、第三野战军前委分别自徐州、商丘等地南下。22日，第三野战军前委到达蚌埠孙家圩。26日，总前委书记邓小平和陈毅、谭震林在孙家圩召集第三野战军四个兵团负责人会议，听取渡江战役准备情况汇报。孙家圩会议后，第三野战军指挥机构由粟裕率领东赴泰州白马庙，指挥第八、第十兵团；谭震林随第七兵团行动，进驻枞阳，指挥第七、第九兵团；刘伯承率第二野战军指挥机构沿正阳关、寿县南下，4月1日到达舒城附近，后移驻桐城，指挥第三、第四、第五兵团和在武汉方面牵制白崇禧集团的第十二兵团，从

而形成东、中、西三个突击集团。邓小平、陈毅、饶漱石等率总前委办事机构和华东局、华东军区机关于4月初从蚌埠乘火车到达合肥,进驻合肥东乡瑶岗村,主持渡江战役全局工作。

渡江战役总前委选择瑶岗作为驻地,是由皖北区党委书记曾希圣推荐的。主要有三个原因:第一,该地曾驻过中国人民解放军侦察部队,社情比较清楚,群众基础好;第二,位置适中,便于对前线各部指挥联络,且地形平坦、开阔,淮南铁路贯通境内,宜于进出;第三,避开合肥城区,有利于防备敌人空袭。总前委机关下设参谋处、机要处、通讯处、秘书处、管理处,加上警卫部队有近1000人。总前委的主要任务有三项:一是审时度势,提供情况,供中央军委决定;二是统筹渡江战役的准备工作;三是贯彻军委指示,统一领导、协调东中西三个突击集团的军事行动。

淮海战役第二阶段结束后的第三天,总前委根据中央军委的指示,在萧县蔡凹村开会,讨论渡江作战问题。经过酝酿,总前委对渡江战役的方针、策略、兵力布置、战术要求已经考虑成熟,并在蚌埠孙家圩会议上,制订出《京沪杭战役实施纲要》。3月31日,总前委向中央军委呈报了《京沪杭战役实施纲要》。4月3日,军委复电总前委,同意《京沪杭战役实施纲要》。

《京沪杭战役实施纲要》原定于4月15日进行渡江作战。4月11日,军委电告总前委:"依谈判情况,我军需决定推迟一星期渡江。"4月12日,总前委关于推迟一星期渡江问题给第二、第三野战军前委和各兵团党委发出指示,要求在师以上干部中说明原因,防止战斗意志松懈,并指出在延长渡江作战期间,中心任务仍应放在加强战斗的准备工作上。4月15日,军委电告总前委:"和平谈判以四月二十日为限期,本(十五)日即向南京代表团宣布,彼方是否签字,必须在该日以前决定态度,该日以后我军即须渡江。"[1]当日,总前委给第二、第三野战军发出指示,定于20日开始渡江作战。4月17日,总前委接到军委关于20日渡江时间不变,并必须一举成功的复电后,拟定了渡江作战具体部署,详尽规定了第七、第九兵团的行动日期、任务和路线。4月18日,军委回电,完全同意总前委的整个部署。

渡江前夕,总前委成员中,粟裕赶赴苏北泰州负责东线战事,谭震林赶赴无为负责中线战事,刘伯承赶赴桐城负责西线战事,邓小平、陈毅坐镇瑶岗。4月20日,南京国民党政府拒绝签订《国内和平协定》(最后修正案)。人民解放军按照预定部署发起渡江战役。当晚8时,为保证东集团与西集团渡江成功,以及渡江后迅速会合,总前委命令中集团首先行动,启船南渡,揭开了渡江战役的序幕。4月21日,中国人民革命军事委员会主席毛泽东和中国人民解放军总司令朱德向中国人民解放军发布了《向全国进军的命令》,百万大军在东起江阴、西至湖口的千里战线上,以排山倒海之势向南岸发起强大攻击,打响了震撼中外的渡江战役,彻底摧毁了国民党苦心经营的长江防线。4月23日,人民解放军一

---

[1] 中国人民解放军历史资料丛书编审委员会:《渡江战役》,北京:解放军出版社,1995年,第170页。

举占领了国民党盘踞的中心地南京,宣告了国民党反动统治的覆灭。消息传来,第三野战军司令陈毅心潮澎湃,在瑶岗驻地墙壁上激情赋诗:"旌旗南指大江边,不尽洪流涌上天。直下金陵澄六合,万方争颂换人间。"①4月27日,总前委机关离开瑶岗移至南京。在瑶岗期间,渡江战役总前委运筹帷幄,圆满地完成了中共中央、中央军委赋予的指挥渡江战役的重任。

(二)合肥人民支援渡江战役

合肥为皖之中,是沟通全省的交通枢纽。合肥解放后即成为人民解放军进军江南的主要基地之一。合肥市委、市政府成立伊始,便组织全市人民投入渡江支前运动,并于1949年2月28日,成立了支前司令部,由王善甫任司令,张恺帆任政治委员,领导全市人民全力以赴开展支前工作。各区、街也相应建立了支前委员会、支前小组等战勤组织,统一调动和使用民力。周边各县人民政府都将渡江支前工作作为压倒一切的任务,成立了各级支前指挥部,宣传群众、发动群众、组织群众,全力投入支前工作,为渡江前线提供了大量的人力、物力、财力支持。

发动群众,筹集支前粮草。为了保证部队粮草供应,合肥城区人民积极筹集各种军需物资,仅合肥第四区一次便送军鞋6000双;新兴、益华、程丰3家碾米厂1个月碾米50万斤。肥东县境内

---

① 蒋同明:《风驰瑶岗剑指江南》,见中共安徽省委党史研究室:《旌旗南指大江边——总前委在瑶岗指挥渡江实录》,内部资料,2004年,第7页。

▲ 合肥人民支援渡江战役

驻有十几万人马,在两个多月时间里,人民群众筹集供应粮食1000多万斤、马草料近5000万斤,并在撮镇设立了粮草供应总站,在梁园、店埠、大兴集、李家庙、护城等处分别设立了粮草供应分站,方便部队用粮需要。肥西县仅山南乡就捐供大米4万斤、柴草百万斤。三河市捐献粮食420万斤、柴草86万斤、食油1万斤、食盐5.1万斤,并赶制军鞋2949双。寿合县从水家湖、下塘集至合肥市的淮南铁路沿线设置8个粮草供应站,大批军需物资,源源不断地运往铁路沿线各供应站,保证了部队的供给。中路大军所属第二十四、第二十五、第三十三军先后进驻巢县后,巢县人民共支援粮食900万斤及大批马料、柴草。县委还在巢城设立中心粮站,在夏阁、柘皋、炯炀、散兵、高林、槐林等地设立分站。

庐江、湖西 2 县捐献粮食 1580 万斤、食油 4 万斤、食盐 3.5 万斤、慰问鞋 4 万多双。

组织民工，确保物资运输。合肥市组织挑挽业工人 750 名，平车业工人 250 名，作为支前运输的主力。各区则在自觉自愿的基础上又先后动员贫苦群众 4029 人，作为支前的又一支力量。私营汽车司机在很短的时间内修复了 10 余辆汽车，并立即投入运输，在 1 个月内运输军用物资 1000 多吨。广大民工自 2 月 19 日至 5 月 15 日，冒着敌机的俯冲轰炸，昼夜转运军需物资 5125 万斤，转运伤员 8500 人，装卸物资 2.2 亿多斤。肥东县先后组织动员常备民工 1.2 万人、短期民工 16.8 万人、担架 1200 多副、挑子 6766 个。在常备民工中还先后组织了 3 个支前民工担架团，跟随大军南下，负责前线的担架抬运和武器弹药的运输工作，直至胜利完成渡江任务后才返回肥东。肥西县组织民工 3000 余人，全力以赴投入渡江运输。三河市共动员民工 3695 人，筹集担架 129 副、小车 9 辆、民船 81 只，组织船工 491 人投入支前战斗。寿合县支前指挥部组织了近万名青壮年编成两个担架团，由县长董完白、副县长谷如珍率领，分别到津浦、淮南铁路线上执行运输任务。巢县共支援常备民工 5000 余人、短期民工 7 万多人。常备民工组建成两个担运团，于 4 月上旬和下旬，分两批从巢县出发随军支援解放军渡江作战。其中，钓鱼乡船工张孝华运送突击队首批官兵首先驾船到达南岸，荣获"渡江第一船"的光荣称号。庐江县筹集民船 300 余只，每只船配有两名水性很好的民工，协助部队开展渡江演习和泗水训练。同时,组织担架队 3000 多人,配合大军转战皖、赣、浙三省,行程 1000 多公里,顺利完成任务。

修复道路,确保交通畅通。修复被国民党破坏的铁路、公路、桥梁,确保大军过境和物资运输,是支援渡江的又一项艰巨任务。淮南铁路横贯肥东县境内,由于年久失修又遭敌破坏,已不能通车。另外,公路损坏也十分严重。为了保证部队运输畅通无阻,肥东县组织了 1.5 万民工,在 15 天内整修公路、铁路 185 公里,修架桥梁 20 座。三河市作为解放大军的经过之地,在支前中筑路 2.5 公里,架通电话线 12 公里,赶修了新口渡和石嘴头两座木桥,并在三河西架设浮桥 1 座。巢县人民逢山开路、遇水架桥,在短时间内修筑了乌(江)巢(县)、合(肥)巢(县)、巢(县)无(为)公路共 55 公里,公路上大小桥梁均予加固,合(肥)巢(县)含(山)电话线路全部架通。庐江县组织民工 10 万多人,修筑 6 条公路,全长 362 公里,架设桥梁 30 余座。

合肥及巢县、庐江人民踊跃支前,为大军渡江南下提供了强大的后勤保障,为渡江战役的胜利作出了巨大贡献。

六、特殊的战斗

(一)剿匪反特斗争

合肥地区国民党政权在溃逃之前,有组织、有计划地指使一部分地方官吏及匪特武装潜伏下来,并与土匪、恶霸、反动会道门分子相勾结。他们在国民党皖北行署主任兼保安司令游权的指挥下,以大别山、巢湖为据点,进行武装破坏活动,阴谋颠覆新生的人民政权。1949 年 5 月,国民党指派特务头目汪宪到大别山接替游权,建立了"鄂豫皖人民自卫军总司令部",将大别山的残匪编为 14 个支队,其中在皖西、皖北地区的有二、四、六、十支队和淮河挺进支队及立煌支队等,共 8500 余人。

合肥地区还是巢湖匪特与大别山匪特联系的必经之地,匪特数目众多。在巢县北部,惯匪何昌祥组织 100 多名土匪出没于黄山地区,白天隐藏潜伏,夜间则四处抢劫杀人。庐江地区的土匪主要活动在巢湖、白湖周边。肥西地区的匪特组织主要有"华中剿匪义勇纵队第五总队"(又称九路军),主要活动于六合公路的合肥地区沿线;巢湖惯匪王光传、邓大河等匪帮,大都活动在巢湖之滨的肥西地区。肥东地区以"江北反共游击第五纵队独立第三支队"人数最多,有匪徒五六百人,骚扰肥东县 7 个区 20 多个乡的范围。

合肥城内的匪特潜伏组织活动频繁。如国民党军统皖站站长唐玉琨南逃时布置设下6人潜伏组,有少校组长娄一骏、中尉副组长冀子惠、少尉台长李明,以及联络员、情报员、通讯员等。他们以开文具电料商店为掩护,搜集军政情报。国民党八绥署二处也在南逃前夕,在合肥、全椒、安庆等地设下了12个潜伏组,进行特务活动。

上述匪特武装和潜伏组织,利用原有的社会基础,乘人民政府成立之初百废待兴,一切工作尚未就绪之际,采取各种手段,进行破坏活动,向新生的人民政权疯狂反扑,严重扰乱了新生政权各项工作的正常开展,威胁着人民政权的巩固和人民生命财产的安全。人民群众强烈要求政府和解放军坚决消灭匪特,根绝匪患。为了巩固政权,保障人民的生命财产安全,1949年5月,皖北军区、皖北行政公署联合发布剿匪通告,一场党政军民齐动员的剿匪肃特斗争在合肥地区迅速展开。

1949年5月,皖北军区成立肥西、舒城、庐江3县剿匪指挥部,联合清剿活动在三县边区的残匪。6月中旬,庐江独立团消灭了齐头咀、杨山口匪首杨定山等12人,缴获长枪19支、短枪12支、大米1.4万斤。继而,又在白湖边的杨柳圩、黄屯、矶山、缺口一带消灭匪首张久江、宛小开、朱连江、许大舟、张明益等部,缴获长短枪20余支、子弹百余发。至1949年10月,随着国民党在大别山残匪最高指挥机关被摧毁,庐江、肥西境内的大股土匪基本被肃清。

▲ 剿匪部队整装待发

肥东县于1950年1月16日成立了"肥东县剿匪委员会",发布了剿匪通令,采取军事打击与政治攻势相结合的方针,分别由皖北军区独立第三营、巢湖专署公安队,集中清剿散布在店埠、古城等地的"江北反共游击第五纵队独立第三支队"和活动在石塘地区的武装匪特。肥东县大队则负责迂回堵截流窜之匪。截至1950年底,肥东剿匪部队共歼灭14股匪特组织,歼敌1500多人,缴获轻机枪1挺、长短枪1400多支。

各地在剿匪肃特斗争中,坚持"首恶必办,胁从不问,立功受奖"的政策,对武装的土匪特务采取军事清剿,予以严厉打击;对捕获的作恶多端、死不悔改的匪首,坚决予以镇压;对胁从的匪徒,以及愿立功赎罪者,分别给予悔过自新和立功赎罪的机会,有效地打击和分化瓦解了匪特组织。1949年8月,皖北人民法院依法判处阴谋暴动案主犯史时雨、吴秋五死刑,判处从犯吴学南等人有期徒刑,对胁从分子陆加典等人则宽大释放,在社会上引起了强烈反响。

大股匪特被剿灭后,溃散的小股匪特化整为零转入地下活动。1949年10月皖北行政公署首届民政扩大会议后,合肥及周边各县派出工作队,着手改造旧的保甲制度,建设农村基层政权。首先整顿被少数不纯分子所控制、操纵的农会,开展改造村政工作,普遍建立了区乡人民武装部、农会、村民委员会、治安保卫委员会,以及民兵、妇女等基层组织,并充分发挥他们在剿匪肃特中的作用。随着军事清剿和农村反霸、土改运动的深入,少数匪特似丧家之犬,四处逃窜,寻找"防空洞"。为此,市、县各级人民政府及时采取应对措施,在市、县、区、乡之间联防、布控,撒下天罗地网,使残余匪特纷纷落网或被迫投诚自新。

各级公安机关还认真贯彻执行《华东军区惩治土匪暂行条例》《华东军区关于逃亡回归分子处理办法》,分别对反动党团特务人员进行登记管理。到1949年底,合肥市区先后登记1511人,其中包括国民党、三青团县区以上干部及特务80人,军队将校官84人、尉官177人,均分别给予不同处理。

在中国共产党的领导下,合肥军民贯彻军事清剿、政治攻势和发动群众相结合的方针,党政军民齐动员,前后仅仅一年多的时间,就全歼了国民党在合肥地区布下的大小土匪武装和特务组织。"截至 1950 年 10 月,合肥地区共歼匪 5510 人,镇压了罪大恶极的匪首、特务 49 人。缴获六〇炮 1 门、机枪 4 挺、长短枪 3534 支"①,以及大批弹药物资。

剿匪肃特斗争,粉碎了国民党反共复国的梦想,维护了人民的胜利果实,安定了社会秩序,巩固了新生的人民政权。

(二)稳定经济秩序

巩固新生政权的斗争,也在经济战线紧张地进行。为了稳定金融,平抑物价,制止因投机资本操纵市场而加剧的经济混乱,市委、市政府采取了坚决有力的措施,并取得了明显的成效。

合肥解放之初,由于战争的破坏和国民党的反动宣传,许多私营工商业者对党的政策心存疑虑,或消极经营,或抽逃资金,或停业观望,市场萧条,物资十分匮乏。加上一些奸商囤积居奇,哄抬物价,造成棉布、煤炭、煤油、食盐、火柴等日用品价格飞涨,人心浮动。为迅速医治战争创伤,市委和市人民政府广泛宣传中国共产党保护工商业发展的政策,消除经营者的顾虑,使全市商业恢复发展。自 1949 年 3 月起,合肥商会各同业公会开始改组重建,选举新的商会筹备委员会,协助政府动员尚未开工的工厂、商店复工复业。

---

① 中共安徽省委党史研究室编:《城市的接管与社会改造·安徽卷》,合肥:安徽人民出版社,1997 年,第 86 页。

与此同时,为了平抑物价、稳定市场,政府相关部门加紧物资的调运,以低于市场价格大量抛售物资,打击各种投机活动。在货币流通方面,规定各国营单位之间的经济来往,一律用华中币流通。合肥解放时,市民手中的国民党政府发行的"金圆券",因受通货膨胀的影响已形同废纸。华中银行合肥分行成立后即发布通告,规定严禁"金圆券""法币"流通,违者一律没收,同时为减轻人民负担,限期10日到银行兑换华中币。通告禁止银圆流通,规定凡持有银圆者要报税,银圆可随时到银行按牌价兑换华中币。

1949年6月初,合肥市投机商贩获悉上海银圆暴涨,纷纷到沪收购银圆。6月5日银圆每块即由660元涨到760元,7日涨至890元,8日中午涨达1200元,之后几日,最高时达2100元,造成市场金融混乱,所有货物价格随之扶摇直上。皖北行署重申禁令,配合上海市的拒银运动,一方面开展宣传,发动群众拒用银圆,教育银圆贩子;另一方面提高收兑价格并进行查禁,将贩卖银圆之风打击下去。从11月开始,全市全面贯彻《华东区金银管理暂行办法》和《华东区私营银业管理暂行办法》,采取挂牌收兑金银,严禁金银买卖和非法流通,取缔银楼业等整顿措施。经整顿,全市16家银楼钱庄全部歇业转业,投机活动有所收敛,市场金融秩序和物价逐渐平稳。

在打击不法投机资本、稳定经济秩序的同时,各国营企业和机构相继成立。1949年3月,合肥市第一家国营贸易公司——合兴贸易公司成立;4月,合兴贸易公司并入皖北贸易总公司合肥办事处。公司调动物资,组织油、盐、糖、纸、肥皂等人民生活必需品供应市场,同时每日对市场上的主要日用品进行限价,挂牌经营,对市场起行政监督作用。同年10月,国营合肥酒类专卖公司成立,并依据政务院颁发的《专卖条例》对酒类商品实行专卖。嗣后,市盐业公司、中国粮食公司合肥办事处、华中银行以及粮食、花纱布、百货、土产、石油、水产、畜产、茶叶、信托等一批国营商业企业相继成立,国营经济力量日益壮大。这一时期,全市国营、私营商业竞相发展,城市私营商业有900多户,淮河路东段、安庆路东段、宿州路中段等市中心地段商店林立。各国营零售店开始对货物实行明码标价,并以低于市场10%以上的价格供应人民生活必需品,起到了平抑物价、安定人民生活的作用。国营经济的力量逐步增强,充分发挥主渠道作用,促进了生产的恢复与发展,对繁荣市场、稳定经济秩序发挥了重要作用。

(三)召开全市各界人民代表会议

随着各级人民政权的建立和巩固,合肥市开展了民主建政工作。合肥解放初期,由于召开普选的人民代表大会条件还不具备,民主政治建设是从各界人民代表会议这种组织形式起步的。各界人民代表会议代行人民代表大会职权,讨论和决定全市的重大问题。全市各界人民代表会议,在动员和组织人民群众行使当家做主权利,团结各界人士,发扬民主,健全和完善新民主主义的政治制度,加强民主监督,防止政治腐败,保证党和政府各项政策与任务的正确贯彻落实等方面,发挥了重要作用。

1949年9月25日至28日,合肥市第一届各界人民代表会议在合肥基督教堂举行,历时4天。参加会议的正式代表150人,实际出席132人,列席代表22人,代表着不同阶层、社会团体、少数民族和社会各界人士。会议选举树海、周础、李广涛、黎竞平、吴伟、解鉴、姚先朋、宋止戈、张宏盛、黄建中、刘建文、金巽甫、李庆时、朱静、褚石谷、李晓凤、郭崇毅、沙甫君18人为主席团成员。

中共皖北区委书记曾希圣、皖北人民行政公署副主任李云鹤分别向大会致辞。合肥市市长树海在会上作了《合肥市人民政府8个月来的工作总结》的报告。报告全面回顾了合肥从1月21日解放到2月1日正式建市以来8个月的时间内,市委、市政府在宣传党的政策、建立基层政权组织、安定社会秩序、组织群众抢修铁路、发放救济粮款、领导市民群众开展生产自救、组织民工队伍支援解放军渡江等主要工作。中共合肥市委书记李广涛作了《建设新合肥的方针与任务》的报告。报告对1949年10月至12月的工作进行了布置,对1950年以后的恢复与建设等全市主要工作作了初步的计划说明,并提出了建设新合肥的四大任务。

会议通过了《合肥市人民政府8个月来的工作总结》和《建设新合肥的方针与任务》两个报告,以及关于合肥市恢复生产与建设发展的相关决议。会议选举李广涛为合肥市第一届各界人民代表会议常务委员会主席,刘建文、褚石谷为副主席。

▲ 合肥市民载歌载舞庆祝新中国诞生

1949年10月1日,中华人民共和国成立。合肥人民在中国共产党的领导下,满怀欣喜地迎接新中国的到来。

结　语

合肥地区具有光荣的革命历史传统。从1840年鸦片战争开始,外国资本主义的侵入,给合肥社会带来了两大变化:一方面,外国商品和资本的大量输入,加速了本地区封建经济关系的解体,把合肥逐渐变成一个半封建社会;另一方面,外国侵略势力又与地方封建势力相结合,残酷压迫和统治着合肥人民,使合肥逐步沦为半殖民地社会。从此,近现代合肥的民族、民主斗争从未间断过。

五四运动以前,为救亡图存,合肥人民曾进行过无数次顽强的斗争,许多仁人志士苦苦探索救国救民的道路。合肥人民曾经历反抗外国侵略的反教会和抵制洋货斗争,参加过推翻清王朝的太平天国农民起义和辛亥革命,以及后来的反对北洋军阀等斗争。每一次斗争和探索,都对推动社会进步产生了一定的影响,但因为时代和阶级的局限,最终的结局总是无一例外地走向失败。事实证明,不触动封建根基的自强运动和改良主义、旧式的农民战争、资产阶级领导的民主革命,都不能完成反帝反封建的历史任务。

波澜壮阔的五四运动,拉开了新民主主义革命的序幕,并迅速在合肥大地上引起强烈的反响。一个以青年学生为先锋,以城镇为中心,以罢课、罢工、罢市、集会、游行、示威、通电、抵制日货为主要形式的,社会各界广泛参与的反帝爱国运动,风起云涌,极大地激发了合肥人民的爱国热情和思想觉悟,从文化和思想意识深处强烈冲击了封建统治的制度根基,涤荡了延续上千年的封建习俗,也成为近代合肥真正意义上的民族民主革命的先声和滥觞。五四运动后,合肥地区还陆续掀起了"六二"学潮、反对省议会贿选、驱逐反动校长等一系列运动,并取得了胜利。

五四新文化运动促进了新思潮特别是马克思主义的传播。合肥在外地的进步学生和青年知识分子,不断传回马克思主义书籍和进步书刊,并成立了马克思主义读书会等研究组织。一些激进知识分子由学习西方转而学习俄国,由提倡科学、民主进而传播、信仰马克思主义。他们在经历了旧民主主义革命失败后的迷茫中,找到了救亡图存的真理,看清了人民解放的道路,并毅然投身到为真理和正义而献身的伟大事业中去,成为合肥地区最早的一批革命者和中共党员。

中国共产党的成立,标志着中国人民的革命斗争进入了新纪元。合肥第一个党组织——中共北乡支部在大革命的洪流中应运而生,从此,合肥地区"一盘散沙"的民众团结和凝聚成一股坚不可摧的力量,在中国共产党的领导下,开始了为夺取新民主主义革命的胜利而奋斗的光辉历史,并成为中国革命的一个有机组成部分。经过28年艰苦卓绝的英勇斗争,终于推翻了帝国主义、封建主义和官僚资本主义的反动统治,取得了新民主主义革命的伟大胜利,实现了合肥的历史性转变。

纵观合肥新民主主义革命史,风云激荡,从大革命时期的吴山庙起义、打响武装反抗北洋军阀的第一枪开始,到渡江战役推翻国民党统治,迎接全国解放结束,经历了北伐战争、土地革命战争、抗日战争、解放战争几个阶段。革命道路艰难曲折,起伏不定,但革命火种却薪火相传、连绵不绝。

和全国一样,合肥地区的大革命,经历了由准备到形成高潮,从胜利转向失败的过程。合肥的大革命风暴以声援五卅运动为起点,到支援北伐战争时席卷全地区。大革命时期,共产党人帮助建立国民党合肥基层组织机构,建立了国共合作的革命统一战线,并联手组织武装暴动,直接同地方武装和军阀开战,为大革命高潮的到来准备了条件。在大革命时期建立的合肥地区第一个党组织——中共合肥北乡支部及安徽农民运动委员会的领导下,农民运动蓬勃兴起,合肥成为安徽省乃至全国农民运动的重点地区。农民协会带领广大农民打击反动势力,迎接北伐军的到来,显示了无产阶级同盟军的巨大力量。

北伐军推进到合肥时,国共两党戮力合作。共产党人在部队的政治工作中发挥了巨大威力,共产党员和共青团员不畏牺牲、冲锋在前,广大人民以极大的热情倾力襄助,使国民革命军一路

势如破竹、所向披靡,沉重打击了合肥地区的北洋军阀和地方反动势力。

因种种主客观原因,尽管大革命失败了,但合肥的党组织在大革命中经受了锻炼,初步探索了建立无产阶级政党,建立革命统一战线,发动工农运动,进行武装斗争的经验,为紧接着开展土地革命战争,创建皖西北游击区做好了充分的准备。

大革命失败后,合肥籍的共产党员,按照党中央的部署,纷纷回到家乡,积极发展党的组织,并在人民群众中扎下根基,领导革命运动逐渐走上以土地革命为中心的新阶段。土地革命早期,合肥地区的党组织和武装力量在中共八七会议精神的指引下,日益发展壮大。1927年9月,共产党员童汉璋在城内成立了合肥小组,并逐步发展为合肥特支、合肥特别区委、合肥县委,建立了党领导的革命武装——合肥赤卫队。在党的领导和革命武装力量的配合下,合肥地区各阶层人民的抗捐抗税、罢工抗暴斗争风起云涌,遍及城乡,革命力量不断壮大,迅速形成星火燎原之势,革命由低潮转向高潮。

鄂豫皖革命根据地建立后,位于大别山东北、东南外围,以合肥、寿县为中心的皖西北游击区成为中央通向根据地的重要桥梁。从1930年到1937年,皖西北游击区的党组织,先后在皖西根据地党组织和党中央的直接领导下,肩负着开辟新苏区、支援老苏区的重大使命。这一时期,皖西北游击区的党和革命武装以皖西苏区为依托,以同根据地接壤的广大区域为活动中心,发动群众,进行持续艰苦的经济、政治和武装斗争,保持了游击区,支援了根据地。

皖西北游击区党组织在险恶的环境中,不断经历着思想的锤炼和斗争的考验,使党具备了坚韧的战斗力。党组织一次次被破坏,又一次次恢复重建;党员一批批英勇牺牲,又补充着一批批新鲜血液。党的领导机构一次次随着形势变更而变更,皖西(合肥)、皖北(寿县)两个中心县委由分开到合并,到再分开再合并,适应了革命斗争的需要。

各级党组织从游击区的实际情况出发,把公开工作和秘密工作、合法斗争和非法斗争结合起来,根据工农群众的觉悟程度和迫切要求,领导他们为切身利益而不断开展增资、扒粮、抗捐、抗税、抗租斗争,由经济、政治斗争直至走上直接推翻反动统治的武装斗争。

在皖西北游击区党组织领导下的赤卫队、游击队、游击师,扎根于群众之中,具有强大的生命力和战斗力。各支队伍分别驰骋于合肥、寿县、舒城、庐江、巢县、潜山、凤台等十多个县,全面开展游击战争,不断打击国民党驻军和地方反动武装,浴血奋战,屡挫屡战,"播散苏维埃的影响,扰乱敌人的后方",并在主力红军撤离根据地后,在极端艰苦的环境下,顽强地坚持了三年游击战争,使革命的火炬始终在合肥这片土地上燃烧不息。

整个土地革命时期,不论形势如何变化、环境如何险恶、白色恐怖如何猖獗,合肥地区的共产党员及革命者们始终坚持自己的

理想信念,党的组织一直坚持斗争,革命的火炬始终高擎。在光明与黑暗的搏斗中,党的许多优秀领导者、指挥员,如崔筱斋、刘宏勋、周味韶、李子芬、陈良季、倪合台、颜文斗、宋继蕴、马子中、陈雪吾、张守仁、张璋、王天云、曹广海、曹云露、童宜仙、桂逢洲、吴万银、林英坚等,或喋血沙场,或惨遭杀害,为革命献出了宝贵的生命。大浪淘沙,一些意志薄弱者,在严酷的斗争中退缩了,变节了;而更多的先驱者,面对革命的洪流义无反顾,投入到民族复兴和为人民谋幸福的崇高事业中去。

抗日战争爆发后,共产党领导的合肥地区的新民主主义革命,进入了新的特殊阶段。在战略防御阶段,国共两党实现第二次合作,促成了区域性的抗日民族统一战线的建立。新四军第四支队挺进皖中抗日前线,国民党军队正面防御,党领导的地方抗日武装奋起杀敌,人民群众总动员委员会全力支援抗战,掀起了民族革命的新高潮。中共合肥地区党组织建立后,利用动委会、工作团和各民众团体,进行民众总动员,加强对民族抗日运动的领导,积极开展敌后游击战争,形成了合肥地区全面抗战的大好局面。

抗日战争进入战略相持阶段后,地处皖中、皖东、皖西中间地带的合肥、巢县、庐江,既是淮南、皖江两大根据地的组成部分,也是广阔的游击区和重要通道。在共产党的领导下,合肥地区军民奋力抗击日伪军的"清乡""扫荡",击退了国民党桂系掀起的反共高潮,先后建立了巢合游击区和巢南、淮西根据地,开辟了连接新四军第二、第七师的交通线,保障了两大根据地的畅通。

合肥地区虽地处日、伪、顽三方夹击之中,但中共组织仍在合肥东北、东南、西北先后建立了合肥县、定合县、寿东南办事处、巢合办事处四个县级抗日民主政权。其中,巢合办事处所辖范围,南至巢湖边,北至白龙厂,东到巢城,西到合肥城边。淮西根据地建立了南至合肥以北的吴山庙,北到凤阳、怀远边界,东起淮南铁路以西的下塘集、朱巷、水家湖,西濒瓦埠湖,长100多里、宽约40里的寿县抗日民主政权和30多个乡政权。抗日民主政权的建设不仅为合肥地区抗战的最后胜利奠定了稳固的群众基础和物质基础,也为巩固淮南、皖江两大根据地作出了积极贡献。

进入解放战争时期,新四军主力撤出皖中、皖东根据地后,中共皖西工委、寿六合霍工委、皖西(南)工委、肥东工委,分别在各自活动的区域,把留在本地坚持斗争的党员干部和武装力量组织起来,先后在华中分局和皖西区党委的统一领导下,开展游击战争,军民配合,团结奋斗,对进攻的国民党军进行自卫反击,并支持国统区的人民群众同国民党反动统治进行斗争,经历了艰苦的战略防御阶段,建立了稳固的敌后根据地,为转入战略反攻、重开合肥地区革命斗争新局面,奠定了胜利的基础。

刘邓大军挺进大别山,标志着全国性的战略反攻开始,皖西、皖中地区的革命形势为之一新。为适应形势的发展变化,党在领导部队实施战略展开的同时,派遣大批干部随军南下,与本地干部一道,加强和重建了合肥地区各级党政军的组织机构,迅速形成党的集中统一领导,保证了革命战争的顺利发展,在政治上、思想上和组织上做好迎接全国革命胜利的准备。党领导和组织合肥人民配合解放军进行战略决战,解放合肥和周边地区,并以极大的政治热情投入支前工作,全力支援渡江战役。同时,实现工作重心的转移,围绕城市接收工作,革故鼎新,涤荡旧世界的污泥浊水,坚决而彻底地剿灭残匪,巩固新生的民主政权,迅速恢复和发展城乡经济,改善人民的生存条件,稳定社会秩序,以崭新的面貌,迎来了新中国的诞生。

新民主主义革命的胜利,终结了合肥地区半封建半殖民地的历史,实现了近代以来合肥地区无数仁人志士矢志不渝为之奋斗的革命理想。合肥大地发生了翻天覆地的变化,实现了由封建专制制度向人民民主政治的伟大转变。纵观合肥革命史,自五四发轫,无论民主革命斗争还是民族解放战争,也无论面对国民党的反复"围剿"和白色恐怖,还是日本帝国主义的疯狂入侵,共产党组织始终存在,人民武装始终存在,根据地始终存在,革命的旗帜始终不倒,直到赢得最后的胜利。在中国共产党的领导下,许多革命者、爱国人士和人民群众,怀着无比坚定的理想信念,怀着对革命事业的无限忠诚,历经艰难曲折,始终坚忍不拔,屡仆屡起,前赴后继,为着人民的解放事业,在合肥这片热土上甘洒热血,慷慨捐躯,付出了巨大代价。

红色合肥,彪炳史册!

大事记

1919 年

5月4日　五四运动爆发。

5月14日　合肥学生联合会成立,通电支持北京学生爱国行动。

5月17日　合肥各中小学师生4000余人在卫衙大关广场集会,声援北京学生爱国行动,并举行示威游行。

5月　庐城学生举行示威游行,声援北京学生的爱国斗争。

6月21日　巢城各界群众3000余人集会,声援北京五四爱国运动。

7月　蔡晓舟、杨亮功合作编写出版《五四》一书。

11月　李慰农、杨士彬考取"华法教育会"赴法勤工俭学生。1923年,李慰农在法国加入中国共产党。

1920 年

5月　安庆、芜湖、合肥、金寨等地成立马克思主义研究会。

7月　合肥旅外学生会成立,号召民众抵制日货。

9月22日　合肥屠宰工人开展抗税斗争,相继罢业。

1921年

6月　合肥、庐江、巢县学生声援安庆"六二"学潮。

7月23日—8月初　中国共产党第一次全国代表大会在上海、浙江嘉兴召开,宣告中国共产党的诞生。

1922年

6月24日　庐江城关水作坊、糕点坊100多名工人为改善待遇举行罢工。

8月15日　庐江矾山200多名工人举行罢工。

秋　巢县柘皋工农群众开展扒粮斗争。

1923年

春　合肥籍进步学生李坦(又名李荣桂),回乡创办改良私塾。

春　庐江学生开展清查日货运动。

10月　庐江基层民众抵制贿选。

1924年

1月中旬　青年团员许传典寒假回原籍合肥,组织马克思主义读书会,酝酿成立青年团组织。

1月20日—30日　国民党第一次全国代表大会在广州召开,第一次国共合作正式形成。

1月　周新民、苗树德等在庐江青年中传播马克思主义。

1925 年

5月30日　五卅运动爆发。

6月　合肥、巢县各界声援五卅反帝爱国运动。

7月26日　李慰农在主持青岛日商纱厂第三次罢工时被捕，7月29日在青岛团岛英勇就义。

1926 年

5月　崔筱斋、曹广化等赴广州参加第六届中央农民运动讲习所学习。同年9月结业后返乡从事农运工作。

10月　崔筱斋、胡济、曹广化3人在合肥北乡成立安徽省农民运动委员会，崔筱斋任主任。同时成立合肥地区第一个党组织——中共合肥北乡支部，崔筱斋任书记。

11月　中共中央农委将合肥、寿县列为全国农运重点地区。

11月　蔡晓舟等领导发动合肥北乡吴山庙武装起义。

12月　安徽省农民运动委员会在合肥、寿县、定远三县交界处的双河集、造甲店、白家河、陈刘集组建了4个农民协会组织。

冬　国民革命军第二军谭延闿、鲁涤平部进抵庐江。

1927 年

3月初　万诚回巢县秘密组建国民党巢县党部。

3月上旬　国民党合肥县党部成立。

3月12日　北伐军分三路攻占巢县县城。

3月中旬　北伐军江左军第七军第一、第二师进抵合肥。

4月初　巢县县政府改组，公推万诚为临时县长。

4月18日　万诚在芜湖遭国民党右派特务暗杀。

4月下旬　国民党合肥县党部被勒令解散。

5月　直鲁军阀张宗昌率兵10万围攻合肥。

8月中旬　中共庐江县特别支部成立,苗树德任书记。

9月下旬　童汉璋等在合肥城内建立中共合肥小组。同年底,中共合肥小组发展为中共合肥特别支部,童汉璋任书记。

10月　周心抚在巢城建立巢县革命青年同志会。

冬　中共庐江中学支部建立。

1928年

春　中共合肥特别支部改为合肥特别区委,童汉璋任书记。

春　合肥共产主义青年团特别支部成立。

8月　合肥东、西乡农民3000多人进城开展抗捐斗争。

11月　中共庐江县特别支部扩大为庐江特区委,苗树德任书记。

冬　合肥赤卫队成立,吴天九任队长。

1929年

3月　安徽省临委特派员王步文到庐江七家桥地区开展工作。

春　中共巢县支部成立,周心抚任书记。

冬　中共中央在合肥东乡店埠设立交通中心站,陈士英任站长。

1930年

1月20日　徐百川调任中国工农红军第三十三师师长。

2月　中共庐江特区委书记苗树德被捕,特区委解散。

3月中旬　青年团合肥县委成立,王平任书记。

4月　合肥赤卫队配合六安红十区独立营于六安、合肥交界处截击国民党陈调元部,缴获长短枪140多支。

5月中旬　中共合肥县委在西乡雷麻店成立,徐梦观任书记。

6月6日　陈雪吾等领导庐南罗家嘴武装暴动。

7月　中共庐江县委成立,郑中强任书记。

7月　中共六安中心县委前方办事处成立,周狷之任办事处主任。

10月　中共巢舍县委成立,周心抚任书记。

1931年

1月21日　合肥南乡三河爆发万余农民抢米风潮。

2月　中共巢舍县委撤销,另成立巢县县委,周鸣畏任书记。4月,县委遭破坏解体。7月,巢县县委重建,倪合台任书记。

2月　庐江西乡游击队成立。

3月23日　中共皖西(合肥)中心县委成立,吴伯孚任书记。

8月　合肥、寿县两个中心县委合并,成立中共皖西北中心县委,吴伯孚任书记。县委机关设在合肥。11月,秦权(程明远)接任书记。

8月　合肥县农民协会成立。

10月　中共巢县特支成立,黄球(化名)任书记。

冬　合肥南乡三河七家米厂800多名工人举行罢工。

1932年

1月　国民党驻合肥两个连士兵发动兵变,投奔苏区红军。

1月　庐江南乡特务连成立,桐庐县委书记陈雪吾兼任连长。

2月　红四方面军庐北地方游击队成立,沈齐德任队长。

4月初　合肥游击队在西乡成立。

4月上中旬　皖西北中心县委发动双河集农民武装暴动。

5月1日　皖西北中心县委在西乡、北乡公开举行纪念五一劳动节群众大会和示威游行。会后组织3000多人开展扒粮斗争。

6月　鄂豫皖苏区肃反运动波及合肥党组织。

7月　中央决定撤销皖西北中心县委,恢复成立皖西(合肥)中心县委和皖北(寿县)中心县委。

7月　桐城县委与庐江县委合并为中共桐庐县委,陈雪吾任书记。

9月2日　合肥中心县委机关遭破坏,县委书记程明远等23人被捕。

9月下旬,合肥临时中心县委在西乡成立,陈良季任书记。

9月　中共地下党员谢立惠在合肥省立第六女子中学进步学生中组织了"朝曦读书会",宣传马克思主义和抗日救国主张。

10月　中共安徽巢县区委成立,黄球任书记。

11月　桐庐县党团组织遭破坏,县委书记陈雪吾被捕并于次年2月英勇就义。

1933年

3月14日　陈良季在领导合肥西乡扒粮斗争时牺牲。

4月　中共合肥中心县委恢复,张士发任书记。10月,张士发赴中央受训,童宜仙接任书记。

8月　中共庐江特区委成立,隶属中共合肥中心县委。

1934年

1月初　合肥中心县委改组,刘敏任书记。

春　皖北游击大队成立,孙瑞训任大队长,张如屏任政委。

4月　合肥中心县委机关再遭破坏。

10月上旬　寿县、合肥中心县委再次合并,成立中共皖西北中心县委,刘敏任书记。同时,皖北游击大队与合肥游击队合并,建立皖西北游击大队,曹广海任大队长,张如屏任政委。

10月16日　皖西北游击大队在舒城春秋山遭国民党省保安团与地方武装合击,损失惨重,大队长曹广海等牺牲,孙仲德继任队长。

1935年

2月　中共皖西北中心县委改为皖西北特委,刘敏任书记。

4月　皖西北特委派游击大队进入大别山区,与红二十八军及皖西特委取得了联系,相互配合开展武装斗争。

6月　皖西北游击大队改编为皖西北独立游击师,孙仲德为师长。

6月　孙仲德率皖西北独立游击师一部去皖西苏区整训。

7月　中共皖西北特委决定恢复中共合肥县委,马实任书记。

9月　皖西北独立游击师受挫。留在合肥的部队遭到国民党合肥县保安队和三河区地主武装包围,大部分人在激战中牺牲或失散。

12月　中共皖西北特委在庐江北部宋家小圩召开扩大会议,决定特委及独立游击师分散隐蔽,转入地下。特委机关秘密转移到巢县城内。

1936年

春　刘敏等特委成员在巢县以教书为掩护,开展抗日宣传。

夏　皖西北特委交通员被捕叛变,特委与中央的联系中断。

1937年

春　中共皖西北特委派孙仲德经西安到达延安,向中央汇报合肥地区党组织情况。5月,孙仲德返回,向特委传达中央指示精神。

7月7日　日军在北平制造卢沟桥事变,中国抗日战争全面爆发。

8月　根据中央指示,皖西北特委和游击师领导分批赴延安学习。

11月23日　日军入侵安徽。

11月　中共皖中工委成立,李世农任书记。

12月28日　毛泽东电示周恩来、项英,指示"高俊[敬]亭率部可沿皖山山脉进至蚌埠、徐州、合肥三点之间作战"。

1938年

1月　中共安徽工委在寿县杨家庙成立,曹云露任书记。

2月　鄂豫皖边区红二十八军和豫南游击队被改编为新四军第四支队,高敬亭任司令员。3月,第四支队开赴皖中抗日。

3月27日　日机空袭合肥,炸死200多人,1000余间房屋被毁。

3月　合肥县民众总动员委员会成立。

3月　四支队东北流亡抗日挺进队率先开赴皖东敌后地区。

3月　安徽抗日人民自卫军第二路军在合肥北乡下塘集成立。

3月　肥西抗日人民自卫军成立。夏,其扩大为舒六合抗日支队。

4月30日　日军侵占巢县县城。

4月　中共安徽省工作委员会成立,彭康任书记,原中共安徽工委撤销。

4月　巢县园山开办抗日干部训练班。

5月12日　新四军巢县蒋家河口首战告捷,歼灭日军20余人。

5月14日　日军攻占合肥,在城内杀害平民5000余人。

5月19日　日军制造合肥南乡烟墩集惨案。6月至10月,

日军又在南乡三河集、庐江东汤池、上东湾、巢县温家套等地制造一系列惨案。

5月　何泽洲在庐北组建新四军第四支队舒庐巢游击大队。

8月　巢县游击大队成立，吴华夺任大队长，张恺帆任教导员。

夏秋季　新四军第四支队在合安、合六公路频繁袭击日军运输队，缴获大批枪支弹药和军用物资。

9月　新四军第四支队八团进入肥东梁园地区抗日。

秋　中共巢南工委成立，魏兆雨任书记。

11月　中共合肥工委成立，宋天觉任书记。

冬　新四军淮南抗日游击纵队成立，梁从学任司令员，汪少川任政治委员。

12月　中共巢县县委成立，鲍有荪任书记。

12月　日军集中兵力向合肥西乡花子岗一带进行大"扫荡"。

1939年

1月　新四军江北游击纵队成立，戴季英兼任司令员。

2月19日　日军1000多兵力分两路偷袭新四军第四支队八团梁园、东山口驻地被击退。此战新四军共毙伤日军100余人。

3月　中共肥东工委成立，谭光廷任书记。

春　中共庐江县委成立，胡昌耕任书记。

5月7日　新四军江北指挥部在庐江成立，张云逸兼任指挥。

6月24日　高敬亭在肥东青龙厂被错杀。

7月1日　新四军江北部队整编。徐海东兼任第四支队司令员,政委戴季英;以原第四支队第八团为基础成立第五支队,司令员罗炳辉,政委郭述申;江北游击纵队司令员孙仲德,政委黄岩。

9月　中共肥西工委在合肥西乡大潜山成立,田兰田任书记。

11月6日　国民党军队袭击合肥三里街机场,炸毁日机4架。

11月　中共合肥中心县委在肥东青龙厂成立,涂中庸任书记。

11月　中共巢庐县委成立,桂林栖任书记。

1940年

5月　中共巢湖工委成立,桂林栖任书记。

5月　中共合肥县委在肥东广兴集成立,岳炎(严佑民)任书记。

6月　新四军江北游击纵队整编,谭希林任司令员,孙仲德任政委。

6月17　新四军江北部队发起古城自卫反击战,激战三日,共歼灭桂军第十游击纵队1000余人。

7月　中共肥东县委在定远界牌集成立,曾昭生任书记。

9月15日　合肥东南各区联防办事处成立,童汉璋任主任。

9月　孙仲德率新四军江北游击纵队一部进入巢南任家大山,恢复、建立皖中抗日游击根据地。

1941年

1月6日　国民党军进攻皖南新四军军部及所属部队,制造了震惊中外的皖南事变。

1月25日　新四军新军部在苏北盐城重新成立,全军改编为7个师和1个独立旅。其中第二师由江北指挥部所属部队改编而成,在皖东坚持抗日;第七师由无为游击纵队、第三支队挺进团和皖南突围部队组建而成,在皖中坚持抗日。

3月　合肥七区在东乡建立,隶属津浦路西各县联防办事处。

4月30日　新四军第七师军政委员会成立,曾希圣任书记。

4月　中共合肥县委在肥东广兴集恢复,艾天白任书记;同时成立合肥县政府,刘鸿文任县长。

6月　新四军第二师第六旅十八团政治处主任杨效椿,奉命率该团第四连开赴寿东南地区,开辟淮西敌后抗日游击区。

9月　中共合巢工委成立,岳炎任书记。

1942年

1月　合巢工委改称巢湖工委,所属武装划归新四军第七师。

4月　中共合肥县委、县政府改为全合县委、县政府,刘鸿文任书记兼县长。

4月　中共巢合庐中心县委在巢南高林桥成立,余再励任书记;同时成立巢湖独立营,桂俊亭任营长。

4月　中共巢庐、巢无县委合并为无巢庐中心县委,桂林栖任书记。

6月　新四军淮西独立团成立,李国厚任团长,杨效椿任政委。

7月　成立中共定合县委和县政府,刘鸿文任县委书记兼县长,原全合县建制撤销。

10月　中共巢二中心区委成立,方茂初任书记。

11月　巢湖独立营扩编为新四军第七师巢湖独立团,顾鸿任团长,杨杰任政委。

11月　日伪军3000多人"扫荡"皖东津浦路西抗日根据地。

12月　中共淮南铁路工委成立。

1943年

2月　新四军第二师第六旅第十八团与定合县大队合并为定合支队,谢禄轩任队长,廖成美任政委。

2月　淮南抗日根据地实行党政一元化领导,新四军第二师第六旅旅长谭希林兼任津浦路西地委书记、军分区司令和政委。

2月　巢湖独立团改编为巢合庐游击支队,唐晓光任支队长,余再励(兼)任政委。

3月　日军"扫荡"皖中根据地巢无中心区。

3月　中共巢无县委成立,胡德荣任书记。

3月　中共白湖县委成立,桂林栖任书记。

4月底至5月初　日军再次"扫荡"皖中根据地巢无中心区。

春　为打通新四军第二、第七师联系,巢合庐中心县委及巢合庐游击支队开辟了肥东西山驿游击区,成立了合二区委和区

政府。

6月　中共舒庐县委成立,何泽洲任书记。

7月　中共巢合庐中心县委改为巢合县委,程明远任书记。

9月5日　新四军第二师第六旅旅长谭希林调任第七师代师长。

9月　巢湖水上特委成立,桂俊亭任书记。

11月20日至23日　新四军第七师击溃桂军对巢无根据地的进攻,取得磨盘山自卫反击战的胜利。

冬　新四军巢北支队建立了新四军第二、第七师交通线。

1944年

1月　日军千余人"围剿"淮西抗日政府和抗日武装。

3月　新四军巢北支队第二大队拔除国民党小兴集乡公所和大兴集杨家祠堂伪军据点,打开肥南地区抗日局面。

5月　巢合办事处在合肥北乡小邢庄成立,张帜任主任。

6月　新四军连克合肥地区三十头和五十头等地日伪军据点。

11月10日　日伪军7000余人分两路"扫荡"津浦路西根据地。

11月19日　新四军第二师第五旅取得定合边区青龙厂及占鸡岗自卫反击战胜利,共歼灭桂军第一七一师主力2000余人。

12月　新四军第二师重建第六旅,陈庆先任旅长,黄岩任政委。

1945 年

1月上旬　皖中解放区改为皖江解放区。

2月　国民党桂军第一七六师进犯皖江根据地巢无中心区。

2月　新四军皖江军区对日伪军展开政治攻势。

4月　新四军第二师和第三师一部取得肥东黄疃庙自卫反击战的胜利,毙伤桂军3900余人,俘虏1300余人。

5月至6月　新四军第七师沿江支队独立团和白湖团三渡巢湖,攻打巢县桐荫镇和张家疃的日伪军据点。

6月20日　新四军第七师重建第十九旅。

7月初　新四军第二师一部和巢北支队主力,打退国民党桂军对新四军肥东白龙厂阵地的进攻。

7月上旬　中共舒桐庐县委改为巢北工委,杨晓武任书记。

7月25日　新四军第七师对巢(县)盛(家桥)公路沿线日伪军据点发起攻击。

8月10日　朱德总司令向所有解放区发布进军命令。新四军第二、第七师奉命向淮南、皖江解放区交通沿线及日伪军占领的据点和重要城镇发起攻击。

8月12日　新四军第七师攻克巢城望城岗敌伪据点。

8月15日　日本裕仁天皇以广播《终战诏书》形式接受《波茨坦公告》,日本无条件投降。

8月中旬　新四军第二师第六旅收复朱巷、下塘集车站等日伪军占领地。

8月下旬 新四军第七师攻克巢县以南、长江以北所有日伪军据点。

8月下旬 淮西独立团奉命接受淮南铁路线部分日军的投降。

8月 国民党桂系第七军各部抢占合肥、巢县等城市。

9月 中共巢合县委和巢合办事处撤销,人员并入定合县委、县政府,程明远任县委书记,童苏群任县长。

9月28日 新四军第七师及皖江区党委北撤至苏北淮阴地区。

9月 国民党合肥县政府由西乡迁回合肥城。不久,国民党安徽省政府也由立煌县迁至合肥城。

10月初 国民党桂军和安徽省保安团进攻寿东南根据地,淮西独立团和寿县地方武装被迫撤离到淮南津浦路东定远藕塘地区。

10月24日 中共中央华中分局、新四军华中军区成立。原淮南津浦路西地区成立华中第四地委,黄岩任书记。新四军第六旅兼华中军区第四军分区,陈庆先兼军分区司令,黄岩兼军分区政委。

10月29日 苏皖边区第四专署成立,郑抱真任专员。

10月 中共皖西工委成立,桂林栖任书记。同时成立皖西大队,钟大湖任大队长,桂林栖兼政委。

11月 淮西独立团改编为新四军第二师第六旅十七团,彭济武任团长,杨效椿任政委。

1946年

1月　寿(县)六(安)合(肥)霍(邱)工委、县政府成立,赵凯任书记兼县长。同时组建寿六合霍县总队,冯道生任队长,赵凯兼政委。

1月　国民党皖东第十纵队"清剿"巢南山区。

3月9日　赵凯率寿六合霍工委及县总队越过淮南铁路进入淮西地区,在寿县东南、合肥西北、六安东北一带坚持武装斗争。

4月　定合县委、县政府成立,张志一任书记,张绍文任县长。

5月　庐江矾矿200余名工人举行罢工。

5月中旬　国民党军队向淮南津浦路西地区大举进攻。

6月上旬　寿六合霍总队智取合肥西北乡大土豪王三横圩子,缴获银圆1500多块、金圆券1000多万元。

6月中旬　寿六合霍总队在合肥与六安交界处的牛尾山,与国民党六安县自卫队激战,毙伤敌50余人。

6月26日　蒋介石悍然撕毁停战协议和政协决议,大举围攻中原解放区,全面内战爆发。

6月　桂军第一三八旅"清剿"巢南范家井村,枪杀村民60余人。

7月上中旬　皮定均旅长率中原军区第一纵队第一旅突围后东出大别山,经合肥西乡官亭越过合六公路,顺利进入苏皖解放区。

7月　中共巢北工委和巢北游击大队重建,李刚任书记兼大队长。

秋　安徽日报社排字工人举行罢工。

12月　民盟盟员郭崇毅在合肥西乡组织"兄弟联谊社"和"中国民主自卫军第十二支队",武装反抗国民党地方政权。

1947年

1月　中共淮南津浦路西中心县委恢复,孙家传任书记。

2月　中共庐北工委和庐北游击大队成立,张家英任书记兼队长。

春　庐北游击大队袭击巢南沐集乡公所及伪巢县水上大队,缴获长枪25支,盐船两只。

4月中旬　中共中央华东局决定成立淮南工委,李世农任工委书记。

4月22日　国民党合肥县银行全体职员为提高薪金举行罢工。

4月至5月　合肥城乡多次发生抢米风潮。

5月　合肥高中学生举行游行示威,抗议国民党青年军殴打学生。

5月　中共中央华中分局改组巢北工委,吴万银任工委书记。

6月　寿六合霍工委在合肥西乡建立大潜山游击队,刘学广任队长。

7月　皖西人民自卫军成立,刘昌毅任司令,桂林栖任政委。

7月　刘邓大军第三纵队进入皖西作战,于9月13日、10月11日两次解放庐江。

9月上旬　第三纵队七旅二十团三营在肥西防虎山歼灭国民党合肥县自卫大队一部,俘敌百余人。

9月11日　第三纵队八旅二十团一部在肥西花子岗截击国民党军,俘敌100余人。

9月　国民党桂军第一三八旅和无为、巢县保安队共计2000多人联合"清剿"巢南山区。

10月　巢北游击队在肥东东山口伏击国民党车队,缴获军车4辆和全部军用物资,生俘合肥城防副司令刘文潮等10余人。

11月15日　皖西区党委、皖西行署、皖西军区在岳西汤池畈成立,皖西工委结束工作。

11月29日　皖西区党委、行署成立皖西第一、第二、第三地委和专员公署。第三地委管辖舒六、霍山、六合、肥西等县。

12月初　桐庐、湖西县委,民主县政府及县独立团成立。

12月7日　国民党第一七六旅第五二七团1800余人,对湖西县汤池、盛家桥等地进行"扫荡"。

12月16日　皖西军区湖西独立团攻克盛家桥乡公所,重创巢县槐林自卫队,缴获长短枪40余支、机枪1挺。

12月　国民党省保安六团"清剿"巢县黄山地区,烧毁房间千余间,杀害村民百余人。

12月　中共肥西南工委成立,宣育华任书记;同时成立肥西南办事处,郭崇毅任主任。

1948 年

2 月　寿六合霍工委、县政府改为寿六舒合县委、民主县政府。

2 月　中共皖西四地委、四专署、四分区成立。唐晓光任书记兼分区政委,赵梦民任专署专员,吴万银任分区司令员。

2 月　中共肥东工委成立,杨吉平任书记。

2 月　中共全(椒)合(肥)工委成立,王光前任书记。

3 月中旬　巢舍办事处成立,方茂初任主任。

4 月中旬　中共肥东北工委成立,孙祝华任书记。

4 月 22 日　皖西四分区司令吴万银在庐江许桥突围战中牺牲。

5 月至 6 月　合肥抢米风潮蔓延。

6 月　六合支队一部与肥西武工队合并成立肥西游击队。

7 月 11 日　合肥民众举行游行示威,反对强行摊派城防工事费。

8 月　肥东办事处成立,宣质斌任办事处主任。

8 月中下旬　中共湖西县委析分为庐江、湖西两个县委,同时成立庐江独立团和湖西县大队。

11 月　淮海战役开始。

12 月　巢湖独立团成立,李刚任团长。

12 月　国民党安徽省党政军警机构由合肥迁往安庆。

12月底　国民党合肥官亭区联防主任龚衡军率部起义。

1949年

1月1日　新华社发表毛泽东新年献词——《将革命进行到底》。

1月2日　六(安)合(肥)工委成立,杨刚任书记。

1月10日　淮海战役胜利结束。

1月20日　国民党军队刘汝明部撤离合肥城。

1月21日　华东野战军先遣纵队进驻合肥城,合肥和平解放。

1月21日　庐江城解放。

1月22日　合肥临时军管会成立,孙仲德任主任。

1月24日　巢县县城解放。

1月27日　国民党杭州空军航校学员李延森、周正自驾驶两架教练机起义,由笕桥机场飞抵合肥三里街机场。

1月31日　中共合肥市委成立,黄岩任市委书记。

1月　巢湖分区支前司令部成立,夏戎任指挥长,陆学斌任政委。

2月1日　合肥市人民政府成立,郑抱真任市长。

2月5日　合肥市军管会正式成立,孙仲德任主任。

2月5日　中共合肥市委机关报《新合肥报》创刊。

2月28日　合肥市支前司令部成立,王善甫任司令员,张恺帆任政委。

3月底　邓小平、陈毅率渡江战役总前委机关进驻合肥东乡瑶岗村,指挥渡江战役。4月25日,总前委机关离开瑶岗移至南京。

4月6日　中共皖北区委在合肥成立,曾希圣任书记。

4月12日　第三野战军司令员陈毅在合肥向700余名南下干部传达中共七届二中全会精神,并作形势报告。

4月20日　渡江战役全面打响。21日,东、中、西3个集团的第二、第三野战军渡过长江,并彻底摧毁国民党的长江防线。

4月21日　皖北行政公署在合肥成立,宋日昌任主任(后黄岩)。

4月23日　人民解放军占领南京。

4月　合肥人民全力支援渡江战役,共计转运物资5125万斤,转运伤员8500人,装卸物资2.7亿斤。

9月25日至28日　合肥市第一届各界人民代表大会第一次会议召开,成立市各界人民代表会议常务委员会,选举李广涛为主席。

10月1日　中华人民共和国成立,全市举行庆祝活动。

参考文献

[1]蔡晓舟,杨亮功.五四[M].北京:北京同文印书局,1919.

[2]安徽省政府.安徽省廿八年度统计年鉴[Z].1940.

[3]合肥市政协《合肥史话》采编组.合肥史话[M].合肥:黄山书社,1985.

[4]中共六安地委党史工作委员会.皖西革命史(1919—1949)[M].合肥:安徽人民出版社,1987.

[5]中共合肥市委党史办公室.合肥党史专题(1919—1949)[内部资料].合肥:1988.

[6]安徽省肥东县地方志编纂委员会.肥东县志[M].合肥:安徽人民出版社,1990.

[7]中国人民解放军历史资料丛书编审委员会.新四军回忆史料(2)[M].北京:解放军出版社,1990.

[8]中央档案馆.中共中央文件选集(12)[M].北京:中共中央党校出版社,1991.

[9]中共合肥市委组织部,中共合肥市委党史办公室,合肥市

档案馆.中国共产党安徽省合肥市组织史资料(1926.9—1987.11)[M].合肥:安徽人民出版社,1991.

[10]中国人民解放军历史资料丛书编审委员会.新四军参考资料(2)[M].北京:解放军出版社,1991.

[11]中共安徽省委党史工作委员会.安徽现代革命史资料长编(第二卷)[M].合肥:安徽人民出版社,1991.

[12]中国人民解放军历史资料丛书编审委员会.南方三年游击战争·鄂豫皖边游击区[M].北京:解放军出版社,1992.

[13]中共合肥市委党史办公室,中共肥西县委党史办公室.皖西北星火(内部资料).1992.

[14]中共中央文献研究室.毛泽东年谱(1893—1949)[M].北京:中央文献出版社,1993.

[15]庐江县地方志编纂委员会.庐江县志[M].北京:社会科学文献出版社,1993.

[16]中国人民解放军历史资料丛书编审委员会编.新四军文献(1)[M].北京:解放军出版社,1994.

[17]中国人民解放军历史资料丛书编审委员会.渡江战役[M].北京:解放军出版社,1995.

[18]安徽省档案馆,蚌埠市档案馆.日本侵华在安徽的罪行(内部资料).1995.

[19]中共安徽省委党史研究室.安徽革命史辞典[M].合肥:安徽人民出版社,1996.

[20]中共安徽省委党史研究室.城市的接管与社会改造·安徽卷[M].合肥:安徽人民出版社,1997.

[21]安徽省新四军历史研究会.驰骋江淮——纪念新四军成立60周年[M].合肥:安徽人民出版社,1998.

[22]合肥地方志编纂委员会.合肥市志[M].合肥:安徽人民出版社,1999.

[23]中共合肥市委党史研究室.中共合肥地方史(1919.5—1949.10)[内部资料].1999.

[24]中共安徽省委党史研究室.中国共产党安徽地方史(第一卷)[M].合肥:安徽人民出版社,2000.

[25]合肥市新四军研究会.合肥地区抗日民族统一战线(内部资料).合肥:2000.

[26]合肥市政协学习与文史委员会.合肥文史资料第20辑——辛亥革命与合肥(内部资料).2001.

[27]中国人民解放军历史资料丛书编审委员会.土地革命战争时期各地武装起义·安徽地区[M].北京:解放军出版社,2001.

[28]中共巢湖市委党史研究室.中国共产党巢湖地方史(第一卷)[M].合肥:安徽人民出版社,2003.

[29]合肥市新四军历史研究会.新四军第四支队组建与发展[M].合肥:安徽人民出版社,2003.

[30]中共安徽省委党史研究室.旌旗南指大江边——总前委

在瑶岗指挥渡江实录(内部资料).2004.

[31]安徽省档案馆.安徽民众抗日事迹选编(内部资料).2005.

[32]中共肥西县委党史研究室.中国共产党肥西地方史·第一卷(1919—1949)[M].合肥:安徽人民出版社,2008.

[33]中共肥东县委党史研究室.中国共产党肥东地方史·第一卷(1919—1949)[M].合肥:安徽人民出版社,2009.

[34]中共合肥市委党史研究室.抗战时期合肥市人口伤亡和财产损失(内部资料).2009.

[35]徐承伦.安徽近现代历史与人物论集[M].合肥:安徽大学出版社,2009.

[36]中共长丰县委党史研究室.中国共产党长丰地方史·第一卷(1919—1949)[M].合肥:安徽人民出版社,2010.

[37]中共中央党史研究室.中国共产党历史·第一卷(1921—1949)[M].北京:中共党史出版社,2011.

[38]中共庐江县委党史研究室.中国共产党庐江历史·第一卷(1919—1949)[M].北京:中共党史出版社,2013.

[39]中共庐江县委党史研究室.周新民传[M].合肥:安徽人民出版社,2015.

[40]中共巢湖市委党史研究室,巢湖市新四军研究会.烽火岁月——巢湖抗战回忆录[M].合肥:安徽人民出版社,2015.

[41]中共庐江县委党史研究室.新四军江北指挥部史[M].

合肥:安徽人民出版社,2016.

[42]《合肥通史》编纂委员会.合肥通史·民国卷[M].合肥:安徽人民出版社,2017.

[43]中共安徽省委党史研究室.中国共产党安徽历史大事记(1921年7月—1949年9月)[M].合肥:安徽人民出版社,2017.

[44]中共安徽省委党史研究室.红皖歌谣[M].合肥:安徽人民出版社,2017.

后 记

  《红色合肥》大体涵盖了整个新民主主义革命时期,亦即从1919年五四运动爆发到1949年合肥解放。以时间为顺序,共分为八章(专题),叙述了合肥地区中共组织从诞生、成长、壮大,直至领导人民取得新民主主义革命伟大胜利的艰辛历程。本书与地方党史著作相比,侧重于重要史实,没有面面俱到,并在坚持历史客观真实的前提下,力求增强可读性。

  本书史料主要依据《中共合肥地方史》(1919—1949)及《合肥党史专题》(1919—1949),同时参考了肥东、肥西、长丰、庐江、巢湖县(市)党史第一卷的内容。在编写过程中,着重增补了巢湖、庐江地方党史的内容。有关史料的引用已在书中予以注明。

  由于本人写作水平有限且部分史料缺乏,本书内容可能略显平实拘谨,文字不够生动活泼,遗憾之余,尚祈读者和专家谅解与指教。

沈松林